認識聯合國

An Insider's Guide to the UN

琳達・法蘇羅(Linda Fasulo)/著 龐元媛/譯 顏永銘/校訂

UN

初版與二版獲得的讚譽

「這本書是我的聯合國聖經。作者發問的角度犀利，帶給讀者了解聯合國所需的所有答案。」

——奧莉維亞．華德，《多倫多星報》

「這是一本很特別的書，紮實呈現聯合國的運作情形，還有誠懇可靠的專家揭露聯合國的真實面。」

——芭芭拉．葛塞特，前《紐約時報》駐聯合國採訪組長

「這本書簡潔易懂，看完就能明白聯合國是如何在各界聚焦的目光之下，以及私下協商的密室之中運作。」

——《泰晤士報》（倫敦）

「這本書是最理想的聯合國入門教材，也是了解聯合國複雜程度的利器。文字淺顯又好讀。」

——赫雷多．門諾茲，前智利駐聯合國大使

「作者發揮新聞工作者的寫作功力，以清晰流暢的文字，帶領讀者一遊聯合國複雜的組織架構，了解聯合國的使命、演進過程與種種爭議……。這本簡明易讀的作品，是一般讀者、撰寫報告的人，以及模擬聯合國會議的代表不可不讀的經典。」

——克莉絲汀．曼納菲，*School Library Journal*

「這本書乍看之下是一般讀者夢寐以求的入門書籍，再看就會發現，學者專家又多了一個好用的工具。」

——鄧肯．麥克尼夫，外交政策協會（編輯推薦）

「作者爲了那些想摸清楚聯合國門道的讀者，寫了一本生動的入門書。這本好書有紮實的知識，又有刺激的評論，是任誰都會想讀的作品。」

——夏希．塔魯爾，前聯合國新聞事務副祕書長

「看熟悉聯合國的人介紹聯合國，再適合不過了……。閱讀這本書能給你滿滿的實用資訊。」

——約翰．麥克羅林，電視節目主持人，麥克羅林集團

「這是聯合國的新人與老臣都不能錯過的教科書。」

——馬克．馬拉克布朗，前聯合國副祕書長

「在聯合國的功能與存在的意義飽受質疑之際，想深入了解這個國際社會最重要的機構，應該看看這本實用的好書。」

——*Publishers Weekly*

「務實而中肯的觀察，加上作者的聯合國導航，對於模擬聯合國會議的參加者，以及想初步了解聯合國運作的人都有幫助。」

——*Booklist*

「這本深入淺出的好書，介紹聯合國體系的主要工作內容，呈現出聯合國的複雜程度，也帶領讀者一窺聯合國眾多的計畫與機構。」

——詹姆斯．薩特林，《聯合國與維護國際安全》作者

這是「聯合國內外的人士都適合閱讀的最佳參考書。這本書把聯合國內部的運作原原本本攤開在讀者面前，從祕書處到安理會應有盡有；同時也探討恐怖主義、維和行動、人權與全球化在內的各類議題。不僅是一本最好的參考書，出錢供養聯合國的美國納稅人大衆，也能藉由這本書，展開一段認識聯合國的發現之旅。」

——Inter Press Service

學校圖書館（School Library Journal）評選爲適合高中學生閱讀的最佳成人書籍。

導讀——全球化時代的聯合國

盧業中　政治大學外交系副教授

第二次世界大戰期間，以美國及英國等同盟國爲主的國家，亟思維持戰後的穩定與秩序，避免重蹈兩次世界大戰的覆轍，認爲成立一個由全世界國家都參與的國際組織，將可有助於和平的維持，故在一九四五年十月二十四日，《聯合國憲章》生效，而聯合國（the United Nations）正式成立。聯合國的制度設計，從一開始就是理想與現實的拔河：由各國主權平等、安全不可分割的角度而言，希望能將所有的國家都納入，但也因爲希望避免強國缺席或杯葛而落入其前身國際聯盟（the League of Nations）最終失敗的下場，因此有了安理會常任理事國帶有否決權的設計。

聯合國的會員國數量由創立時期的五十個國家，經歷一九六〇年代的殖民地獨立、一九八〇年代後期另一波新會員加入，到二〇一一年七月自蘇丹獨立出來的南蘇丹正式加入，而成爲一個包括一九三個會員國的國際組織迄今。作爲一個標榜全球性、會籍普遍化的國際組織，聯合國的發展歷程可以說是人類歷史上所少見；若以其組織功能而言，聯合國也因爲著重會員國之間普遍性、而非單一事項或議題領域的利益，也可被視爲是相對成功的案例。

然而，由於全球化及科技革命的影響，有論者即以「地球村」來稱呼我們所處的世界，而資訊、勞務、資本、人員等流動頻繁降低了人們溝通的成本、帶來了便利性，卻也帶來了風險，使得國際社會對於聯合國的期望，已經超越了一九四五年聯合國成立時的目標。也因此，在聯合國成立七十年之後，有人認為聯合國不過是一個讓各國每年得以進行政治大拜拜的平台、沒有實際效用了。這樣的批評顯然是以結果而論，恐怕過於以偏概全。

聯合國的角色與功能

若依照傳統的威斯伐利亞主權觀（Westphalian sovereignty）而言，一國對外與其他國家享有平等地位、且不從屬任何其他權威，政府間國際組織之出現似乎是讓國家的絕對主權打了折扣。然國際組織之起源，主要是國家之間為了管理共同面臨的問題，故同意讓渡部分主權，共同成立並授權一組織來管理該項共同問題。換言之，政府間國際組織可視為國家意志的集合，也是促進各國為增進國家利益而進行合作的平台，而隨著國際事務的日趨龐雜，國際組織之數量亦呈現增加的趨勢。

正如《聯合國憲章》開宗明義所言，聯合國的成立是基於人類避免戰爭、維繫和平之想望，其基本原則即是確保各國主權平等。同時，聯合國提出四項原則，被視為達成維持國際和平與安全最重要者：一、尊重會員國領土完整與政治獨立；二、會員國應以和平方式解決爭端；三、會員國有義務接受聯合國所通過的、為維持和平而採取的預防或強制措施（如經濟制裁等）；以及四、會員國有義務秉持善意，實現依據《憲章》而來的各項義務（即“*pacta sunt servanda*”原則）。

聯合國設置六大機構，分別爲：大會、秘書處、安全理事會、經濟暨社會理事會、託管理事會，以及國際法院。由此六大機構可以看出，維持會員國主權平等、維持和平與安全、促進經濟與社會發展，以及去殖民化，可說是聯合國成立的主要工作，而迄今除託管理事會在最後一個託管地帛琉於一九九四年正式獨立後已暫停其運作外，其餘五大機構歷經七十餘年仍持續運作，且肩負了更爲複雜之任務。這是對聯合國較持樂觀肯定態度人士之看法，同時，渠等也認爲聯合國大會與安理會的各項決議乃至於聲明、或是聯合國專屬機構的發展與對成員國的幫助，也間接形塑了成員國的行爲，促成渠等對於國際法以及國際規範的遵從。

聯合國與強權政治

然而，亦有論者認爲，聯合國是強權國家遂行其意志的工具。這樣的論點多將觀察重點放在各成員國、尤其是安理會常任理事國彼此之間意見不同而產生競合態勢的案例上。聯合國大會的決議一般而言雖無拘束力，但一國一票、票票等值的制度設計，使得成員國不分大小均可平等表達意見，也成爲聯合國合法性的重要來源，理應是聯合國決策的重心。安理會的設計除了反映第二次世界大戰結束後，國際之間各國的實力對比外，也是希望能讓聯合國在決策時更有效率，在五個常任理事國之外，十個非常任理事國依照地域原則產生——亦即將全球劃分爲五大地理區域，每個區域由兩個國家在安理會作爲代表。因此，決議具有拘束力的安理會成爲聯合國初創時期尤其涉及對和平之破壞等事項的實質決策重心。

然二戰後國際之間的衝突多因大國而起，一九五〇年六月二十五日爆發的韓戰，立刻成爲安理會常任理事國爭執的焦點，也使得聯合國大會通過三七七號決議（A/RES/377），即「聯合一致共策和平」（"Uniting for Peace"）決議，其重點在於「如因常任理事國未能一致同意，而不能行使其維持國際和平及安全之主要責任，則大會應立即考慮此事，……並得建議於必要時使用武力，以維持或恢復國際和平與安全。」這項決議由美國向大會提出，用意即在繞過蘇聯的干擾，最後使得聯合國同意出兵以恢復朝鮮半島秩序。

一九五六年的蘇伊士運河危機，又是一次對於聯合國維持和平能力之考驗。當時埃及發生軍事政變，新任政府決定將連通地中海與紅海的蘇伊士運河收歸國有，引發以色列不滿而進軍西奈半島。安理會常任理事國英國與法國通牒要求以色列與埃及停火，但埃及拒不接受，引起英、法兩國的空襲。美國對英、法及以色列表達不滿，故在安理會提出決議要求各方撤軍卻又遭英、法否決。最後，衝突各方在國際壓力以及蘇聯宣稱不排除動用核武以爲因應的情況下，決定撤軍。這一事件凸顯出即便是西方陣營也會因國家利益不同而出現分歧。

安理會五個常任理事國動用否決權的次數是另個觀察重點。在聯合國初創的一九四六至一九五五年期間，安理會五個常任理事國總共動用八十三次否決權；其後的二十年共動用六十四次；但在一九七六至一九八五年間，也是我們所知的冷戰再興時期，五常共動用六十四次；一九八六至一九九五年間，由於美、蘇政策逐漸轉向和解，最後冷戰結束，五常合計動用三十七次否決權；一九九六至二〇〇五年五常動用否決權次數明顯降低，總計十三次。安理會五個常任理事國動用否決權的次數這樣的趨勢顯示出：五常在涉及和平與安全事項之合作意願與共識有所升高。當然，安理會常任理事國可以透過棄權來表達對某項決議案的不支持，同時又可以維持其國際形象。然而，近年來較具爭議的議題，如敘利亞、烏克蘭等事件由於與常任理事國利益高度相關，相關常任理事國如俄、中等國動用否決的次數也較頻繁。

聯合國的時代意義

維持穩定與安全，可說是聯合國的重大使命。近年來國際社會有關安全定義的轉變，也使得聯合國做出了相應的調整，包括由原先重視的核武擴散、維和行動等，到現今人類所共同面對的疾病、恐怖主義、內戰與人身安全等，都已成爲安理會及大會關注的重點。

聯合國近來更爲重視有關發展的議題。發展中國家與聯合國的關係，自渠等加入聯合國以來一直是重點，而渠等也透過七十七國集團（Group of 77）等在大會合縱連橫，發揮影響力。作爲聯合國主要機構的經濟暨社會理事會，以討論經濟發展、社會與人道議題爲主，而我們所熟悉的世界銀行集團、國際貨幣基金、國際民航組織等，均屬經濟暨社會理事會所轄。此外，聯合國大會近年通過有關千禧年發展目標（Millennium Development Goals, MDGs）、後於二〇一五年擴充爲永續發展目標（Sustainable Development Goals, SDGs）等，其所涵蓋者也已自管理資源匱乏問題，逐步擴大至環境保護與公民社會營造等，顯示國際社會對於相關議題的重視與努力。然後續針對此等發展議題，聯合國能夠盡多少力量、達到多少成效，仍需靠各會員國投入資源以共同努力。

本書之重要性

全球時代的聯合國，已有新的面貌與任務，但其發展與功能仍面臨侷限性，也就是會員國、尤其是大國對聯合國的態度。美國總統川普（Donald J. Trump）自上任以來，對美國所參與的國際組織甚無好感，認爲這都是對美國不利、限制美國權力的安排。美國不顧聯合國立場，於二〇一七年十二月單方面宣布耶路撒冷爲以色列首都，而聯合國大會於十二月二十二日以一二八票對九票通過決議案（有三十五票棄權、二十一國未出席投票），申明耶路撒冷地位「須經協商決定，任何自行改變的舉動都必須撤銷」的原則，等同譴責美國的決定。而美國自特拉維夫遷往耶路撒冷的大使館於二〇一八年五月十四日正式落成，突顯出聯合國在涉及大國事務上的無力。

由美國資深獨立記者Linda Fasulo所撰寫之《認識聯合國》一書，已進入第三版，並持續由耶魯大學出版社出版。與當前研究國際組織的專書多數以全球治理或國際建制等較爲偏向理論論述的方式相較，本書以第一手的觀察，深入淺出地描繪並評述聯合國實際運作的情況，對於想進一步了解各國及其外交人員如何在當前最重要的政府間國際組織之內縱橫捭闔的人士而言，實在是不可多得的良著。

序言

身爲一個在聯合國工作的通訊記者，讓我有機會得以直接接觸世上最受矚目，也是最重要的組織。世上再也找不到另一個地方，可以看見各國的外交人員、官員與專家齊聚一堂，討論當今的重大挑戰；所做的決策能影響世人長遠的未來，解除國際和平與安全的威脅，提升人權，打擊貧窮與疾病，以及降低國際恐怖主義與大規模毀滅性武器擴散所帶來的風險，這些是聯合國在一年之內能處理的大事。

在聯合國將一天的決策交付表決之前，先要設定議程，外交官與團隊也要做好準備。爭論多半在很少人看見的幕後上演，公開呈現的是優雅的演出。很多局外人看見優雅的表演就信以爲眞，不再多想。我寫這本書，是給那些想要知道更多，想了解談判如何形成決策，決策又有多大的機率能帶來持久影響的人看。書中的內容是根據我個人的觀察，還有聯合國內部人士的經驗談與評論所寫成。

位於紐約市的聯合國總部的會員國國旗。聯合國照片／安瑞亞・布利基（Andrea Brizzi）攝。

變動的世界

世界不斷改變，聯合國也跟著改變。隨著危機的數量激增，聯合國的工作內容也大爲增加。在近年爆發的幾個危機，我們經常發現聯合國安理會分裂成兩個陣營；一邊是美國與盟國，另一邊則是俄國與中國。兩邊爭論著怎樣才是最理想的解決之道，最明顯的例子是持續了好幾年的敘利亞內戰。同樣地，幾個大國常常聯合呼籲要增加聯合國的維和部隊，也想把人權議題納入維和部隊的工作範圍。聯合國的會員國愈來愈重視人權，認爲人權是保障各國國內和平的關鍵，也是聯合國推動社會與經濟發展的關鍵。此外，也有人要求聯合國大幅增加人道救援的次數，救助那些遭受武裝衝突，以及海嘯、飢荒等天災影響的人民。世人愈來愈擔憂國際恐怖主義，以及核武與化學武器擴散的威脅。聯合國對抗恐怖份子的態度比以往積極，也使自己在過程當中成爲恐怖攻擊的目標。其他像是氣候變遷之類的全球議題，也逐漸受到世人與聯合國重視。聯合國的總預算也因此迅速攀升。

成立日期

聯合國於一九四五年十月二十四日，《聯合國憲章》生效之際正式成立。十月二十四日也訂為聯合國日。「聯合國」這個名稱是美國總統羅斯福與英國首相邱吉爾發明，首見於一九四二年一月一日發表的「聯合國宣言」。

新的版本

很高興耶魯大學出版社能給我機會更新二版的內容，發表全新的第三版。我一展開修訂更新的工作，馬上就發現聯合國內外的世界，從二〇〇九年到現在不過短短數年，改變卻是如此之大，我不得不重新思考許多章節，也撰寫新的章節，探討新的國際政治局勢、人道援助、永續的社會與經濟發展，以及聯合國在世界各國居中協調，制訂規範的重要性。我為了寫書做功課，又多訪問了幾位聯合國內部人士，每一位對於聯合國都有不同的認識與體會。希望新增的這些聲音，能帶給這本書更多元的視野，更豐富的知識，以及更深層的見解。

儘管聯合國內外的世界變遷甚劇，聯合國仍然是世界主要的多邊論壇，也是協調各國處理共同問題的平台。這本書從不同主題切入，剖析聯合國的運作方式，包括聯合國的組織架構、指導原則以及主要職能。書中首先介紹聯合國的歷史沿革，緊接著是聯合國的執行長，也就是聯合國祕書長，接著探討新的全球政治情勢。後續的章節主題分別是美國駐聯合國大使，聯合國最著名的「主要機構」，包括安理會，還有安理會的維和行動，以及聯合國大會。然後帶領讀者到聯合國村展開非正式參訪，一窺世界各國外交官所居住的紐約市的小小角落。此外，有幾個章節則是探討全球議題，例如國際恐怖主義、核武擴增、人權、保護責任以及氣候變遷。另有其他章節則是聚焦在聯合國眾多的機關與計畫，涵蓋社會與經濟發展、災民救助、消滅疾病，減少毒品交易等各種領域的工作。最後的幾個章節則是探討聯合國的改革與財務的現況，尾聲是一位聯合國內部人士回憶剛開始在聯合國工作的經歷。當時的他要照料幾千名的越南「海上難民」，即在一九七〇年代越南赤化之後，逃離家鄉的越南人民。

面臨迅速又猛烈的變遷，我們必須思考，一個七十年前成立的國際組織，置身在七十年後截然不同的世界，要如何繼續發揮效能，符合現代的需求，還必須順應未來的趨勢。這是聯合國所面臨最大的挑戰，也是聯合國各單位的官員、會員國的外交官，以及許多從旁監督觀察聯合國的專家們，對聯合國的共同要求。大多數人相信聯合國有能力匡正自身缺失，克服新時代的挑戰，但當然也有人不這麼想。希望讀者看完這本書，能對聯合國的現狀與未來展望有一些想法。

致謝

這本書能一路出版到第三版，眞的要感謝許多人的鼓勵、建議與支持。我由衷感謝願意撥冗接受訪問的聯合國官員、分析師與專家。他們就是書中所稱的「聯合國內部人士」，包括聯合國祕書長潘基文、副祕書長楊・艾里亞森，以及裁軍事務高級代表安琪拉・肯恩。還有前聯合國副祕書長馬克・馬拉克布朗爵士、前美國國務卿歐布萊特、前美國國際組織事務助理國務卿艾絲樂・比默，以及美國大使約翰・波頓、約翰・丹佛斯、理查・霍布魯克、薩梅・哈里札德、約瑟夫・梅爾羅斯、約翰・尼格羅龐提以及南希・索德柏。此外，還有下列幾位大使：穆尼爾・阿克拉姆（巴基斯坦）、柯林・濟亭（紐西蘭）、大衛・馬龍（加拿大），以及達尼洛・圖克（斯洛維尼亞）。另外，也要感謝幾位聯合國官員與專家，包括馮・愛錫德、薛帕・弗曼、菲莉絲・蓋爾、理查・戈溫、傑夫瑞・羅倫帝、愛德華・拉克、威廉・呂爾斯、希勒爾・紐爾、史都華・派翠克、布萊恩・厄夸特，以及露絲・韋伍德，感謝他們不吝分享獨特的經驗與獨到的見解。

這些年與耶魯大學出版社最優秀的人員共事，一直非常愉快，無論是編輯部門、行政部門，還是行銷、銷售與公關部門，始終能合作無間，再也找不到比這更美好的出版經驗。特別感謝我的編輯比爾．富卻特，是他建議我著手進行第三版，也要感謝助理編輯賈雅．恰特吉。

我也要感謝在聯合國、全國公共廣播電台，以及其他地方的同事與朋友，一路持續地加油打氣。我也要感謝多年的好友與同事，也就是QED Associates的比爾．傑索，感謝他在這本書從無到有的長期貢獻，一版到三版的書稿，都經過他的火眼金睛才得以付梓。此外，也謝謝凡妮莎．羅卡整理訪談內容的文稿。

當然，也要謝謝我的兒子亞歷斯跟我一起做研究，我的母親瑪莉幫忙將訪談錄音謄寫成文稿，還有我的先生羅伯熱情支持。我真的無比感謝他們屢屢協助，時時鼓勵。

目次

導讀——全球化時代的聯合國 7
序言 13
致謝 19
1 何謂聯合國？ 25
2 原始文書 43
3 祕書長與祕書處 51
4 全新的世界 71
5 美國大使 77
6 安全理事會 87
7 聯合國大會 113
8 聯合國村的交際與角力 131

9 維和行動 149
10 國際恐怖主義與大規模毀滅性武器 175
11 人權與保護責任 195
12 聯合國經濟及社會理事會與非政府組織 215
13 救星聯合國 221
14 新千年的永續發展 235
15 全球連結 257
16 氣候變遷 271
17 各國投票紀錄 281
18 改革的呼聲 289
19 算帳結帳 297

20 參與聯合國難民署的前線工作
——一位職員艱辛的第一份任務 309
附錄一 一日外交官：模擬聯合國 315
附錄二 《世界人權宣言》 323
附錄三 聯合國會員國 333
簡寫解釋 345
資料來源 349
譯名對照 353

編按：聯合國相關人員、職務時有變動的。故本書中提及相關人士職位，僅供參考。

1 何謂聯合國？

我對同僚說，你們一開始就要認清聯合國是一面鏡子，反映出世界的眞實現狀，無論喜歡不喜歡都要接受。這個世界有獨裁政權，有違反人權，有戰爭與衝突，而且是的，我們必須務實。但聯合國也反映了理想世界該有的面貌，也就是「我聯合國人民」，還有《聯合國憲章》的原則與目標。

——聯合國副祕書長楊．艾里亞森

聯合國得以誕生，要歸功於史上最慘烈的一場戰爭。二次世界大戰期間，美國總統羅斯福、英國首相邱吉爾以及其他參戰的同盟國領袖們，一致認爲應該成立一個世界性組織，保障今後世界的和平。他們的理念記載於《聯合國憲章》的序言：

我聯合國人民同茲決心，欲免後世再遭今代人類兩度身歷慘絕人寰之戰禍，重申基本人權、人格尊嚴與價值，以及男女與大小各國平等權利之信念，創造適當環境，俾克維持正義，尊重由條約與國際法其他淵源而起之義務，久而弗懈，促成大自由中之社會進步及較善之民生。爲達此目的，力行容恕，彼此以善鄰之道，和睦相處，集中力量，以維持國際和平及安全；接受原則，確立方法，以保證非爲公共利益；不得使用武力，運用國際機構，以促成全球人民經濟及社會之進展；用是發憤立志，務當同心協力，以竟厥功。

爰由各國政府，經齊集金山市之代表，各將所奉全權證書互相校閱，均屬妥善；議定本聯合國憲章，並設立國際組織，定名聯合國。

一九四五年，二次世界大戰結束，聯合國在各方積極參與、道德支援，以及美國強而有力的領導之下，正式開始運作。全世界都等著看聯合國是否眞能匡正先前「國際聯盟」的缺失。國際聯盟是聯合國的前身，成立之後飽受極權國家掣肘，美國又坐視不管，因而在一九三〇年代末期解散。二次世界大戰結束後，幾個戰勝國在思想與政治利益上屢有衝突，聯合國眞能讓這些國家團結一致嗎？東方與西方強權國家團結合作的天眞幻想，很快就被冷戰毀滅。聯合國的種種關係，以及各種討論、審議、計畫與活動，常常都在上演集團之間的傾軋，一直到蘇聯瓦解才有所改變。

現在，美國人不奢望聯合國能解決世界上所有的問題，但仍然希望聯合國至少能夠控制那些正在改變世界的力量。這些力量究竟是什麼？又如何改變我們的生活？這始終是各界熱議的焦點，可以確定的是，這應該交給活生生，會呼吸的人類處理，而不是交給電腦軟體與機器人。聯合國成立的宗旨就是服務人類，是處理人類事務的平台。有一位聯合國內部人士曾對我說，「人」確實是聯合國運作的關鍵，這些人在一個充滿假象、意見、感覺與情緒的環境，做事。但聯合國這個組織絕對不簡單，觸角遍及全世界，幾乎世界上每一個國家都有業務，還擁有形形色色的局處、計畫與人員，複雜到讓人暈頭轉向。我們就從會在這本書一再出現的基本資訊與專有名詞開始說起。

聯合國憲章海報「我聯合國人民」。聯合國照片／米爾頓．格蘭攝

聯合國的組織架構

聯合國由六個主要機構組成，這六個機構除了位於荷蘭海牙的國際法院之外，其餘皆位於紐約市。位於美國紐約市的聯合國總部屬於國際領土。

聯合國祕書處（The Secretariat）

聯合國安全理事會（The Security Council）

聯合國大會（The General Assembly）

國際法院（The International Court of Justice, ICJ）

聯合國託管理事會（The Trusteeship Council，已停止運作）

聯合國經濟及社會理事會（The Economic and Social Council, ECOSOC）

——為推動發展、人道救援與人權而創設的各項計畫與基金會，如聯合國兒童基金會（UN Children's Fund, UNICEF）、聯合國開發計畫署（UN Development Program, UNDP），聯合國難民事務高級專員辦事處（簡稱聯合國難民署，the Office of the United Nations High Commissioner for Refugees, UNHCR）。

——以及聯合國的專門機構，與聯合國合作，但卻是獨立的機構，如國際貨幣基金（International Monetary Fund, IMF）、世界衛生組織（World Health Organization, WHO）、國際民用航空組織（International Civil Aviation Organization, ICAO），都是負責特定的領域。

——以及成千上萬個與聯合國相關的非政府組織，均為獨立公民團體，負責領域有許多地方與聯合國重疊，如人權、軍備限制、環境等等。這些非政府組織並非聯合國編制內的單位，但卻是聯合國推動許多重要業務不可或缺的伙伴。

聯合國到底是什麼？

根據《聯合國憲章》的序言，聯合國是由各國委派的代表所組成，希望同心協力創造和平、正義與繁榮的世界。那聯合國究竟是一個怎樣的組織？首先，聯合國並不是某些人所想像的「世界政府」。聯合國的根本大法《聯合國憲章》一開頭是「我聯合國人民」，但此處所謂的「人民」並不是個人，而是指主權國家，也就是會員國，目前會員國總共有一百九十三個。由這些會員國選出領導聯合國的行政首長，也是這些會員國支付聯合國大部分的開銷。聯合國並沒有軍事單位，沒有自己的軍隊，而且只有在極少數特殊情況，才會強制執行聯合國的決議。例如，美國這樣的強國有時候就打算運用自身的軍事與政治實力，貫徹聯合國的決議。

並不是每一個人都了解聯合國的特殊性質，美國已故外交官理查．霍布魯克說過一個故事。有一次他在美國德州敖德薩演說，「有人問我，『你對這個世界政府有什麼看法？』我說哪有什麼世界政府，他說：『有啊，聯合國就是啊，那些人還想奪走我們的自由。』我說：『這位先生你眞的弄錯了。』有些人以爲聯合國眞的那麼強大，能串連這麼多國家搞陰謀。其實事實剛好相反。聯合國不是太強，而是太弱。有些人完全誤解了聯合國，才會從錯誤的角度批評。他們擔心聯合國『太強大』，殊不知眞相是聯合國『太無力』，到了效能不彰的地步。」

這本書會告訴我們，聯合國有許多單位，許多面向，每一個都能讓人對聯合國產生不同的印象。柯林頓執政期間的美國駐聯合國大使南希．索德柏甚至說道：「世上沒有哪一個機構叫做聯合國。」聯合國其實是「一百九十三個擁有不同目標的國家，以及許許多多在這裡工作的公務員，融合在一起，所以很難形容聯合國到底是什麼，因爲接觸一個領域，從另一邊出來就會是另一種樣子。」小布希總統時代的前美國駐聯合國大使約翰．波頓也說，有些人不了解聯合國，因爲「搞不懂那麼多單位都在做些什麼，於是有些績效很好的人道救援單位也就這麼被埋沒了。」

其實還是可以用寥寥數語說清楚聯合國究竟是什麼，曾於世紀基金會服務的傑夫瑞．羅倫帝將聯合國定義爲「一個超越政治的聯盟，結合了各國政府，也運用各國政府的政治權力。聯合國在決策以及執行方面較爲薄弱，但仍是各國基於理念與共同利益所組成的政治聯盟。聯合國回應了人類的抱負，是世界上大多數人關注的焦點，因爲聯合國是各國討論交流，形成共識，敲定全球政策的平台。」

聯合國組織架構圖

爲了更了解聯合國這個獨特的全球機構，將先從聯合國的組織架構開始介紹，認識將會在後面的章節反覆出現的幾個重要單位。

從聯合國的組織架構圖，可以看出聯合國的基本架構與所屬單位。左邊是六大主要機關，其中不乏大家耳熟能詳的名稱，例如聯合國大會（由聯合國所有會員國的代表組成）、聯合國安理會（五個常任理事國有權否決不喜歡的決議案）、聯合國經濟及社會理事會、聯合國祕書處（也就是聯合國的行政部門）、國際法院（大家比較熟悉的名稱是世界法院），以及聯合國託管理事會（表現太出色，出色到失去存在的意義）。除了經濟及社會理事會以及託管理事會之外，其餘四個單位經常在媒體曝光，可以說是聯合國權力最大的單位。

圖表的右側比較複雜，列出許多機關組織，有些成立的時間比聯合國還早，而且幾乎完全脫離聯合國獨立運作，其中最爲人熟知的是「專門機構」，例如聯合國教科文組織（UNESCO）、世界衛生組織（WHO）、世界銀行，以及國際貨幣基金（IMF）。此外還有「基金與計畫」，包括一個大家非常熟悉的機關，也就是聯合國兒童基金會（UNICEF），以及幾個新聞經常報導的機關，例如聯合國環境署（掌管氣候變遷以及其他環境議題），以及聯合國難民署（UNHCR），此外還包括一個新單位，就是聯合國大會於二〇一〇年成立的聯合國婦女權能署（UN Women），整合了四個前身機關的資源，分別是提升女性地位部門、提升女性地位國際研訓中心、性別議題暨提升女性地位特別顧問辦公室，以及聯合國女性發展基金

UN-HABITAT 聯合國人居署
UNHCR 聯合國難民署
UNICEF 聯合國兒童基金會
UNODC 聯合國毒品和犯罪問題辦公室
UNRWA[2] 聯合國近東地區巴勒斯坦難民救濟與工程處
UN-Women 聯合國促進兩性平等和婦女賦權實體
WFP 世界糧食計畫署

研訓機構

UNICRI 聯合國區域間犯罪和司法研究所
UNIDIR[2] 聯合國裁軍研究所
UNITAR 聯合國培訓調查研究所
UNRISD 聯合國社會發展研究所
UNSSC 聯合國職員學院系統
UNU 聯合國大學

其他機構

UNAIDS 聯合國愛滋病聯合規劃署
UNISDR 聯合國國際減災策略署
UNOPS 聯合國項目事務廳

相關機構

CTBCO Preparatory Commission 全面禁止核試驗條約組織籌備委員會
IAEA[1, 3] 國際原子能總署
OPCW 禁止化學武器組織
WTO[1, 4] 世界貿易組織

顧問附屬機構

聯合國建設和平委員會

專門機構[1, 5]

FAO 聯合國糧食及農業組織
ICAO 國際民用航空組織
IFAD 國際農業發展基金
ILO 國際勞工組織
IMF 國際貨幣基金
IMO 國際海事組織
ITU 國際電信聯盟
UNESCO 聯合國教育、科學及文化組織
UNIDO 聯合國工業發展組織
UNWTO 世界旅遊組織
UPU 萬國郵政聯盟
WHO 世界衛生組織
WIPO 世界智慧財產權組織
WMO 世界氣象組織

世界銀行集團

- IBRD 國際復興開發銀行
- ICSID 國際投資爭端解決中心
- IDA 國際開發協會
- IFC 國際金融公司
- MIGA 多邊投資擔保機構

其他單位

展政策委員會
共行政專家委員會
政府組織委員會
住民議題常設論壇
合國地名專家小組
他會期委員會、常務委員
，以及專家單位、特別單
與相關單位

OIOS 內部監督事務廳
OLA 法律事務廳
OSAA 非洲事務特別顧問辦公室
SRSG/CACC 兒童與武裝衝突事務祕書長特別代表辦公室
SRSG/SVC 衝突當中的性侵害事務祕書長特別代表辦公室
UNODA 聯合國裁軍事務廳
UNOG 聯合國日內瓦辦事處
UN-OHRLLS 最不發達國家、內陸開發中國家和小島嶼開發中國家高級代表辦事處
UNON 聯合國奈洛比辦事處
UNOV 聯合國維也納辦事處

Published by the Lhdep Natque Department of Public Information DPI/2470 SEV3-13-33229-August 2013

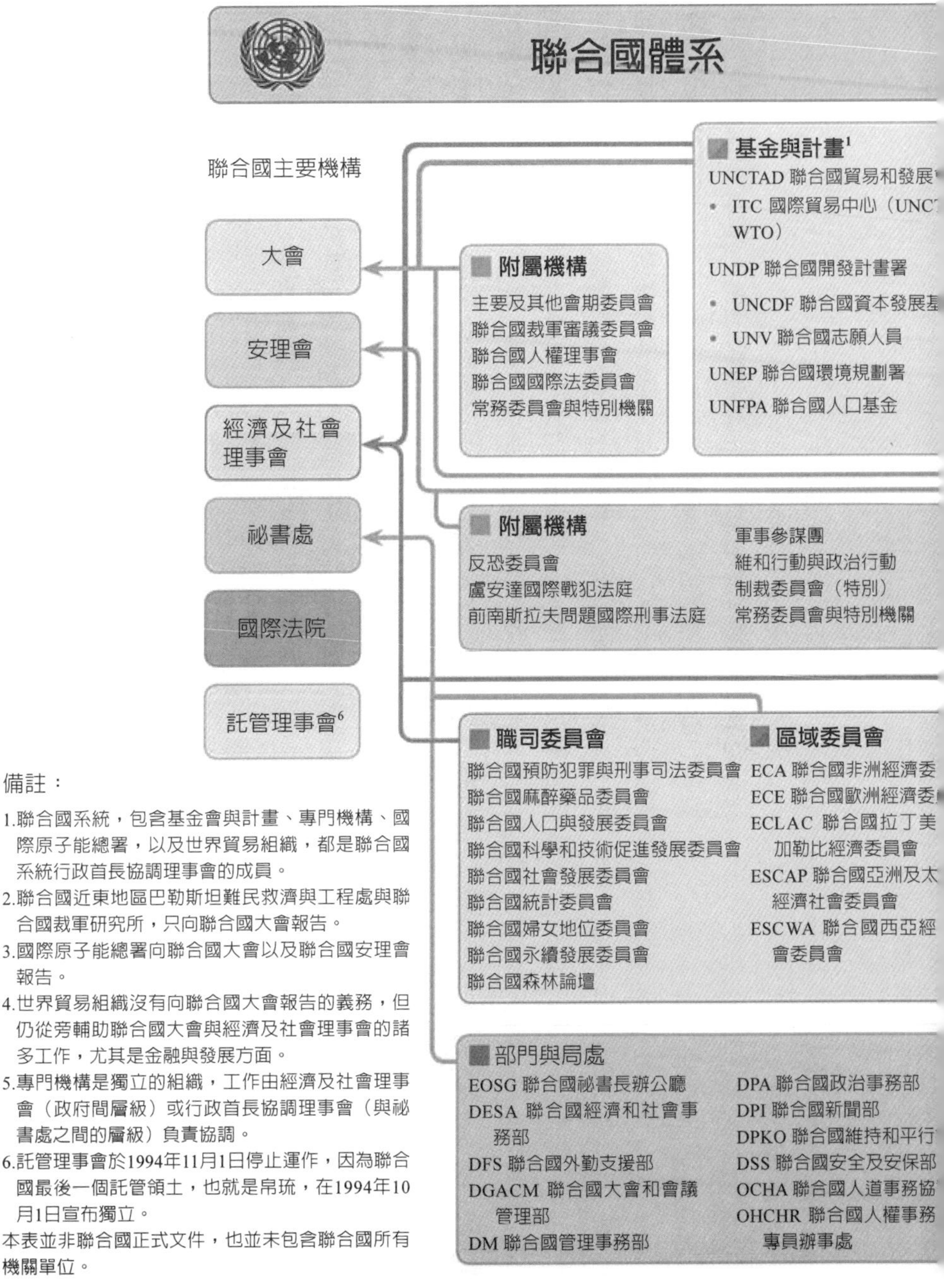

備註：
1.聯合國系統，包含基金會與計畫、專門機構、國際原子能總署，以及世界貿易組織，都是聯合國系統行政首長協調理事會的成員。

3.國際原子能總署向聯合國大會以及聯合國安理會報告。
4.世界貿易組織沒有向聯合國大會報告的義務，但仍從旁輔助聯合國大會與經濟及社會理事會的諸多工作，尤其是金融與發展方面。
5.專門機構是獨立的組織，工作由經濟及社會理事會（政府間層級）或行政首長協調理事會（與祕書處之間的層級）負責協調。
6.託管理事會於1994年11月1日停止運作，因為聯合國最後一個託管領土，也就是帛琉，在1994年10月1日宣布獨立。
本表並非聯合國正式文件，也並未包含聯合國所有機關單位。

聯合國組織架構圖。聯合國新聞部，2013年8月。

會。後面的章節會介紹聯合國婦女權能署。

「基金與計畫」的左方是「附屬機構」，其中一個比較特別的是聯合國人權理事會，在瑞士日內瓦開會，經常登上媒體。箭頭代表這些機關向聯合國大會報告。「附屬機構」下方是其他單位，例如盧安達國際戰犯法庭，箭頭的方向顯示這些機關都是聯合國安理會的下級機關。

最右方是「相關機構」，包括知名的國際原子能總署以及禁止化學武器組織，是聯合國大會的下級機關。「相關機構」下方的是先前提過的「專門機構」，是聯合國經濟及社會理事會的下級機關。有些機關對我們的生活影響重大，是日常生活正常運作不可或缺的力量，卻始終鮮為人知，例如國際電信聯盟。很多機關都是獨立運作，很少受到干預，但也因為很少與業務相關的同級機關、計畫以及委員會聯繫，而受到批評。

圖表的左邊，還沒有到最底下的地方，可以看到一些機關。「職司委員會」乍看之下似乎跟其他單位的業務有所重疊，例如聯合國婦女地位委員會似乎就與「基金與計畫」類別的聯合國婦女權能署的職權重疊。不過只是表面上重疊，因為職司委員會是負責政策，而基金與計畫比較偏向執行。另外還有「區域委員會」，都是聯合國最鮮為人知的機關，負責推動非洲、歐洲、拉丁美洲與加勒比海地區、亞洲與太平洋地區以及西亞地區的經濟發展。「其他機關」則是負責公民團體、公共行政以及與開發中國家切身相關的事務。

圖表最下方是「部門與局處」，包括聯合國祕書處的部門。

聯合國如何運作

我們已經了解聯合國的組織架構，但這只是個開始。要想了解聯合國的運作，不能光靠結構圖，因為看不出機關之間的互動，也看不出各機關的效能與效率。而且，從結構圖也看不出某些區域集團，掌握了聯合國主要的審議機關「聯合國大會」大多數的選票。這些集團隱身在聯合國的舞台上，卻大權在握。

共同的關切

「可以說美國與聯合國共同肩負全世界的憂慮，倘若沒有聯合國，我們就得自己發明一個。我們很感謝祕書長的領導，我也代表歐巴馬總統向各位保證，在未來的日子會加強我國與聯合國的關係。」

——美國國務卿約翰．凱瑞

聯合國有一百九十三個會員國，每一個追求的目標都不盡相同，可想而知行政工作有多麼繁雜，交涉往來又會擦出多少火花。但是聯合國的創始人之一布萊恩．厄夸特說，缺點應該要跟優點放在一起看。「聯合國也有寧靜外交，一天二十四小時都在上演。」他也說：「聯合國還有祕書長與祕書處，並不像大家想像的那樣缺乏效能，而且也不是臃腫的冗員單位……我也承認聯合國在某些地方確實不太有效率，因為成員來自世界各地，要取得共識就已經不容易，但運作起來確實有效。」他在最後說道：「聯合國就像一張保險單，繳保費的時候覺得討厭，但出了事情就能派上用場。」

聯合國祕書長潘基文特別強調，聯合國扮演的角色很特別，像一個沒有私心的協調人。「聯合國能召集這麼多國家開會，爲全球的問題找到全球性的解決方案。」這個世界還眞有不少問題，從恐怖主義、核武擴張，到席捲全球的飢餓與疾病，各式各樣的問題都有。祕書長說：「不能把這些威脅當成清單上的項目處理，應該要當成一個整體的一部分。其實一個問題的解決方案，就是所有問題的解決方案，重點是要了解聯合國處理的所有問題之間，有哪些關聯。」

美國能得到什麼好處？

撇開國際外交不談，美國人爲何要在乎聯合國？隨便問一個人，最近看過哪些跟聯合國有關的東西或是服務？大部分的人可能會回答聯合國兒童基金會的萬聖節糖果盒，或是節日賀卡。難道聯合國的作用只有這些？

聯合國對你的意義

「我知道聯合國常常讓美國人失望，我也很清楚聯合國有哪些缺失。但正因如此，美國才更應該與聯合國合作，實施長期的戰略多邊外交。很多國家投入不少資源在他們眼中的『世界舞台』審議。這或多或少也造成聯合國的外交效率低落，成效不彰，過程複雜，又有缺陷。但正因如此，聯合國才迫切需要有效的美國外交。」

——前美國駐聯合國大使蘇珊．萊斯

聯合國制訂了影響我們日常生活的多項標準。「也許你認為你個人從未因聯合國而受益，」前美國國務卿歐布萊特說，「但如果你搭乘過國際航班，或是國際船運，或是在國外打過電話，收過國外寄來的信件，或是曾經很慶幸氣象預報很準確，那就表示你接受過聯合國某個單位直接或間接的服務。」小布希總統時代的美國駐聯合國大使薩梅．哈里札德認為，對美國這樣的世界強國而言，聯合國是一個非常重要的工具，應該要盡可能提升聯合國的效能，而且「在我們進步的同時，也要改革聯合國，聯合國才能繼續擁有世界各國與各地人民的信心。」

管理無法管理之事

「就和平與安全這兩項來看，我覺得聯合國的成績平平。但我們加入聯合國，並不是為了追求和平與安全，而是因為想不出更好的辦法管理危機，所以需要聯合國為我們找出政治上可行，又能持續下去的方法。聯合國進駐之後，剛果民主共和國的大部分地區，還有西非、海地、科索沃的大多數地區，現在都……較為像樣。」

——理查．戈溫，紐約大學

美國是創建聯合國的功臣，也是聯合國不可或缺的支柱，所以在聯合國事務上也扮演特殊的角色。很多聯合國內部人士都說，聯合國與美國關係緊密，只是偶爾也會爭執。聯合國祕書長潘基文就說：「美國是聯合國最好的朋友。」他引用民調爲證，說：「大多數的美國人希望美國在外交政策上能與聯合國合作，他們知道合作對於美國、聯合國最爲有利，最重要的是對全球人民也是最爲有利。」

曾在柯林頓執政期間，於一九九九年至二〇〇一年，擔任美國駐聯合國大使的知名外交官理查．霍布魯克，把聯合國與美國相提並論。他說：「我必須一再強調，少了美國的聯合國是不會有作爲的。」霍布魯克參與《岱頓協定》的談判過程，促成波士尼亞戰爭於一九九五年結束。他說：「沒有美國支持，聯合國不可能成功。」

擁護聯合國的價值

「我們（美國）強烈支持聯合國在打擊貧窮、協助開發、對抗瘧疾、結核病、愛滋病、提升人權，提升女性地位，以及在其他許多領域，所做的種種不可或缺的工作。我們也堅定支持聯合國的核心任務，也就是維護國際穩定與和平。正是基於一份對聯合國的尊重與期待，我們才會希望聯合國在運作上能盡量兼顧效能、效率與成本。」

——美國駐聯合國大使薩曼莎·鮑爾

另一位在聯合國工作的人，雖然來自截然不同的背景，卻也認同霍布魯克的話。馬克·馬拉克布朗在聯合國的主要機構擔任主管多年，後來在安南聯合國祕書長任期的最後一年，擔任聯合國副祕書長。身爲副祕書長的他，深深了解聯合國幾乎每一項業務都需要美國支持。「沒有美國大力參與，聯合國就不會有所作爲。聯合國需要美國的強勢領導。」

美國政府的某些專家顧問認爲，美國適合較爲單打獨鬥的外交策略，也覺得聯合國有時候與其說是助力，不如說是阻礙。不過美國國內的主流意見，還是主張盡量與聯合國合作，從旁協助，只要不會影響到美國的基本利益就好。艾絲樂·比默是前任美國國際組織事務助理國務卿，目前任教於喬治華盛頓大學艾略特國際事務學院。她認爲聯合國不僅能經營外交，也能處理緊急議題。「對美國而言，聯合國是重要的外交政策工具。聯合國體系設有重要的機制，有許多確實有能力做事的機構。某些議題需要結合世界各國的力量，就必須尋求專門負責這些領域的聯合國單位協助。」她也解釋爲何把聯合國看成一個外交工具箱。「工具箱是一個經常出現的字眼，因爲在美國，負責制訂政策的人常常想起工具箱。我需要哪些工具，才能達成這個目標？需要的工具也許有結盟，或是公共伙伴關係，也許還有其他關係。還有一個工具是聯合國體系內部的運作。」

根據記載，歐巴馬總統曾說，「全世界就屬美國最需要一個強大的聯合國。聯合國是一個全球性的組織，目的在於提升法治，和平解決紛爭，同時推動集體安全、人道救援、發展以及尊重人權，美國也能因此受惠。」

聯合國與諾貝爾和平獎

諾貝爾和平獎至今有十一次頒發給聯合國，或是聯合國旗下的專門機構與員工，其中聯合國難民署就曾兩度獲獎。

二〇一三　禁止化學武器組織
二〇〇七　政府間氣候變化專門委員會與艾爾·高爾
二〇〇五　國際原子能總署與穆罕默德·巴拉迪
二〇〇一　聯合國與安南
一九八八　聯合國維持和平部隊
一九八一　聯合國難民署
一九六九　國際勞工組織
一九六五　聯合國兒童基金會
一九六一　道格·哈馬紹
一九五四　聯合國難民署
一九五〇　拉爾夫·本奇

前美國國務卿歐布萊特認為，美國無法選擇「只透過聯合國行動，或是只單獨行動」。她說：「這兩種選項我們都想要，也都需要。在外交實務上，像聯合國這樣的工具在某些情況有用，某些情況卻完全派不上用場，能用的時候倒是個達成目標的利器。」她又說，聯合國能讓世界變得更好，這對我們也有好處，因為我們知道「絕望為暴力之母，民主原則往往為貧窮所荼毒，目無法紀是一種傳染病。」她在最後說道：「儘管非常擅長，但我們畢竟不可能是世界警察。」

2 原始文書

（聯合國）至關重要，因爲聯合國代表了正當性與國際法，沒有這兩項，我們終究會淪落。聯合國是一個遇到緊急狀況，可以拿出辦法的地方……。即使是那些不接受美國或是任何一個國家干預的人，也會接受聯合國。

——前聯合國祕書長助理兼顧問布萊恩．厄夸特

兩份文件闡述了聯合國的目標、組織以及價值；其一是一九四五年生效的《聯合國憲章》，地位猶如美國憲法之於美國，跟美國憲法一樣歷經幾度修正，以符合新時代的需求。其二是《世界人權宣言》，是一份強調人類尊嚴與價值的宣言，於一九四八年生效至今未曾修訂，始終彰顯永不過時的基本價值。

《聯合國憲章》

一九四五年六月二十六日，五十個國家的代表，共同簽署《聯合國憲章》，同年十月二十四日正式生效。《聯合國憲章》是一份協議，所有簽署的國家都必須遵守。根據《聯合國憲章》第一〇三條，聯合國會員國在憲章下之義務與其「依任何其他國際協定」所負之義務有衝突時，其在憲章下之義務應居優先。

《聯合國憲章》共分十九章，闡述了聯合國的主要單位，包括最高行政長官（也就是祕書長）、職權，以及會員國（的政府）的權利與義務。第一章介紹聯合國的宗旨，強調國際和平與安全的重要性。第二章列出會員國必須具備的資格。

至於聯合國的組織架構，包括六大單位，在第三章至第十五章都有介紹。第四

1945年6月26日，埃及代表於舊金山會議簽署《聯合國憲章》。聯合國照片 / Yould

章則是聯合國大會與會員國的角色與責任、一國一票制度，以及會員國必須負擔聯合國的經費。第十九條規定，會員國若拖欠應支付聯合國的款項滿兩年，即喪失大會投票權，除非是因爲「該會員國無法控制之情形」而拖欠。第五章是安理會，包括五個常任理事國：中國、法國、蘇聯（現爲俄羅斯）、英國與美國，也規定必須定期選出十個「非常任理事國」。第二十七條提到著名的「否決權」，意思是說五個常任理事國有權否決他們不希望安理會通過的決議。不過並不是直接否決，甚至不說「否決」兩個字，而是表明「安全理事會對於其他一切事項之決議，應以九理事國之可決票，包括全體常任理事國之同意票表決之」，間接行使否決權。

《聯合國憲章》一如美國憲法，條文也可以修正（第十八章）。修正案需要三分之二會員國同意，其中必須包括安理會五個常任理事國全數同意，不過《聯合國憲章》像美國憲法一樣很少修正。一九六五年的修正，將安理會的理事國從十一個增加到十五個，另外還有兩次修正，則是擴充了聯合國經濟及社會理事會。

《聯合國憲章》與國家主權

「主權國家創立了一個居於各國之上的超聯盟，投入一點點自己的主權，至少是為了預防戰爭。《聯合國憲章》象徵著主權國家將極少的主權交給聯合國，不過主要是為了避免戰火再起。」

——國際事務分析專家傑夫瑞・羅倫帝

《聯合國憲章》顯然已經預見將來的會員國都會是主權獨立的國家（第一章第二條），也要求會員國必須以和平手段化解紛爭，不可危及國際和平與安全（第三條）。會員國亦不可使用武力威脅其他國家（第四條），且必須支援聯合國的任何行動（第五條）。第一章最後一條，則是要求會員國在內政以及國際行動與義務之間取得平衡。根據該條文，聯合國無權介入會員國內政，但「此項原則不妨礙第七章內執行辦法之適用」。《聯合國憲章》第七章明訂安理會有權經由談判、經濟制裁、軍事制裁或其他制裁，甚至動用武力等手段，化解國際糾紛。

美國最幹練的政治領袖羅斯福總統，擔心美國國會不接受新成立的聯合國，畢竟聯合國的前身「國際聯盟」就沒得到美國國會認同。如果美國國會不支持，新成立的聯合國將遭受致命打擊。因此參與聯合國創設會議的幾位美國代表，都是羅斯福總統的一時之選，涵蓋國會領袖與社會賢達。羅斯福總統於一九四五年四月辭世，他所留下的傑出團隊完成了創設聯合國的最後一步，並向國會報告。

舊金山會議於一九四五年四月召開，唯一的女性代表是來自紐約市的知名教育家維吉妮雅．吉爾德史利夫。《聯合國憲章》序言的開頭「我聯合國人民」就是她的構想，這是仿效美國憲法序言的開頭「我們美國人民」。她告訴其他代表，這一句強而有力的開篇，最能讓全世界注意到新創立的聯合國，其他代表也認同，歷史也證明她卓越的遠見。

聯合國順利成立，美國與其他國家也批准了《聯合國憲章》，但還有不少工作必須完成，例如決定人類應該享有哪些基本人權。這次立下大功的人也姓羅斯福，但不是羅斯福總統，而是他的遺孀艾琳諾。

艾琳諾．羅斯福向來以「貧窮弱勢百姓的守護者」的形象著稱。杜魯門總統選派社會菁英，代表美國參加聯合國大會於一九四五年在倫敦召開的第一次會議，羅斯福夫人也是獲選的代表之一。她在倫敦加入負責人道援助、社會與文化事務的第三委員會，也是該委員會唯一的女性成員。另外她積極參與聯合國的另一份創始文書《世界人權宣言》的起草工作。

《世界人權宣言》

羅斯福夫人在倫敦大放異彩，白宮與國務院隨即邀請她，代表美國政府參加新成立的聯合國人權事務委員會，參與起草後來的《世界人權宣言》。當時有些專家認爲，當年的國際聯盟就是因爲沒有在憲章裡明確宣示人權，才會以失敗收場。很多聯合國的支持者本來希望聯合國除了憲章之外，還能有一份人權宣言。「我眞的認爲人權應該納入國際法。」參與過人權事務委員會的布萊恩．厄夸特說，「指望世人尊重人權是不夠的，很多人就是不會。納粹黨人雖然算是比較極端的例子，但類似的人並不罕見。」

新成立的聯合國人權事務委員會由羅斯福夫人擔任主席，一九四六年四月開會，準備起草宣言。接下來的兩年半不間斷的開會，先是在紐約，後來又在瑞士日內瓦，最後終於敲定各國代表一致認同的最終版本。十八位代表來自不同的政治、社會、文化與宗教背景，聚在一起討論人權的定義，其實就是生而爲人的意義，以及個人與國家之間應該維持怎樣的關係。十八位代表的背景差異很大，所以起草的過程也遭遇不少困難。

起草過程誰也沒想到，草稿的第一條竟然就掀起了一場爭執。第一條的內容是「人皆生而平等」，有人認爲不應該用men這個字代表人類。印度女子漢莎·梅塔認爲men也有「男人」的意思，所以用這個字會讓人誤以爲條文裡的「人」不包括女性。可是聯合國婦女地位委員會又一致通過決議，要求聯合國人權事務委員會把all people改爲all men。羅斯福夫人一時也拿不定主意，

艾琳諾·羅斯福與《世界人權宣言》（西班牙文版），1949年11月1日。聯合國照片

因爲她從來沒有因爲《美國獨立宣言》有man這個字，而感到被排除在外。但她最終還是同意，草稿最後是以all human beings代表「人」。

《世界人權宣言》最終版的草稿送交聯合國大會重新審議，最後聯合國大會於一九四八年十二月十日凌晨三點，投票通過。（《世界人權宣言》全文請見附錄二）。

《世界人權宣言》以啓蒙運動所追求的「人的尊嚴」爲基礎，特別之處在於涵蓋範圍之廣，同時也設立了每個人都應享有的基本人權的普世標準。大多數的人權法規，以及很多國家的憲法，都納入《世界人權宣言》的條文。無論是追求自由的人，還是推動自由與正義的組織，都能從這份宣言得到啓發。布萊恩．厄夸特稱讚《世界人權宣言》是「二十世紀最重要的發展，扭轉了世人對人類社會的看法，以前是政府強勢主導，現在則是每一個人，包括政府在內，都要維護個人的人權。」

《世界人權宣言》不同於《聯合國憲章》，並不是一份公約，也就是說沒有法律效力。不過宣言的內容多半都已納入一九七六年生效的兩份國際公約，也得到大多數會員國承認。這兩份國際公約分別是《經濟社會文化權利國際公約》，以及《公民權利和政治權利國際公約》。聯合國將這兩份公約以及《世界人權宣言》合稱爲《國際人權法典》。

3 祕書長與祕書處

我相信關係可以發揮力量。這麼多年來，我隨身攜帶的皮夾裡始終放著……一張很陳舊的紙條，上面寫了中文字，說的是一個人的年紀對應的生命階段。三十而立，五十而知天命，六十而「耳順」。

——聯合國祕書長潘基文*

「聯合國祕書長是外交官，也是倡導者；是公僕，也是執行長；是聯合國理念的象徵，也是全世界各民族利益的代言人，尤其要為貧窮弱勢的人發聲。」這是聯合國對於祕書長一職的

* 潘基文祕書長已於二〇一六年十二月三十一日卸任，現任聯合國祕書長是安東尼歐．古特瑞斯。

正式定義，不但顯示出聯合國執行長包山包海的職責，也代表隨之而來的嚴峻挑戰。選舉新任祕書長是一件大事，不只是聯合國的大事，也會影響一百九十三個會員國，以及全世界所有民族。

二〇〇六年十月十三日，聯合國大會選出六十一歲，來自南韓的潘基文爲第八任祕書長。前任祕書長安南擔任過兩屆祕書長，總共十年的任期，創下了國際行動與公共能見度的新紀錄，當時新祕書長潘基文吸引了全球媒體的目光。有人說聯合國祕書長就像俗世的教宗，在重大而敏感的領域肩負重責大任，例如維護和平、人權、聯合國改革等領

2011年3月11日，潘基文祕書長在記者會上針對日本地震海嘯發表談話。
聯合國照片／艾文．史奈德攝

域。然而在外交圈之外，卻很少人聽過潘基文這個名字，難怪世界各地都有人在問：這個人究竟是誰？

潘基文於一九四四年誕生於南韓的漁村，在南北韓戰爭期間成長。當時南韓在美國的領導以及聯合國的許可之下，展開作戰。高中時期偶然的因緣際會，爲潘基文的人生帶來重大轉折。當時的他結識了後來的妻子，又在紅十字會贊助的作文比賽獲獎，得到去美國參訪的機會。他認爲就是那一趟美國之行，讓他有機會在華盛頓特區與甘迺迪總統短暫會面，因此讓他下定決心走上外交官的道路。一九七〇年，潘基文進入南韓外交部工作，後來因爲工作認眞以及其外交手腕，贏得讚譽，屢屢升遷。一九七四年，他以南韓常駐聯合國觀察員代表團第一祕書的身分，奉派前往紐約市。一九九一年，他成爲南韓外交部聯合國部門的主管。在一九八〇年，他出任位於南韓首爾的國際組織與協議局局長。他曾兩度派駐於華盛頓特區的南韓大使館，又在南韓與奧地利等地，進行外交工作，於二〇〇四年成爲南韓外交部長。當時他已經結束哈佛大學聲譽卓著的甘迺迪政府學院的學業，拿到公共行政碩士學位。

選出祕書長

潘基文於二〇〇六年二月宣布參選聯合國祕書長，隨即在南韓政府的大力支持之下，展開競選活動。參與競逐聯合國最高職位的人必須非常努力，而且要運籌帷幄才會有勝算，而潘基文因為中國與美國表態支持，勝算大大增加。此外，聯合國有個不成文規定，祕書長一職必須由世界各地區輪流擔任，因此潘基文又多了一個優勢。聯合國也確實遵守這項不成文規定，來自祕魯的佩雷斯．德奎利亞爾擔任兩屆聯合國祕書長（一九八二年至一九九一年）。下一任是來自埃及的包特羅斯．包特羅斯－蓋里，僅擔任一屆（一九九二年至一九九六年）。再下一任是來自迦納的安南，任期共有兩屆（一九九七年至二〇〇六年）。歷任祕書長連續兩位來自非洲，歐洲也貢獻過幾位，最近的一位祕書長是來自奧地利的寇特．華德翰（任期為一九七二年至一九八一年）。所以新任祕書長應該來自亞洲（聯合國體系的「亞洲」包含中東地區的阿拉伯諸國）。因此潘基文勝算頗高，但是他還得跟另一位來自亞洲的候選人競爭。他的對手是來自印度的夏希．塔魯爾，他不僅是聯合國資深員工，還是安南的親信。

歷任祕書長

特呂格韋．賴伊（挪威）	一九四六－一九五二
道格．哈馬紹（瑞典）	一九五三－一九六一
宇譚（緬甸）	一九六一－一九七一
寇特．華德翰（奧地利）	一九七二－一九八一
佩雷斯．德奎利亞爾（祕魯）	一九八二－一九九一
包特羅斯．包特羅斯-蓋里（埃及）	一九九二－一九九六

安南（迦納）　一九九七—二〇〇六
潘基文（南韓）　二〇〇七—二〇一六

潘基文與塔魯爾宣布參選，聯合國隨即展開正式選舉程序。選舉由聯合國的兩個機關負責，安理會先推薦候選人，再由聯合國大會批准。安理會召開「祕密」會議決定提名人選，沒有對外公開的會議紀錄，只有主席發表簡短公報。二〇〇六年，安理會的十五個會員國舉辦一連串的非正式投票，結果潘基文得票最高，塔魯爾次之。讓人驚奇的是，來自拉脫維亞的維拉．薇契—斐柏嘉是唯一一位女性候選人，也是唯一來自非亞洲地區的候選人，竟也拿下高票。兩度非正式投票的角逐，最後一次的非正式投票由潘基文勝出，於是安理會向聯合國大會提名潘基文，接下來的正式投票，確定由潘基文當選聯合國第八任祕書長，五年後又當選連任。

《聯合國憲章》第十五章第九十七條

祕書處

祕書處設置祕書長一人，及本組織所需之辦事人員若干人。祕書長應由大會經安全理事會之推薦委派之。祕書長為本組織之行政首長。

與時俱進的職責

《聯合國憲章》對於祕書長的職位只有簡短介紹，其實祕書長的職責會隨著時代演進，而有所改變。理查．霍布魯克說，「翻開《聯合國憲章》，祕書長的職務介紹只有一句話，那就是『聯合國設置一位行政首長』。美國憲法定義了總統與國會的職權，《聯合國憲章》卻沒有提及祕書長的職權。聯合國的運作如同英國憲政，除了依循前例，也要仰賴祕書長強而有力的領導。我們已經有兩位強而有力的祕書長，分別是道格．哈馬紹還有安南。」

馬克．馬拉克布朗也說，《聯合國憲章》「並沒有預料到祕書長在國際關係所能發揮的影響力。」他說，歷屆活躍於世界舞台的聯合國祕書長「已經向世上眞正重要的人物，好比各國元首之流，證明聯合國祕書長也能幫上忙。」前任維持和平行動部助理祕書長麥克．希漢說，祕書長的職責之一「是說出安理會該知道的事，而不是只說安理會想聽的話。祕書長並不是受會員國控制的木偶，而是有自己的使命，祕書處與會員國之間也會進行對話。」在這種對話當中，祕書長往往扮演中立且善意的角色，運用其影響力解決國際的紛爭與問題。換句話說，祕書長擁有職位賦予的權力，也理應行使權力。

聯合國祕書長所肩負的責任相當龐雜，所以是大家能想像得到最難做的工作。要做好這份工作，智慧與經驗當然不可少，此外還需要熱情、遠見，以及無比的圓融與耐心。祕書長必須能夠與整個聯合國體系，以及世界各國溝通，同時還要督導遍布全球的各種計畫與機關。日常的工作包括參加聯合國安理會、大會等機構所召開的會議，還要經常到全球各地訪問，與各國

1960年8月14日，聯合國祕書長道格·哈馬紹於剛果共和國加丹加省。聯合國照片／HP.

領袖、政府官員會面。每年九月聯合國大會開議時，祕書長要在位於紐約市的聯合國總部，迎接各國領袖，也要特別舉行午餐會招待他們。除此之外，祕書長也是聯合國行政首長協調理事會的主席。行政首長協調理事會由聯合國各基金會、計畫與專門機構的首長組成。每年開會兩次，協調彼此的業務。

祕書處

聯合國祕書長除了肩負各種特殊與一般的職責之外，也負責監督聯合國核心行政機關「祕書處」。祕書處的總部位於紐約市，一座雄踞於東河旁的現代豪華大樓之中。另外在阿迪斯阿貝巴、曼谷、貝魯特、日內瓦、奈洛比、羅馬、聖地牙哥以及維也納都設有辦事處。

聯合國祕書處共有四萬三千名員工，爲了遵守《聯合國憲章》宣示的精神，也就是以成立一個國際的文官體系爲目標，會員國一致同意，避免以不當方式影響祕書處的人員。祕書處的人員也宣誓只對聯合國負責，不會尋求或接受其他方面的指示。《聯合國憲章》第十五章第一百條明確規定：「聯合國各會員國承諾尊重祕書長及辦事人員責任之專屬國際性，絕不設法影響其責任之履行。」第一〇一條也規定：「辦事人員之僱用及其服務條件之決定，應以求達效率、才幹及忠誠之最高標準爲首要考慮。徵聘辦事人員時，於可能範圍內，應充

2008年3月4日，潘基文祕書長與前任祕書長安南於日內瓦會面。聯合國照片／馬克．賈騰攝

分注意地域上之普及。」

前祕書長安南的功勞，在於推動上一任祕書長包特羅斯．包特羅斯—蓋里所展開，一連串針對祕書處的行政改革（改革內容詳見本書第十八章）。安南鼓勵「成果重於過程」的組織文化，認爲效能的指標應該是「成果」，而非「努力的過程」。而潘基文的貢獻則是持續推動改革。潘基文的副手楊．艾里亞森認爲祕書處個別人員素質縱然有些差距，「但也不乏眞正的國際主義者，帶來智慧與啓發……祕書處人才濟濟。」他說，要能勝任祕書處的工作，「必須以務實的態度面對眞實世界，不能活在幻想之中。要了解眞實的情形，也要非常務實，但也永遠不能忘記，在聯合國服務是非常特別的。」

前加拿大大使大衛．馬龍估計，「在聯合國祕書處，百分之四十的人員具有撼動世界的力量，肩負重責大任。大約百分之三十的人員無功也無過，還有大約百分之三十的人員整天忙著惹是生非。也就是說眞正做事的百分之四十是眞正的英雄，分別在聯合國各級單位奮鬥。」

現實與理想

「我們的責任是縮小理想世界與現實世界之間的差距，這必須長期作戰。在這個階段，了解理想中的世界該有的樣貌，也引進改善的方法，例如和平、安全與發展、人權等等，你就能明白我們的工作內容。不必去想『我不能馬上改變這個世界』，但是要知道目前這個世界的眞實情況，此外也別忘記理想的世界該有的模樣。如果我忘了，那就表示我沒有盡到職責。

就是這種實現理想世界的願望，驅使著我繼續努力。」

——聯合國副祕書長楊・艾里亞森

聯合國的會員國愈來愈多，業務愈來愈龐雜，地方與區域的危機也逐日激增，管理遍布世界各地的祕書處員工成爲一個大問題。後面的章節會討論聯合國改革涉及的層面廣泛，其中的一大重點，在於改善聯合國內部的行政效率與權責分配。我們討論的重點，是祕書長如何履行督導祕書處員工的職責，又如何確保員工確實執行祕書長的政策，以及聯合國安理會、大會等機關明確宣示的意志。祕書長的監督顯然著重在協調，確保各單位與相關人員通力合作，而不是各行其是。祕書長由團隊協助進行協調工作，團隊由副祕書長、高級管理小組以及特別個人代表、公使、顧問組成，另外還有和平使者、親善大使之類的志工不時從旁協助。

副祕書長

祕書長長期以來都是單兵作戰，直到最近才有所不同。前祕書長安南認爲應該把更多業務授權給屬下處理。於是他在一九九七年說服聯合國大會，設置一個新的職位，也就是副祕書長。

副祕書長實際上就像是聯合國的營運長，輔佐祕書長管理幕僚以及祕書處，也代表聯合國出席會議與正式活動，同時擔任改革管理政策指導委員會的主席。副祕書長的職責也包括「提升聯合國在經濟與社會領域的能見度與領導地位」，這兩個是聯合國愈來愈關注，也投入愈來愈多資源的領域。

一九九八年，安南任命加拿大外交官路易絲．弗雷歇特為副祕書長。二〇〇六年，來自英國的馬克．馬拉克布朗成爲新任副祕書長，他先前擔任聯合國開發計畫署署長。二〇〇七年，潘基文任命曾經擔任過律師的前坦尚尼亞外交部長阿莎—羅絲．米吉洛爲副祕書長。之後，由楊．艾里亞森於二〇一二年接任副祕書長，他是瑞典外交官與前任外交部長，在聯合國工作多年，他也是第一任聯合國人道事務副祕書長（一九九二至一九九四年），深入社會與經濟發展領域，也曾在索馬利亞、蘇丹等戰亂地區，累積實務經驗。

艾里亞森說：「祕書長公務纏身忙不過來，所以請我幫忙，減輕他的負擔。」他熱愛這份工作，每天的工時都很長。「領導團隊只要在城裡，每天都會碰面，而且時時保持聯繫。週一到週五每天晚上，以及幾乎每個週末，我們都會召開視訊會議。」艾里亞森特別關注政治領域，包括維護和平、政治議題、人權以及發展。「這些是我的專長。要說微觀管理的話，我並不會在祕書處實行鉅細靡遺的微觀管理。但我始終監督著祕書處，也盡量努力做到我有幸得以制訂的準則，那就是『沒有發展就沒有和平，沒有和平就沒有發展』。沒有人權與法律，就不會有永續的和平。這些領域是相關的，我們應該同時朝這些方向努力。」艾里亞森在聯合國體系的特殊職位，讓他能夠「邀集大家坐下來，把議題放在檯面上討論，從政治、安全、發展、人權與法律的角度探討議題。這種方式對我來說很管用，我希望我的同僚也會覺得好用。」

高級管理小組

聯合國副祕書長也是高級管理小組的一員。高級管理小組是「聯合國高層單位，由祕書長擔任主席，成員包括聯合國各單位、局處、基金會以及計畫的主管。」二〇一四年一月，高級管理小組除了祕書長之外，另有四十一位成員。成員名單按照字母順序排列，包括人道事務與緊急救援協調專員瓦萊莉．阿莫斯、政治事務處的傑弗瑞．費爾曼、聯合國大會事務與會議管理專員泰格奈沃．蓋圖、裁軍事務廳的安琪拉．肯恩、維持和平行動部

2014年3月2日，潘基文祕書長在瑞士朝聖山的一場研討會，與特別代表、個人代表以及公使合影。聯合國照片／艾斯肯德．德比比攝

的拉蘇、經濟與社會事務部的吳紅波，以及兒童與武裝衝突部的萊拉．澤羅吉。就算把非洲事務特別顧問、衝突中的性侵害事務特別代表、聯合國難民署、改革執行特別顧問，以及聯合國貿易與發展會議祕書長也算進去，還是沒有涵蓋高級管理小組的全體人員。光是列舉上述幾個人員，就能看出這些局處首長、主管以及高級顧問負責的領域極爲廣泛，涵蓋全球各地。從這些人員的姓名，也可看出他們來自世界各地。

個人代表、公使與顧問

祕書長就像一個大權在握的執行長，必須面對形形色色的議題，包括他很少接觸，也比較不懂的議題。所以你應該猜得到，祕書長找了他信任的一群人，充當他的顧問，也代表他參與某個需要解決方案的地區、議題或衝突。二〇一四年一月，光是爲了非洲，潘基文就任命了二十一名男性與女性代表。隨著世界的樣貌不斷改變，代表的人數與職銜也有所不同，不過從幾個例子還是能看出大致的情形。二〇一四年初，祕書長的代表包括祕書長駐非洲聯盟特別代表、祕書長駐象牙海岸特別代表與聯合國駐象牙海岸維和行動部長、祕書長特別顧問與赤道幾內亞與加彭邊界糾紛協調專員、祕書長特別代表與聯合國利比亞支援行動部長，以及祕書長駐薩赫爾特使。這些人員的工作簡報往往比較偏向開放式，因爲他們所處的局勢時時變動。

和平使者與親善大使

聯合國的和平使者不同於祕書長的個人代表，或是高級管理小組成員，和平使者多半都是家喻戶曉的知名人物。天底下有誰沒聽過馬友友的大名？就算沒聽過馬友友演奏德弗札克的大提琴協奏曲，或是其他的古典樂曲，也一定聽過他的名字。另外還有身兼人權鬥士與諾貝爾獎得主的艾利．魏瑟爾、演員喬治．克隆尼，以及流行音樂藝人史提夫．汪達。聯合國從一九九八年開始，任命傑出且知名的藝人、思想家、社會運動人士爲和平使者，目的在於「吸引更多人注意聯合國的工作」。和平使者是聯合國的志工，到世界各地參加活動，代表聯合國祕書長與整個聯合國體系出現在媒體上。

還有一種代表叫做「親善大使」，現在愈來愈多聯合國單位喜歡任命親善大使。親善大使由名人擔任，爲聯合國的某個基金會、計畫或機構發聲。例如聯合國兒童基金會的親善大使就包括一位美國網球明星，還有一位來自愛爾蘭的演員。聯合國環境署的親善大使則是一位巴西超級名模、一位法國攝影師兼記者，以及一位美國演員。聯合國難民署的親善大使包括一位中國女演員、一位土耳其歌手、一位哈薩克歌手兼作曲家，以及一位英國超級名模。

新目標

潘基文祕書長剛上任的時候，西方國家的媒體對他並不熟悉，認爲他大概會比前任祕書長安南低調。安南的作風激進，爲了實現他對於國際外交與國際行動的遠大計畫，連續擔任兩屆祕書長。

潘基文上任之後，開始建立起自己的風格，從長時間工作開始，漸漸發展到去世界各地訪問，也經常公開發表聲明，討論世界上各種問題、危險與危機。例如他在就任初期，訪問內亂嚴重的蘇丹達佛地區。「我去傾聽當地人的心聲，包括蘇丹官員、因內亂而流離失所的村民、人道救援人員，以及鄰近國家的領袖。」潘基文回到聯合國之後說道，「徹底了解當地的情況，這場危機沒有單一的解決方案。達佛是一個複雜的個案，要想實現和平，就要考量引發衝突的所有因素。」天生樂觀的潘基文說：「如此複雜的情況，對我們來說是很棘手的挑戰……但複雜的解決方案才是長久之計。」

行動多於言語

潘基文祕書長「低調穩重，不好高騖遠」，但「絕對不缺抱負與手段」。他「逐漸顯露出藍領祕書長的形象，捲起袖子認真工作，專心投入又為人靈活，但不搏取版面，也不做壞事。」

——前聯合國助理祕書長愛德華·拉克

前美國駐聯合國大使約翰·波頓說，潘基文的路線比安南更爲愼重，安南的「志向太廣」。波頓說，很多人認爲潘基文「低調的管理風格備受各國肯定」。前美國外交官威廉·呂爾斯認爲潘基文「說話的本領優於演說，他喜歡一對一的交談。做事情會分輕重緩急，也不會設定太多目標。工作非常勤奮，也始終關注核心問題。」

核心問題是什麼？潘基文在就任之初，明確宣示他的施政計畫。首先是保護全球氣候，因爲再不行動，全體人類都要遭殃。他認爲一旦有國家或地區陷入混亂或毀滅，每一個人都有責任出手干預。他也志在終結核武擴散，不但要防止恐怖組織取得大規模毀滅性武器，還要避免其他問題。這份施政計畫特別強調要實現八個千禧年發展目標（詳見本書第十四章），將最貧窮國家的經濟與社會，發展到可以接受的水準。另外還要改革聯合國的財政與管理結構，以提升整體效能，才有能力滿足來自世界各地不斷增加的需求與要求。

二〇一二年，潘基文在第二任祕書長任期之初，提出爲期五年的「行動計畫」，重申了先前的許多看法，也詳細闡述重點。他提到繼千禧年發展目標之後，應該再設立一個發展架構，納入能源、食物、乾淨飲水、海洋健康以及海洋生物健康等議題。他也宣示將持續推動預防策略，例如預防暴力衝突、預防妨害人權，也要推動一般簡稱爲R2P的「保護責任」（第十一章會詳細介紹）。潘基文最後幾項施政目標包括「支援正處於轉型期的國家」，也就是追求民主、透明與繁榮的會員國；另外還有「與女性及年輕人攜手合作，共同爲女性及年輕人努力」，包括對女性的暴力行爲問題，以及女性在政治、社會與經濟方面的參與，以及加強「滿足史上人數最多的年輕世代的需求」。

2008年4月23日，潘基文祕書長偕同夫人柳淳澤，參觀布吉納法索首都瓦加杜古的一所小學。聯合國照片／艾斯肯德·德比比攝

中間路線

兩年後，在二〇一三年十二月的一場記者會上，潘基文重申持續推動施政計畫的決心，但也說了幾句出人意表的重話。有人問他，從祕書長的工作學到什麼？他說：「我簡直不敢相信，竟然還有這麼多問題沒有解決。現在世上的危機好像比我的第一個任期還多。在我第一個任期剛開始的時候，達佛的情況是一大重點，是最嚴重的問題。」他說，現在的世界「問題如此之多」，例如敘利亞內戰，以及在中非共和國與馬利不斷上演的流血衝突。「你能想到的問題都有。」潘基文也指責聯合國的會員國，「這個工作給我的另一份心得，就是我發現政治意志愈來愈薄弱，有時候國家利益凌駕於某些全球問題之上。我們應該先處理世上所有的威脅，全球的危機；能化解全球問題的解決方案，用於國家的內政也同樣有效。」

無論祕書長規劃了哪些施政目標，都需要聯合國會員國支持，或是至少不反對，才有機會實踐，尤其是在國際間最具實力的會員國。大多數人認爲，潘基文與美國政府的合作關係是正確的，而且大致有效。美國外交關係協會的史都華．派翠克說，潘基文「與美國的目標幾近一致，不會超前於美國。」紐約大學的理查．戈溫說，美國「大多數時候」對潘基文很滿意，認爲這位祕書長是個「踏實可靠的鬥士」。

潘基文有能力與中國及美國合作，成效也逐漸浮現。例如他排除困難，邀集會員國協商氣候變遷提案（當時中國、美國均表示反對），以及達佛地區的維和行動（中國反對）。他勇於公開表達意見，哪怕他的想法不見得符合某些強大的會員國的利益。二〇一三年敘利亞內戰期間，潘基文呼籲各國不要提供武器給交戰雙方。當時俄羅斯政府提供武器給阿薩德政權，美國與其他國家則在考慮銷售武器給反抗軍團體。潘基文扮演的角色也許比外界想像的更加微妙。

潘基文在第二個，也是最後一個祕書長任期，仍然持續推動他的施政計畫。往後會有別人接任祕書長，重新規劃聯合國的施政順序與行動計畫。這個人會是誰？潘基文才剛展開第二個任期，就有人開始議論下一任祕書長人選。隨著任期接近尾聲，各種揣測更加熱烈。如果以地區輪替來看，下一任祕書長不會來自亞洲或非洲，畢竟最近的三位祕書長就是來自這兩大洲；也不會來自前任祕書長佩雷斯．德奎利亞爾（一九八二年至一九九一年在任）的故鄉拉丁美洲。所以只剩下歐洲，西歐已經貢獻了幾位祕書長，東歐卻是一位也沒有，所以這一次應該輪到東歐。除了地區輪替，決定下一任祕書長人選的關鍵，也在於少數幾個強國的偏好。美國想要什麼樣的祕書長？理查．戈溫認爲，美國政府應該不想要第二個像安南那樣高調激進的祕書長，但他認爲比較低調的人選也不見得合適。

要等到候選人浮上檯面，我們才能評估哪一位最有可能得到美國以及其他幾個強國的支持。現任的美國政府衡量新任祕書長人選，除了要考量每一位的個人特質與價值觀之外，也要考量新任祕書長將要面對的瞬息萬變的世界。

4 全新的世界

我們需要許多地區組織，以及次級地區組織的支持。首先我們需要商業界、宗教界、地方組織，甚至慈善機構的支持，才能鞏固我們的政治意志。第二，我們要動用手邊的資源，當作工具使用。沒有有用的工具，要怎麼做事？

——聯合國祕書長潘基文

聯合國在一九四五年誕生於一個被戰火蹂躪的世界，成立不久之後又面臨另一種截然不同的衝突，也就是冷戰。當時許多國家分屬兩大強權，即美國與蘇聯的陣營。在這段時間，世界上發生幾次大規模變遷，改變了許多國家、文化以及世界觀。歐洲殖民地受到反殖民勢力的圍剿，導致一百多個新國家從一九五〇年代開始紛紛誕生。蘇聯集團自一九八九年開始解散，造成另一波全球變遷。二十幾年之後，餘波依然蕩漾，原本雙雄鼎立的世界變成三強鼎立。中國的財富與自信與日俱增，俄羅斯拚命想維持強國地位，美國仍然是世界眼中經濟、政治與軍事力量的王者。這三個國家大大增加了聯合國安理會運作的複雜程度，也有人認爲根本就是阻礙了安理會的運作（我們在後面的章節會討論這個問題）。三強之外的次級強權國家，包括日本、德國、法國與英國。隨著某些亞洲國家（如南韓、印度）、非洲國家（南非），以及拉丁美洲國家（墨西哥、巴西）的影響力與曝光率與日俱增，全球的政治環境也漸趨多元，權力分配更爲分散。相同地區或相同利益的國家組成聯盟，例如東南亞國家協會與金磚國家（巴西、俄羅斯、印度、中國與南非），這些新興經濟體與政體因此有了發聲的管道，得以表達願望與抱負。一九四五年看見聯合國的人，倘若跳躍到今日的時空，一定會覺得世界確實變了。

分散的權力

許多專家與政策制訂者注意到這種聯盟林立的情況，也發現世界上的「權力中心」數量激增。二十國集團是由十九個經濟大國、歐盟的財政部長以及中央銀行總裁組成。從二〇〇八年開始定期舉行高峰會，代表著全世界大多數的經濟產量與貿易量，以及全球三分之二的人口。美國外交關係協會的史都華．派翠克說，二十國集團「與聯合國系統之間有一點點競爭。」他認爲二十國集團永遠不會取代聯合國安理會，但是「聯合國的會員國擔心，二十國集團有朝一日會變成世界指揮官，侵犯安理會的特權。」派翠克認為這種情況不可能成真，「因為二十國集團的成員如此複雜，意見紛歧的問題一定會比安理會更加嚴重。」

新思維

「我們沒有本錢再被『貧』與『富』、『已開發』與『開發中』、『北』與『南』，還有『不結盟運動』的標籤所拖累。在二十一世紀，這種不切實際的分類對誰都沒有好處。我們面臨著巨大的挑戰，世上所有民族、所有國家，都應該專注在我們的共同點，那就是大家都渴望自由安全的生活，擁有健康、希望與機會。這是美國人民所在意、所想要的，也是全世界幾十億人所在意、所想要的。」

——前美國駐聯合國大使蘇珊·萊斯

還有一些新的因素也產生影響，例如數位革命、隨之而來的資訊爆炸，以及社交媒體興起。獲得前美國國務卿歐布萊特譽為「美國首屈一指的權力專家」的約瑟夫·奈伊認為，資訊革命讓每一個人都得以參與政治，無論是心懷善意的主流大眾與團體，還是異議份子，甚至是心懷不軌之人，都有管道參與政治，全球政治也因而改變。他寫道，「在當今的全球資訊時代，每一個國家面臨的問題，在於政府無法控制的事情愈來愈多，即使是最強大的國家也是如此。」他也提到，一群另類的政策與行動中心正在興起。「多邊外交的為難之處，在於要讓這麼多人參與，還要能夠有具體的進展。歐洲人稱之爲『不等速整合』也許是一種解決之道。以後會有許多多邊主義團體，隨著不同議題的權力資源分配而有所不同。」

這些另類的「迷你多邊」合作架構，是一種規模有限的多邊關係，不見得需要聯合國參與，甚至不見得會邀請聯合國參與。史都華．派翠克認爲，迷你多邊架構包括上海合作組織（一群歐亞國家組成的政治、經濟與軍事聯盟）、七大工業國組織（G7，由七個最大的已開發國家的財政部長組成，包括加拿大、法國、德國、義大利、日本、英國以及美國）、八大工業國組織（G8，七大工業國加上俄羅斯），以及許多爲了解決特定問題而組成的安全高峰會與特別團體。「以後會愈來愈依賴地區組織，這些組織也漸漸威脅到聯合國的地位。」

喬治華盛頓大學的艾絲樂．比默說，「在傳統的多邊關係，尤其是在全球機構，會員國是一個整體，朝著共同目標邁進。現在的迷你多邊關係等於是一小群核心國家，要處理一個議題，先敲定規章，再邀集跟這個議題相關的國家，或是在其他地區較有影響力的國家。有了這個基礎再開始發展，就是一小群國家，在一個架構裡處理一個議題。迷你多邊關係也可以是一個團體自願參與某件事，創造出一個架構與公約。漸漸的有人自願加入，其他國家也自願加入，規模就逐漸壯大。」

她說，國際貿易的迷你多邊關係就是類似這種情況，不過其他領域的迷你多邊關係也是一樣，反恐就是一例。「一開始也許是三十幾個國家，自願派出反恐專家合作。他們發起一個團體，與聯合國建立關係，其他國家也自願加入，漸漸發展開來。」她形容這是一種「先鋒部隊」，「成立之後再吸引其他人加入。」不過她想問的是：「這些迷你多邊組織身為先鋒部隊，處理過棘手的問題，再帶給其他成員，所以他們會不會對現有的全球組織準則有所貢獻？還是會自立門戶？」如果是自立門戶，就有可能繞過聯合國運作。

聯合國副祕書長楊．艾里亞森或許也在思考這個問題，因爲他說：「我希望這些區域組織，或是基於相同利益而成立的組織，所有的目標、計畫與行動，都能符合現實的全球環境。在當今的世界，有志一同的國家形成一個團體是很自然的事，但是所做的事情如果與全球合作背道而馳，那我認爲會有不好的結果。」潘基文祕書長呼籲聯合國要多以合作爲出發點思考，不僅是因爲能更有效達成目標，也可確保聯合國作爲全球討論平台的地位。「這是我學到的很重要的一課，所以我才一再向會員國呼籲：拜託，大家一起合作吧！」

尋求回應

呼籲是一回事，聯合國會員國能不能聽得進去，又是另外一回事。艾里亞森認爲以聯合國一貫的思維與行動來看，回應的速度會不夠快。他說：「國際組織所關注的議題，多半是在一九六〇年代至一九九〇年代之間，以及本世紀初形成。」然而如今的世界已大不相同。他反問：「我們在聯合國認眞討論過世界的新趨勢有幾次？」他說，不只是次數不夠，應該是太少才對。「我覺得我們還沒有了解到，應該（創造）一個有效的國際體制，以配合新的全球環境。」

通力合作

「美國的領導在未來仍然是不可或缺。在每一個國家的政府與家庭，都感受到嚴重的經濟壓力的時候，與聯合國合作的效益就很明顯，包括分攤負擔、聰明運用全球納稅人的金錢，以及符合國家利益的國際解決方案。我期盼美國與聯合國的伙伴關係能更上層樓，也很期待與凱瑞國務卿密切合作，為我們共同的目標，也就是和平、發展與人權而努力。」

——聯合國祕書長潘基文

聯合國內部的某些人士覺得，新的全球環境也給聯合國帶來了機會。安南祕書長任內的副祕書長馬克．馬拉克布朗認爲，美國與俄羅斯這些強國的影響力已不如以往，聯合國卻更爲重要，「因爲在權力分散的時代，除了聯合國，還有誰能給你解決方案？」

讓聯合國更爲重要的那股力量，也能迫使聯合國與其他對象合作，合作的對象包括各國政府、地區組織、世界銀行之類的全球機構；或是代表特定族群或宗教團體的民間機構，進而限制聯合國的運作。潘基文祕書長明確宣示，面對新的全球環境，聯合國必須與更多組織合作，因爲他明白「一個人、一個組織、一個國家無論再怎麼強大，資源再怎麼豐富，也無法獨力達成目標。」

5 美國大使

（美國）常駐代表的特別之處，在於他們得花很多時間在華盛頓。他們在聯合國的影響力與權力，有一部分是直接取決於外界認爲他們在華盛頓有多少實力。所以常駐代表如果因爲必須待在華盛頓而無法前來開會，在外界看來就是頗有實力。

——國際事務分析師傑夫瑞·羅倫帝

聯合國有一百九十三個會員國，每一個都在紐約市設有代表團，由常駐代表領軍，職銜爲大使。各國常駐代表的任期長短不同，所以「常駐」兩個字僅供參考，不過「常駐代表」確實是代表團當中最重要的人物。各國代表團當中就屬美國的代表團最大，位於聯合國廣場七百九十九號（東四十五大道與第一大道的交叉口），聯合國總部的對面。美國代表團連同顧問共有一百多位成員，負責美國在聯合國的政治、經濟、社會、法律、軍事、公共外交，以及管理事務。浩大又活躍的美國代表團的核心人物是五位大使：常駐代表、常駐副代表、特別政治事務代表、駐聯合國經濟及社會理事會代表，以及管理與改革事務代表。

每年的九月至十二月，會有更多人員加入美國代表團，協助接待前來參加聯合國大會開幕式與工作會議，來自世界各地的幾百位國家元首、外交官與幕僚。曾經擔任代理美國駐聯合國管理與改革事務代表的約瑟夫．梅爾羅斯說，「在聯合國大會開議期間，我們請六位多半已經退休的大使或是高階官員過來幫忙，盡量跟每一個人都說到話，因為我們知道美國常駐代表不可能有時間一一問候各國人員。」藉助資深人員廣泛的經驗與人脈，是明智之舉。「我一向認為，把這些外交官找回來幫忙，處理他們熟悉的地區，是很明智的作法。」他說，「請他們跟熟悉地區的每一個國家聊聊，徵詢對方的想法與看法，闡述自己的立場，展現該有的尊重，讓對方知道你不會因為對方是小國，就冷淡以對。」「諸如不丹、馬爾地夫這些國家，雖說不是我們的重點交往國家，但是我們也不能隨便打發，畢竟他們在聯合國大會還是握有選票。」

美國駐聯合國代表團之所以編制浩大，是因為美國在聯合國舉足輕重，需要足夠的人員應付各種情況。「美國永遠都在，」梅爾羅斯說，「美國（在委員會或其他場合）的席位絕對不會空著，除非我們正在台上發表政治聲明。」他說，小國的情況就很不一樣。「像不丹這個國家，以前曾經想加入安理會。說來實在讓人想不通，他們的代表團只有五個人，怎麼能應付安理會的工作？……他們必須指派一個全職的高階官員，這就要付出人力與薪資成本，還有一些雜七雜八的負擔。」

常駐代表

美國常駐代表是一個動見觀瞻的工作，也因為美國的地緣政治優勢與政策制訂，而成為最複雜的工作。「美國駐聯合國代表是個特別艱鉅的工作，」前加拿大大使大衛．馬龍說，「駐聯合國大使往往是得到本國外交部長的指令，有時候也會接到政府首長或國家元首的指令。」但在美國的體制，駐聯合國大使能發揮多少影響力，取決於總統對大使職位的安排，是賦予內閣閣員等級（如柯林頓政府與歐巴馬政府），還是直接隸屬於國務卿（如小布希政府）。

美國駐聯合國大使必須具備高超的外

潘基文祕書長（右）與前美國駐聯合國大使理查．霍布魯克談話。聯合國照片／艾斯肯德．德比比攝

1946-2014年美國駐聯合國常駐代表

小愛德華・斯特蒂紐斯（1946/3-1946/6）
賀卻爾・強森（代理）（1946/6-1947/1）
華倫・奧斯丁（1947/1-1953/1）
小亨利・羅區（1953/1-1960/9）
詹姆斯・瓦茲渥斯（1960/9-1961/1）
阿德萊・史蒂文森（1961/1-1965/7）
亞瑟・古柏（1965/7-1968/6）
喬治・博爾（1968/6-1968/9）
詹姆斯・維金斯（1968/10-1969/1）
查爾斯・約斯特（1969/1-1971/2）
喬治・布希（1971/2-1973/1）
約翰・史卡利（1973/2-1975/6）
丹尼爾・莫尼漢（1975/6-1976/2）
威廉・斯克蘭頓（1976/3-1977/1）
安德魯・楊（1977/1-1979/4）
唐諾・麥克亨利（1979/4-1981/1）
潔恩・科克派翠克（1981/2-1985/4）
維儂・華特茲（1985/5-1989/1）
湯瑪斯・皮克林（1989/3-1992/5）
愛德華・帕金斯（1992/5-1993/1）
馬德萊娜・歐布萊特（1993/2-1997/1）
比爾・理查森（1997/2-1998/9）
彼得・博利（代辦）（1998/9-1999/8）
理查・霍布魯克（1999/8-2001/1）
約翰・尼格羅龐提（2001/9-2004/6）
約翰・丹佛斯（2004/6-2005/1）
約翰・波頓（2005/8-2006/12）
薩梅・哈里札德（2007/4-2009/1）
蘇珊・萊斯（2009/1-2013/7）
薩曼莎・鮑爾（2013/8-2017/1）
妮基・哈利（2017/1至今）

交手段，才能應付如此複雜的指揮系統，同時在聯合國達成目標。「要想影響事態發展，就要與聯合國祕書長以及祕書處合作。」前美國駐聯合國大使薩梅·哈里札德闡述他自己的外交手段，「但也要有本事說服夠多會員國支持，才能敲定決策。」哈里札德先前奉派阿富汗與伊拉克，他覺得聯合國與這兩個國家相比，「是完全不一樣的經驗」，因爲「聯合國不是主權國家，聯合國祕書長也不是總統或總理。」他也時時記住自己代表美國政府，自認爲是「美國政府與聯合國總部之間的橋樑」，「將聯合國帶來的機會與挑戰解釋給華府的人聽。」

大衛·馬龍說，美國大使理查·霍布魯克感受到華府足夠的支持，所以能在聯合國推動「霍布魯克政策」，也有信心讓其他人遵守。馬龍說，令人驚訝的是大多數人還眞的遵守。「完全沒人反駁。總統對他言聽計從，副總統又喜歡他，尊敬他……他把在聯合國討論過的議題，都制訂成政策，再來指點華府往後的政策。話雖如此，還是看得出來他往往會先衡量華府的狀況，再謹愼選擇他要推動的主題。他的表現很有意思。」

紛亂且忙碌

談到擔任駐聯合國大使的感受：「無法完全掌控行程，突發狀況很多，有點像大馬戲團那樣紛亂且忙碌。要參加聯合國大會、安理會，還有聯合國大會的六個委員會。六個委員會也會有需要處理的事情。」

——前美國駐聯合國大使約翰·尼格羅龐提

歷任美國常駐聯合國代表當中，約翰．尼格羅龐提在最艱難的時期就任。他是由小布希總統任命，二〇〇一年九月十八日宣誓就職爲美國駐聯合國代表。僅僅一週前，也就是九月十一日，美國的世界貿易中心與國防部遭受恐怖份子攻擊。他獲得任命不久之後，接受訪問時說：「我九月十九日抵達這裡。九月十一日發生的事情，還有我們的反應，給了我很多經驗。」

身爲美國常駐代表，尼格羅龐提必須使出所有的外交本領，不過他在聯合國運用的外交手段，與他在先前的職位大不相同。他先前的外交工作，例如擔任駐墨西哥大使以及駐菲律賓大使期間，比較有時間慢慢熟悉派駐的國家與當地文化，但在聯合國卻必須不停面對形形色色的人與事。「想當駐聯合國代表，什麼事情都要懂一點。還要管理好自己的時間，確定該知道的都知道了，才能把事情做好。要做到這一點並不容易，因爲有時候一天要處理三、四個各式各樣的糾紛。」

尼格羅龐提二〇〇四年離開聯合國，轉任駐伊拉克大使。約翰．丹佛斯成爲下一任常駐代表。他是律師，也曾擔任政治人物，擁有外交事務經驗，也是來自密蘇里州的共和黨參議員。在參議院服務十八年，原本以爲公職生涯就要劃下句點，沒想到又當上駐聯合國代表。丹佛斯於二〇〇五年初卸任，白宮任命掌管軍備控制與國際安全的國務次卿約翰．波頓，接任駐聯合國代表。這項任命備受爭議，因爲美國國會內外都有人認爲他對聯合國不友善，國會甚至不願通過波頓的任命案。但是這位新的常駐代表終究還是就任，只是地位形同臨時代表，他在任內促使安理會數度制裁發展核武的北韓，最後在二〇〇六年底辭職。

波頓之後的新任代表是資深外交官薩梅．哈里札德。他的外交風格較爲傳統，與波頓的律師作風大相逕庭。長期在聯合國工作的馬克．馬拉克布朗，記得曾在二〇〇七年九月，在聯合國大會的代表休息室與哈里札德喝咖啡，他說：「連休息室的咖啡機都自認爲是哈里札德最好的朋友。」

一針見血的表達

我們常認為外交官做的事情就是書寫與說話，習慣以語言溝通，其實非語言的溝通也很重要。歐布萊特於一九九三年至一九九七年，擔任美國常駐聯合國代表，後來成為美國國務卿。她有個很有名的溝通技巧，就是她身上佩戴的珠寶常有特殊涵義。她在著作《看我的胸針：聽外交官的珠寶盒說故事》提到，用珠寶溝通的習慣其實是偶然開始的。話說當年美國在聯合國的支持之下，率領聯合部隊擊退占領科威特的伊拉克軍隊。歐布萊特隨後與伊拉克海珊政權談判。根據波斯灣戰爭的停戰協議，海珊政權必須接受聯合國檢查，確認伊拉克境內沒有大規模毀滅性武器。但是，獨裁者海珊拒絕遵守協議，引發歐布萊特出言批評，受政府控制的伊拉克媒體刊登一首不怎麼客氣的詩作為反擊，題目是「致瑪德蓮．歐布萊特，不予問候」。

不久之後，即將與伊拉克官員會面的歐布萊特，思考著該佩戴什麼珠寶。最後選了一個幾年前買的蛇造型的胸針。她在書中寫道：「我覺得佩戴這個胸針沒什麼大不了，反正伊拉克人應該也不會察覺到我想表達的意思。」但在她結束談判離去之時，聯合國記者團的某位成員卻問她為何選戴這個胸針。「電視台的攝影機全聚焦在我的胸針，我微笑著說，這只是我的一種表達方法。」

歐巴馬政府

歐巴馬二〇〇八年當選總統，隨即提名他的親信顧問蘇珊・萊斯爲新任駐聯合國大使。萊斯先後就讀史丹佛大學與牛津大學，很快建立起強悍的形象。她的好友歐布萊特說：「要我說她這個人，我會說她不管是打籃球還是做別的事情，都無所畏懼。」萊斯曾在柯林頓政府的國家安全會議擔任聯合國專家，後來成爲非洲事務助理國務卿。她在那些年親眼目睹盧安達種族滅絕的慘況，看見殘缺的屍體遍布田野，因此下定決心要防止這種悲劇重演。她在聯合國常駐代表任內的功績，其中包括促使安理會投票通過授權北大西洋公約組織出兵利比亞，加強制裁發展核武的北韓，以及制裁大肆生產濃縮鈾的伊朗。

在歐巴馬的第二個總統任期，萊斯轉任總統的國家安全顧問，接替她的新任駐聯合國大使是薩曼莎・鮑爾。鮑爾生於愛爾蘭，身兼學者與記者兩種身分，發表過一本關於種族滅絕的得獎著作。她是歐巴馬在競選總統期間，以及當選總統之後的外交政策顧問。她與前任代表約翰・波頓一樣，必須在短時間內適應截然不同的環境，從一個直話直說，把「鑳子」稱爲「鑳

2014年3月1日，聯合國安理會召開緊急會議，討論烏克蘭議題。圖為美國駐聯合國大使薩曼莎．鮑爾於會議中發言。聯合國照片／馬克．賈騰攝

子」的地方，轉換到一個習慣把鏟子稱爲「大量製造的挖掘工具」的地方。她也跟波頓一樣，敢於直言批評聯合國。她在白宮發表就職演說，說起當年還是記者的她，曾經看見聯合國援助人員「在砲火之中運送食物給蘇丹人民，但我也看見聯合國維和部隊無力保護波士尼亞人民。」她也質問聯合國：「聯合國能爲這個世界做什麼？能爲美國做什麼？」

無論職位的等級高低，很多美國常駐聯合國代表都說這份工作備受矚目，所以有一種獨特的光環。約翰．丹佛斯說他在紐約市就職之後幾天，就感受到這份工作的特別之處。他打開早報，看見頭版有一則報導是關於他前一天在聯合國發表的言論。報導一開頭寫著「美國表示」，他轉頭對著妻子說笑：「美國就是我，我一開口就代表美國。」他說，那像是經歷了一場「震撼教育」。

6

安全理事會

爲保證聯合國行動迅速有效起見，各會員國將維持國際和平及安全之主要責任，授予安全理事會，並同意安全理事會於履行此項責任下之職務時，即係代表各會員國。

——《聯合國憲章》

安全理事會（安理會）是聯合國的執行單位，負責預防及終止國與國之間，有時甚至是一國之內的武裝衝突，以創造更安全穩定的世界。安理會有權調查任何可能影響到國際的衝突或糾紛，也有權做出能影響各國政府命運的決策、組織維和行動、設置法庭審判戰爭罪的被告、對倒行逆施的政府實施經濟制裁；在最嚴重的情況，還可促請會員國對某國採取制裁行動。在聯合國的主要機關當中，只有安理會的決議對會員國有強制力；也就是說，會員國無權選擇接不接受，或是要不要執行安理會的決議。

安理會大權在握，也因此愈來愈受重視，每當國際爆發重大危機，安理會就是行動的中心。冷戰結束後，東方與西方的關係開始融冰，安理會的活躍程度大爲增加，也更願意拓展觸角。安理會正式會議與非正式協商的次數，這些年來起伏不定，一九八八年有一百一十七次、二〇〇二年有五百三十二次，一直到二〇一二年則有三百七十三次。

積極任事的安理會

安理會從一九八八年至今一路演進，這是愛德華．拉克特別強調的重點。幾年來他身兼潘基文祕書長的特別顧問，以及聯合國助理祕書長。對安理會瞭若指掌的他說，「很多人忘記安理會這些年來改變了多少，有人說一九四五年成立的安理會已經不合時宜，但觀察安理會從一九九〇年代中期到現在的運作方法，就會發現確實有所改變，變得較爲開放。」現在的安理會比較願意邀請非會員國的人士前來演說，也比較願意徵詢聯合國官員與單位的建議。安理會的成員有時也會參訪維和部隊或聯合國其他行動。「安理會是一個懂得互動的機構，」拉克說，「並非只是高高端坐在奧林帕斯山上。」

史都華．派翠克認爲安理會以及整個聯合國，都是「絕對不可或缺」。在安理會「我們可以闡明立場，只要把我們（美國）想做的事情說明清楚，而且出發點正確，就能得到合法性。

我們不見得每次都會贏，但倘若不理會聯合國，絕對會嚴重損及我們國家的名聲與利益。」美國與盟友決定於二〇〇三年進攻伊拉克，推翻海珊政權，布希政府希望能得到安理會支持，卻未能如願。戰爭結束之後，美國政府極力修補與聯合國的關係，也鼓勵聯合國積極參與戰敗受創的伊拉克的重建與和解工程。愛德華．拉克說，「世上大多數的人」都認爲在動用武力之前「必須取得安理會授權，或是能有安理會授權，會比直接動武來得理想。」他認爲這是一種重大進展。「那些頑固的現實主義者要注意了，關於戰爭的規則、動用武力，以及正當性的來源，無論是國際規範，還是世人的觀念，都正在轉變。」

附屬機關

安理會必須跟得上全球各種議題的發展腳步，因此成立了許多附屬機關，也就是委員會，時時留意某些重要的地區或議題。最近統計出來安理會附屬機關總共有四十幾個，負責的領域包括阿富汗、反恐，以及受武裝衝突影響的兒童，不過大多數附屬機關仍然著重於執行聯合國的制裁案（下面會討論）。這些「拿筆桿的」針對特殊情況編寫議程，通常也率先起草安理會的決議案。附屬機關也經常代表安理會執行實地調查，例如美國駐聯合國大使蘇珊．萊斯，曾經偕同安理會代表團前往海地，評估當地的安全情勢，以及聯合國海地穩定特派團的工作情況。她也隨同安理會代表團訪問西非。

五個常任理事國與十個非常任理事國

聯合國安理會共有十五個理事國，其中中國、法國、俄羅斯、英國與美國，稱爲五個常任理事國，其席次來自於《聯合國憲章》規定；其餘十個理事國由聯合國大會選舉產生，任期爲兩年。安理會由主席領導，安理會主席由安理會理事國依照國名的英文字母順序輪流擔任，每月輪替一次。

五個常任理事國在理事會特別有影響力，因爲永遠不會卸任，又都是歷史上舉足輕重的強國，而且擁有一張叫做「否決權」的王牌。任何決議案只要被一個常任理事國否決，就算其他十四個理事國全部贊成也沒有用，決議案只能石沉大海。在世界分爲「共產集團」與「反共產集團」的過往年代，行使否決權的戲碼較爲常見。不過即使到了現在，否決權仍然是安理會議事流程的一大重點。俄羅斯與中國在二〇一一年、二〇一二年，以及二〇一四年行使否決權，封殺關於敘利亞內戰的決

2014年8月12日，聯合國安理會成員抵達南蘇丹首都朱巴。聯合國照片／麥克伊韋恩攝

議案。美國駐聯合國大使薩曼莎．鮑爾說，敘利亞內戰是「我們在一個世代所見過最悲慘的人道危機」。其他安理會理事國不顧被否決的風險，繼續推出關於敘利亞的提案，只是通過的機率確實因爲否決權的存在而降低。二〇一四年，歷經重重協商，安理會終於通過決議案（二一三九號），呼籲敘利亞政府以及反政府勢力，讓人道救援人員接觸需要救助的敘利亞人民。這項決議案並沒有提到干預行動，所以才沒有遭到俄羅斯或中國否決（表1）。

安理會掌握大權，所以聯合國會員國相當垂涎安理會的席位，不少國家大肆競選，甚至幾年前就開始布局。十個非常任理事國的任期爲兩年，聯合國大會設計了一個制度，將這十個席位按照地區分配：非洲三席、拉丁美洲與加勒比海地區兩席、亞洲一席、阿拉伯國家一席、東歐一席、西歐兩席。有時候一個地區的所有會員國會協商議定要把席位交給誰，便毋須再競爭。例如非洲國家之間就很少競逐安理會理事國席位，而是依照分區輪流，南非、中非、東非、北非以及西非依序輪替，也就是說每個非洲國家都有機會擔任兩年一任的安理會理事國。

安理會的成員

五個常任理事國：中國、法國、俄羅斯、英國、美國

經由選舉產生的十個非常任理事國：三個非洲國家、兩個拉丁美洲與加勒比海地區國家、一個阿拉伯國家、一個亞洲國家、一個東歐國家，以及兩個西歐國家。

表1　1998年至2012年聯合國安理會開會、決議及否決統計

年份	開會	審議的決議	通過的決議	美國否決	中國否決	俄羅斯否決
2012	199	55	53	0	2	2
2011	235	68	66	1	1	1
2010	210	59	59	0	0	0
2009	194	49	48	0	0	1
2008	244	66	65	0	1	1
2007	202	57	56	0	1	1
2006	272	89	87	2	0	0
2005	235	71	71	0	0	0
2004	216	62	59	2	0	1
2003	208	69	67	2	0	0
2002	238	70	68	2	0	0
2001	192	54	52	2	0	0
2000	167	52	50	0	0	0
1999	124	67	65	0	1	0
1998	116	73	73	0	0	0

資料來源：改寫自美國國務院，聯合國的投票作業，2012：「安全理事會決議案」，http://www.state.gov/p/io/rls/rpt/c57662.htm；以及全球政策論壇，「安全理事會使用否決權的模式轉變」www.globalpolicy.org/security/data/vetotab.htm。

不同於非洲，其他地區並沒有固定的輪換提名制度，所以類似日本這樣重視席位，積極競選的國家，會比那些興趣缺缺，或是勢力不大的國家，更有機會勝選。日本直到一九五六年才成爲聯合國會員國，後來十度當選安理會理事國。另一個極端例子則是沙烏地阿拉伯，一九四五年加入聯合國，卻直到二〇一三年才終於贏得安理會席位，又成爲史上第一個拒絕進入安理會的會員國，理由是安理會無力解決巴勒斯坦問題，面對敘利亞內戰，行動又不夠果決。

常任理事國俱樂部

五個常任理事國就像一個俱樂部，經常主導議事。安理會的成員數量雖然遠不及聯合國大會，但也盡量以共識為前提運作，當有一個常任理事國出面領導大局時，往往是效能與效率最好的時候。傑夫瑞．羅倫帝說，「美國實力堅強，在安理會呼風喚雨，地位如同『多數、領袖』，有能力整合選票與資源，創造具體的進展。安理會討論的議題，大部分是多數人及多數國家一致認為應該處理的議題。比起安理會大多數的理事國，美國顯然更有能力處理這些問題。」以美國的影響力，可以輕易主導安理會的議程設定，尤其是在符合美國自己的國際利益與政策之際。正如歐布萊特所言，聯合國在某些緊急情況出手干預，也減輕了美國的負擔。「這對我們也有益，美國要是獨自出手，就得負擔所有的成本，還要承擔所有的風險。有聯合國在，我們只要負擔四分之一的開銷，大部分的軍隊由其他國家提供。」

合法性的來源

聯合國安理會「是世上最重要的國際機構。各國賦予安理會合法性，因為安理會能授權各國動用武力，以維護和平，甚至發動戰爭，韓國、科威特與阿富汗就是例子。」

——前美國駐聯合國大使理查．霍布魯克

英國與法國也是安理會的領袖。大衛・馬龍說，英國與法國「比其他常任理事國努力太多，在各種領域提出對策，派出非凡的人才到安理會工作……他們開展的速度比誰都快。大家都曉得英國人後面的口袋裡，總有個草案。對英國與法國而言，常任理事國的身分，是維繫國際地位的關鍵，因爲他們在世界舞台的重要性已不如以往。這兩個國家是憑藉努力不懈，才能保住安理會常任理事國的地位。」

俄羅斯與中國則是安理會新崛起的一股勢力。繼蘇聯瓦解，冷戰結束之後，俄羅斯與中國隨即在安理會依從美國的領導。但近年來，也在某些重要議題上表達與美國不同的立場。前駐聯合國大使約翰・波頓說：「俄羅斯認爲常任理事國的身分，代表他們仍然是世界強國。」中國在安理會也漸趨強勢，波頓說：「在我印象中，中國在（老布希執政時代）並不如現在強勢，那時候的中國大致上比較被動。」波頓認爲比起另外四個常任理事國，中國較爲保守。「但中國確實在改變，變得較爲積極，而且種種跡象都顯示中國會繼續積極下去。」

俄國與中國對於他們認爲「過度干預國家內政」的聯合國決議案較爲敏感，所以在二〇〇八年否決美國支持的決議案。這項決議案以辛巴威全國大選不公爲由，決議制裁辛巴威的總統與主要官員。如同先前所述，俄國與中國於二〇一一年、二〇一二年，以及二〇一四年，否決了關於敘利亞內戰的決議案。而在二〇一四年，聯合國一項關於俄國與烏克蘭之間重大衝突的決議案，也遭到俄國否決。

第六張否決票

安理會的十個非常任理事國，也能形成一股反制的力量，不是透過否決權，而是透過多數票。一項決議案需要九張贊成票才能通過，所以這十個國家只要團結投票，就能封殺決議案。這種以投票反制的作法又稱「第六張否決票」。

馬克．馬拉克布朗說，聯合國在利比亞的干預行動是個關鍵，美國與歐洲盟國選擇了一條讓俄國與中國不安的道路。格達費所領導的利比亞政府，下令坦克部隊

20214年3月15日，俄羅斯聯邦駐聯合國大使維塔利．丘爾金，否決了一項允許烏克蘭的克里米亞地區獨立的決議草案。該草案由美國代表團提出，總共得到十三張贊成票，一張反對票（俄羅斯），以及一張棄權票（中國）。聯合國照片／艾斯肯德．德比比攝

開往班加西，顯然是打算鎮壓當地的叛亂。安理會的回應是通過一項決議案（中國與俄國棄權），授權北大西洋公約組織發動空襲以保護平民。空襲行動成功之後卻沒有停止，北大西洋公約組織的空軍，反而繼續幫助利比亞反抗軍反擊政府軍，最後控制整個國家。馬拉克布朗認爲這裡出了問題，空襲行動顯然嚴重超出安理會決議的範圍。他說：「有人覺得北大西洋公約組織是故意爲之，目的是要出乎俄國與中國的意料。安理會授權了空襲行動，結果卻演變成一場影響範圍擴及利比亞全國，引發政權轉移的軍事行動。有些人認爲『不能因爲急著拯救危如累卵的平民，就無限制授權給這些人執行干預行動，因爲這些

2014年3月10日，聯合國祕書長特別代表兼聯合國利比亞支援特派團主席塔雷克．密屈向安理會簡報。聯合國照片／艾文．史奈德攝

人會利用機會擴大事端，替自己爭取地緣政治的利益。』這次事件證明他們最深的恐懼成眞，也揭開了伊拉克干預行動的舊瘡疤。」

所謂「伊拉克干預行動的舊瘡疤」，指的是老布希政府沒有向安理會證明，伊拉克政府確實對國際構成嚴重威脅，就在二〇〇三年揮軍攻打伊拉克，推翻海珊政權。馬拉克布朗說，中國與俄國看到伊拉克跟利比亞的例子，難免會認爲「人道救援的決議案，最終總是釀成干預行動。」在他看來，中國與俄國擔心類似的決議案，容易淪爲有心人實現陰謀的工具，這種想法也削弱了五個常任理事國之間的互信。

五個常任理事國雖然因聯合國在利比亞的干預行動、敘利亞內戰，以及烏克蘭衝突，而有所摩擦，但還是能夠在許多重大議題上取得共識，甚至也包括動盪的中東地區相關的議題。例如二〇一四年夏季，一群格外好戰的武裝份子開始占領敘利亞與伊拉克部分地區，建立所謂的敘利亞伊斯蘭國（ＩＳＩＳ）。伊斯蘭國以極爲殘暴的手段對付平民，動輒將人質斬首，國際社會予以強烈譴責。這一次中國、俄國與美國，很快達成共識，安理會也迅速回應。二〇一四年八月十五日，安理會一致通過二一七〇號決議，制裁六位伊斯蘭國的首腦人物，以及另一個極端組織「努斯拉陣線」。決議案也要求這些組織撤離敘利亞與伊拉克，譴責招募外國戰士的行爲，也譴責與這兩個組織直接或間接的貿易行爲。五個常任理事國回應如此迅速，讓人想起前美國大使約翰·尼格羅龐提說過的一句話：「只要五個常任理事國團結一致，達成共識，安理會就能有所作爲，這是不證自明的道理。五個常任理事國只要有一個強烈反對，或是不情願，事情就變得棘手。」

聯合國的制裁行動

「制裁」是安理會最常拿來對付一個國家或武裝團體的工具，也就是限制或禁止這個國家或武裝團體與外界的某些互動，例如貿易及軍購。另外像是旅行禁令、凍結個人在國外的資產，以及外交限制也是制裁的方式。聯合國祕書長潘基文曾經說過，制裁是說服的手段，而非處罰的工具。

多即是少

「現實情況是安理會的決議愈重要，參與的國家就愈少。遇到真正關鍵的時刻，比方說敘利亞的化學武器危機，真正決策的根本不是五個常任理事國，而是美國與俄國而已。二〇一三年（北韓）核武試爆之後，安理會通過了很嚴厲的決議，但那也是美國與中國雙邊協商的結果。另外三個常任理事國很識相，其他的理事國就直接大手一揮通過。」

——理查．戈溫，紐約大學

全面制裁伊拉克

聯合國很早就設有制裁機制，不過一直到一九九〇年代才比較常用，當時的聯合國覺得這是一種低成本又有效率的手段，可向威脅國際和平與安全的國家與團體施加壓力。不過很快大家就發現，制裁也有可能在無意間傷害到平民。有時候一個國家遭到制裁，尤其是影響貿易與商業的制裁，受害最深的是這個國家最貧窮、最弱勢的階層。波斯灣戰爭之後，伊拉克的海珊獨裁政權就是一個最好的例子。

伊拉克於一九九〇年攻打科威特，聯合國隨即實施全面制裁，禁止伊拉克所有與人道救援無關的對外貿易與金融交易。後來美國與盟國在聯合國的允許之下，於一九九一年擊退伊拉克軍隊，並且（在聯合國的監督之下）安排了停戰。聯合國繼續對伊拉克施以制裁，也要求伊拉克交出所有大規模毀滅性武器。但是伊拉克政府並未完全配合武器檢查，因此聯合國持續對海珊政權統治下的伊拉克實施制裁。

最終伊拉克政府還是躲過了一部分制裁，因爲當局擺出虛僞的嘴臉大聲抗議，說聯合國的制裁害得伊拉克百姓無法取得維繫生命所需的藥品、食物，以及必需品，其實說到底還是爲了執政當局的利益著想。伊拉克政府的聲音促使安理會推出「以油換糧計畫」。伊拉克政府得以在聯合國的監督之下，以固定數量的原油換取「人道救援商品」。石油換商品計畫的規定，分別在一九九八年、一九九九年，以及二〇〇二年三度放寬，伊拉克得以取得大多數的日用品。最後一次放寬規定是在二〇〇二年五月由美國提議，最後安理會通過決議案，讓伊拉克人民更容易取得必需品，同時也讓海珊政權更難購買武器之類的違禁品。遺憾的是，以油換糧計畫在執行階段爆發貪污醜聞，甚至傳出有聯合國官員涉案，這讓祕書長安南非常難堪。二〇〇三年五月二十二日，美國率領聯軍進攻伊拉克兩個月之後，安理會撤銷了大多數針對伊拉克的制裁，僅僅保留了武器與相關的軍需品購買禁令。

動用武力

《聯合國憲章》第七章第四十二條

安全理事會如認第四十一條（排除動用武力）所規定之辦法，為不足或已經證明為不足時，得採取必要之空海陸軍行動，以維持或恢復國際和平及安全。此項行動得包括聯合國會員國之空海陸軍示威、封鎖、及其他軍事舉動。

目標明確的制裁

安理會與海珊政權交手失利，也開始檢討制裁的內容，逐漸將制裁內容調整成更能切中目標，也比較不會影響到無辜的人。想具體了解什麼是目標明確的制裁，可以看看安理會的一七一八號決議案，是在二〇〇六年十月九日，北韓核武試爆僅僅幾天之後通過的。核武試爆違反了北韓政府簽署的《禁止核試爆條約》，也違背了安理會明白宣示的期望。安理會的理事國特別擔憂，因爲北韓也在測試能載裝核彈頭的中程飛彈，也就是說，核武擴散的惡夢有可能出現，一個不按牌理出牌的流氓政權，擁有殺傷力極強的武器，後果簡直不堪設想。

短暫的同盟

「安理會有很多意見，無論在任何議題上都沒有永恆的同盟。要協調這麼多重要的立場，對於那些不太清楚自己的國際地位，也不知道下一張金援支票從何而來的國家來說，情況是愈來愈可怕。」

——前紐西蘭駐聯合國大使柯林．濟亭

一七一八號決議案獲得安理會一致通過，要求朝鮮民主主義人民共和國（北韓）「徹底，確實且永遠停止所有有關彈道飛彈的活動，放棄所有核子武器與核武計畫，以及放棄所有大規模毀滅性武器。」各國政府代表於表決結束之後在安理會發言，幾乎每一位都強調制裁不是目的，而是一種勸導北韓改進的手段。只要北韓改進，制裁就會撤銷。發言代表也強調，制裁的目的是對北韓的領導者施壓，而非對北韓的人民施壓。正如英國代表所言，制裁決議案「目的在於終止大規模毀滅性武器以及飛彈計畫，勸導北韓執政當局改變作爲，而不是針對已經生活在水深火熱之中的北韓人民。」

制裁

《聯合國憲章》第七章第四十一條

安全理事會得決定所應採武力以外之辦法，以實施其決議，並得促請聯合國會員國執行此項辦法。此項辦法得包括經濟關係、鐵路、海運、航空、郵、電、無線電及其他交通工具，局部或全部停止，以及外交關係之斷絕。

從禁止的物品與行動的清單，就能看出制裁所針對的目標。可想而知，清單一開頭的第一個項目就是「武器禁運」，也就是要求聯合國會員國防止北韓政府取得核子科技，以及戰鬥機、飛彈系統與戰艦等軍事設備。

清單的第二個項目是「奢侈品」，將奢侈品納入違禁品的範圍，乍看之下令人費解，難道高級的巧克力、威士忌也會危害世界和平？安理會到底在想什麼？制裁案表決以及發言結束之後，許多大使與幕僚彼此說笑，說禁止奢侈品會打到平壤政府官員的「痛腳」，因為那些官員都愛吃甜食。北韓領袖金正日跟他的好友，是出了名的喜歡價格昂貴的進口美食與商品，都是北韓百姓就算買得到，也買不起的商品。如此看來，禁止奢侈品就跟禁止戰鬥機一樣，是切中目標的制裁。

制裁清單的下一個項目是凍結某些金融資產，還有另一個有針對性的項目：個人旅遊。金正日喜歡離開平壤，拜訪北韓的鄰居中國，到了那裡可以散散步，擺好姿勢給媒體拍照。現在受到制裁，想要成行也難。他的兒子兼接班人金正恩，必須活在制裁的陰影之下。因爲安理會於二〇一三年修改並擴增了制裁內容，而且值得一提的是，中國政府向來是外界眼中北韓的重要盟友，這一次卻也投下贊成票，大力支持聯合國制裁北韓。

安理會也針對另一個即將成爲核武大國的國家，實施類似的制裁，這個國家就是伊朗。安理會於二〇〇六年通過決議，要求伊朗停止生產濃縮鈾，但是伊朗卻依然故我。伊朗跟北韓一樣，試爆過能載運核彈頭的中程飛彈，有朝一日也許會加入核武國家的行列，這違犯了伊朗政府已經簽署的《禁止核試爆條約》。安理會於二〇一〇年通過一九二九號決議，實施一系列的制裁，對付伊朗的某些商務及海運公司。

最支持制裁伊朗的國家是美國，美國向

2006年10月14日，美國常駐聯合國代表約翰．波頓，於聯合國安理會發言，說明北韓所進行的核武試爆。聯合國照片／艾斯肯德．德比比攝

來贊成使用制裁手段，國務院提出的報告形容制裁是「一種重要的工具，能促使那些威脅國際和平與安全的政權改變行爲」。美國政府基於一貫支持制裁的立場，大力敦促聯合國對伊朗實施額外的制裁，特別是針對伊朗的能源部門與金融部門。有人認爲制裁所造成的經濟緊縮，影響了伊朗二〇一三年六月的總統大選結果，一位較爲溫和的議長最終當選總統。

對於安全的其他思考

安理會向來把安全定義爲「免於暴力侵犯的自由」。但《世界人權宣言》對於安全定義的範圍卻很廣，包括免於飢餓的自由、擁有合宜居所與

2006年8月，安理會開會討論中東議題，聯合國副祕書長馬克．馬拉克布朗與美國國務卿康朵麗莎．萊斯商談事宜。聯合國照片／艾文．史奈德攝

工作的權利、享有適切醫療的權利等等（見附錄二）。這幾種安全也是安理會的管轄範圍嗎？在以往不是的。安理會以往把這些事情交給聯合國的其他單位處理，尤其是聯合國大會以及專門負責食物供應、災害救援、醫療等等的機構、計畫及委員會。

這麼做也有道理，因為安理會自認為是處理危機的執行單位，而不是行政單位。不過，安理會在二〇〇〇年一月，以「事關重大安全問題」為由，首次正式處理衛生相關的事務。在一場由當時的美國副總統高爾主持的會議中，美國大使理查·霍布魯克首創先例，說服安理會開會討論非洲愛滋病危機的影響。根據美國國務院的報告，這個討論「在當時備受爭議」，卻也促使安理會屢次開會，並通過一項關於愛滋病的決議，也導致維和行動的決議案中，特別提到人類免疫缺陷病毒及愛滋病。

安理會於二〇〇七年四月著手處理另一個逐漸浮現的危機，也就是氣候變遷，尤其是全球暖化。這場費時一整天的會議由英國召開，探討了能源需求、安全以及氣候的關係，會議中總共有五十多位代表發言。雖然大多數代表認為應該採取行動解決氣候變遷問題，但不見得每個代表都認為這個議題應該拿到安理會討論。中國代表表示，雖然氣候變遷可能會造成安全上的問題，但說到底還是永續經濟發展的問題。他因此提議把氣候變遷議題拿到合適的國際論壇討論，放在《京都議定書》（後面的章節會討論）之類的現有架構討論。埃及代表認為，氣候變遷議題應該是聯合國其他單位的責任，特別是聯合國大會以及聯合國經濟及社會理事會。

其他幾位代表也發表了類似的意見，顯示會員國之間的歧見愈演愈烈。相反的，另外幾個大國比較贊成將安全的定義予以擴大，美國尤其贊成，因爲在美國眼裡，安理會最能有效處理世上最緊急的問題。但開發中國家的態度，則是頗爲分歧。前巴基斯坦常駐聯合國代表穆尼爾．阿克拉姆抨擊安理會，侵犯了「《聯合國憲章》保留給聯合國大會的職權」。在聯合國大會，開發中國家與未開發國家握有的選票足以影響投票結果。他說，在過去十年，安理會「開始接手很多本來應該由聯合國大會負責的業務」。

安理會的決議案現在涵蓋的議題，包括恐怖主義、防止核武擴散、受到武裝衝突影響的平民，以及遭受暴力的女性與兒童。例如二〇〇六年十月，安理會第一次開會討論女性在強化和平所扮演的角色。美國列舉幾個例子，說明女性在世界各地爲和平進程所做出的貢獻，例如在獅子山共和國、剛果民主共和國，以及尼泊爾。安理會也強調，維和行動應更重視性別議題，並且鼓勵會員國開放更多女性參與維和行動。安理會也注意到在衝突時期遭受暴力的女性，於二〇一三年六月開會討論國家層級的性暴力犯罪的責任歸屬，以及聯合國該如何協助各國將性暴力犯罪者繩之以法。爲了宣示防治性暴力的決心，安理會通過了二一〇六號決議，最大的重點在於呼籲聯合國制裁委員會針對武裝衝突時期的性暴力犯罪者，實施切中目標的制裁。

安理會把性別議題拿來跟聯合國向來重視的兩個領域，也就是調停與維和行動，放在一起討論。穆尼爾．阿克拉姆卻說；「這些事情應該是聯合國大會的責任，不是安理會的責任。《聯合國憲章》對於安理會的職責定義得很清楚，安理會是負責維護國際和平及安全，以及對抗國際和平及安全面臨威脅的主要機關，而非唯一機關。」他說，嚴格來說，安理會不應該處理恐怖主義或是核武擴散這些「不會立即威脅到和平的部門事務」。舉個例子，他可以接受對抗基地組織及神學士的安理會一二六七號決議，「但是安理會的職權應該到此爲止，不應該還想對付恐怖主義的整體現象。這種事情應該交給全體會員國處理。」

阿克拉姆大使的批評，反映了聯合國內部愈演愈烈的南北分歧。安理會與聯合國大會之間，也常上演這種衝突。阿克拉姆與他的同僚將這種衝突形容成富國與窮國之爭，如此聽來彷彿與社會經濟階層有關，卻又擴大到全世界。我們在下一章會再探討這個題目。

2007年4月17日，安理會召開會議討論能源、安全與氣候議題。在中場休息時間，斯洛伐克外交部長楊．庫比什與英國外交及國協事務大臣瑪格麗特．貝克特交談。荷蘭開發合作部長伯特．柯恩德斯（右二）以及英國常駐聯合國代表艾默瑞．瓊斯．派瑞（最右方）在一旁觀看。聯合國照片／艾文．史奈德攝

重整安理會

許多聯合國會員國都建議重整安理會，以求更符合當今的國際現實。自一九四五年安理會創立以來，全世界又多了一百多個國家，許多開發中國家近來也成爲經濟與貿易發電機。聯合國發現必須將更多會員國納入安理會，於是在一九六五年修訂《聯合國憲章》，將安理會理事國從十一國增至十五國。五十年過去了，安理會目前仍然是十五個理事國。會員國普遍認爲安理會需要再次增加理事國。潘基文祕書長也說，重整安理會是「迫切需要的改革」。

迫切需要並不表示行動迅速。首先需要五個常任理事國同意，否則就不可能重整。所以很明顯的是，重整安理會也絕對不可能消滅或更改，五個常任理事國的否決權。五個常任理事國不可能同意任何會動搖他們在聯合國體系的特殊地位的提案，尤其是關係到否決權的提案。每一個國家都覺得，否決權就像是五個常任理事國的護身符，可以用來隨意封殺他們不喜歡的安理會決議案。

即使美國與其他常任理事國願意接受安理會重整，也還是不能化解其他會員國的紛爭，因爲其他會員國還是會爭搶安理會理事國新增的席次。史都華．派翠克說：「顯然問題在於會員國之間意見紛歧。」最熱門的理事國候選名單包括巴西、印度、日本、奈及利亞、巴基斯坦以及南非，但也有其他國家浮上檯面。亞洲、非洲這些主要區域集團的成員之間競爭激烈，無法敲定該由哪一國出任常任理事國。「最大的阻礙是非洲集團，」派翠克說，「他們的野心太大，不切實際。」因爲非洲希望在安理會擁有至少三個席次（還要擁有否決權）。有些國家處心積慮想阻止某些鄰國成爲常任理事國，尤其是握有否決權的常任理事國。例如很多聯合國內部人士就認爲，中國不可能允許日本及印度成爲擁有否決權的常任理事國。派翠克說，美國沒有強力貫徹到底，「所以中國與俄國只需要輕輕鬆鬆在一旁觀看，讓美國的沉默發揮作用就好，也不會感到絲毫壓力。」

龐大到無法運作？

談到重整安理會：「安理會一旦擴張，就有無法運作的風險，因為組織變得太龐大。擴張只會造就更多小團體，一個組織如果需要二十六個人達成共識，就不可能有效率可言。」

——前美國駐聯合國大使南希．索德柏

重整之路多有阻礙，但聯合國的會員國以及背後的勢力，仍然繼續擬定重整計畫。這些計畫多半牽涉到一個以上的重要議題，例如安理會的理事國數目、該不該設置否決權、如果該有否決權，又是誰有資格擁有，以及該如何公平分配理事國席位，給全球主要區域（非洲、亞洲、拉丁美洲等等）。所有的提案最終都要送到聯合國大會表決，所以大多數的討論都在聯合國大會進行。

重整計畫通常是由聯合國會員國組成的非正式團體提出，團體的成員可能隨著時間改變。五十四個非洲會員國組成的非洲集團由「十國委員會」負責協調。十國委員會由阿爾及利亞、剛果民主共和國、赤道幾內亞、肯亞、利比亞、納米比亞、塞內加爾、獅子山共和國、烏干達以及尚比亞組成。非洲集團希望安理會能增設有否決權的常任理事國席位。不過南非與奈及利亞認爲，只要增設常任理事國席位就好，否決權可有可無。由巴西、德國、印度與日本組成的四國集團，也贊同增設常任理事國席位，至於否決權則可有可無。二〇一二年，四國集團集結了將近八十國的支持，提出增設常任理事國的草案，但沒有提及否決權。印度、巴西以及大約四十個多半是小島國家的會員國，另外組成了L69集團，提倡安理會增設具有否決權的常任理事國席位。還有一個集團叫做「團結謀共識」，核心成員包括阿根廷、加拿大、哥倫比亞、哥斯大黎加、義大利、馬爾他、墨西哥、巴基斯坦、南韓、聖馬利諾、西班牙及土耳其。這個集團反對增設常任理事國席次，卻也提出折衷方案，建議將安理會理事國的任期延長，並且定期改選。義大利大使卡爾迪發表聲明，宣稱聯合國會員國普遍支持，將安理會理事國增加百分之六十，也就是至少增加至二十五席。

巴基斯坦也有志爭取。前巴基斯坦常駐聯合國代表穆尼爾·阿克拉姆表示，改革成功與否，取決於幾個因素。首先是「某些認爲自己逐漸成爲大國的國家，是否想拿下常任理事國席次」。另一個因素是「現在掌權的常任理事國，有多大的決心阻止安理會增設太多常任理事國席位，只想保留幾席給他們最親近的朋友。」其他聯合國會員國大都是些窮國，「擔心寡頭強國的勢力擴張，他們會被犧牲。勢力更大的寡頭強國會繼續統治世界，他們則繼續困守無產階級。」對這些「無產階級」來說，支持任何一方都與自己國家的利益無關，不過「位高權重的強國確實有辦法發揮影響力，贏得某些小國的支持。」

史都華．派翠克說，五個常任理事國確實不願意分享權力，但他也提出很有意思的觀點。他說，執政的歐巴馬政府希望與聯合國展開更爲廣泛，更多邊的關係，也因此開始研究重整安理會的問題。他說，在研究的過程中，幾個希望進入安理會的會員國也順利當選，但這些國家在安理會的表現，讓美國有所躊躇。他指的是一項由美國支持，允許北大西洋公約組織干預利比亞內戰的安理會決議，巴西與印度在表決過程中棄權。派翠克認爲這些國家之所以消極以對，是因爲對國際事務的看法不同。他說，很多開發中國家，甚至是民主國家，「對世界的看法（與美國）不同。」這些國家「各有算盤，不是具有後殖民時代的心態，就是具有開發中國家的同志情誼。有些國家是不結盟運動的成員，還有一些國家是開發中國家組成的大型聯盟『七十七國集團』（G-77）的成員，例如巴西就是。這些國家對於國家主權的觀念較爲傳統，不喜歡制裁，更不喜歡動用武力。」

除了非正式討論之外，聯合國大會設有一個委員會，專門負責重整安理會。委員會的名稱好聽又「好記」：安全理事會理事國席次之公平分配與增加問題的開放式工作小組。聯合國內部人士通常稱之爲「沒完沒了的安全理事會理事國席次之公平分配與增加問題的開放式工作小組」，因爲工作小組二十年來屢次開會，卻遲遲無法擬定一個「架構決議」給聯合國大會定奪。聯合國大會主席約翰．阿什在二〇一三年的一場記者會上，批評各國缺乏推動安理會改革的政治意志。他說：「未來的事情我不想預測，但等到這件事情結束，你們的孩子都長大了。」

布萊恩．厄夸特對於改革牛步並不意外。他是聯合國元老級的人物，認爲安理會要改革並不容易，原因只有一個，而且很簡單：因爲「要顧及各國尊嚴，所以極難安排」。很多聯合國內部人士皆有同感，但美國人仍然很想知道安理會何時會改革，又會如何改革。我每次對學生或其他團體演說，總會有人問起這個棘手的問題，也就是「沒完沒了的開放式工作小組」仍在傷腦筋的問題。

7 聯合國大會

大會由聯合國所有會員國組織之。

——《聯合國憲章》

聯合國大會是聯合國的主要機構，也是聯合國主要的審議機關。聯合國自一九四五年成立以來，會員國數量增加了四倍。最初是五十一國，一九六〇年增至九十九國，一九九〇年增至一百五十九國，二〇一一年南蘇丹加入，至今共有一百九十三國。聯合國大會在每年九至十二月，爲期三個月的開議期間，要處理大量又龐雜的議題。在很多人眼裡，所謂聯合國大會就是各國領袖每年秋季到紐約集合，討論當今的重要議題。但聯合國大會實際扮演的角色當然要複雜得多。

比表面上更簡單也更複雜

相較於外界的印象，聯合國大會的內部運作可能比較簡單，也可能比較複雜。聯合國大會是以國家議會爲雛形，但權限與視野遍及全世界，沒有一個國家的議會能比得上。一百九十三個會員國每一國擁有一票，任何想像得到的問題，都能在聯合國大會討論。《聯合國憲章》授權聯合國大會討論所有與國際議題相關，以及與聯合國系統相關的事務。聯合國大會的各委員會也會研究國際法、人權，以及各種國際之間的社會、經濟、文化及教育合作。

聯合國大會雖然由所有會員國組成，通過的決議卻只能算是倡議，只有與聯合國內部事務相關的決議，才具有強制力。這些內部事務都是聯合國運作的基礎。聯

2011年9月21日，聯合國祕書長潘基文（照片中螢幕）在聯合國第六十六會期總辯論開議之時，向聯合國大會發表年度報告。聯合國照片／馬克·賈騰攝

合國大會除了審核預算之外，也決定每一個會員國應該分擔的費用。此外，聯合國大會也負責選出三個主要機構，也就是安理會、經濟及社會理事會、託管理事會的輪值成員。聯合國大會也與安理會合作，選出國際法院的法官，以及任命聯合國祕書長。

在某些情況，安理會有權請求聯合國大會召開特別會議；半數以上的會員國也可要求聯合國大會召開特別會議。遇到較爲緊急的議題，聯合國大會也應在接到安理會或半數以上會員國的要求之後，在二十四小時之內召開緊急特別會議。

聯合國大會

《聯合國憲章》第四章

第十一條

一、大會得考慮關於維持國際和平及安全之合作之普通原則，包括軍縮及軍備管制之原則；並得向會員國或安全理事會或兼向兩者，提出對於該項原則之建議。

二、大會得討論聯合國任何會員國，或安全理事會或非聯合國會員國，依第三十五條第二項之規定，向大會所提關於維持國際和平及安全之任何問題；除第十二條所規定外，並得向會員國或安全理事會或兼向兩者，提出對於各該項問題之建議。凡對於需要行動之各該項問題，應由大會於討論前或討論後提交安全理事會。

第十三條

一、大會應發動研究，並作成建議：

a.以促進政治上之國際合作，並提倡國際法之逐漸發展與編纂。

b.以促進經濟、社會、文化、教育、及衛生各部門之國際合作，且不分種族、性別、語言、或宗教，助成全體人類之人權及基本自由之實現。

第十七條

一、大會應審核本組織之預算。

二、本組織之經費，應由各會員國依照大會分配限額擔負之。

三、大會應審核經與第五十七條所指，各種專門機關訂定之任何財政及預算辦法，並應審查該項專門機關之行政預算，以便向關係機關提出建議。

典禮與程序

聯合國大會每年以開幕式展開新的年度，通常是九月的第三個星期二。總辯論於一周後登場，通常爲期兩個禮拜左右，各國領袖向聯合國大會提出他們認爲重要的議題。

午餐高峰會

聯合國祕書長每年舉辦午餐會，招待前來參加總辯論的各國領袖。潘基文利用二〇一三年午餐會的機會，提起這場聚會的特別之處。他對著與會嘉賓說：「看看四周，這是一年當中……也是全世界最不平凡的聚餐。全世界再也找不到另一個場合，能讓這麼多國家元首以及政府首長齊聚一堂，世界各國的領袖圍著一張桌子坐著。」

將近兩百個國家的元首與高官齊聚一堂，是非常壯觀的場面，有些還會穿著代表國家的服裝（聯合國全體會員國名單請見附錄三）。世上沒有另一個地方，會有這麼多來自各國的領袖齊聚一堂，公開或私下交換意見。在演說前、演說後的時間，總是不時充斥著說話聲，因為來自世界各地的總統、國王與總理要把握難得的機會，在聯合國大會的一隅交談。

接下來達官顯貴就會離開，會員國代表進入正題，要一直忙到十二月中。在二〇一三年九月開始的聯合國第六十八會期，議程總共有一百七十三個項目，分為九大類，從（一）「促進長期經濟成長與永續成長」，到（九）「組織、行政及其他事項」。第九類包含財務事項，涵蓋一一一號項目至一七三號項目。第八類「毒品防治、犯罪防治，以及打擊各種類型的國際恐怖主義」的議程，項目卻少得出奇（一〇八號至一一〇號項目）。第七類「解除武裝」卻有不少項目，從八十八號到一〇七號，有些項目還分為很多細項。「維護國際和平及安全」包含幾個非常籠統的項目，例如「中東情勢」、「巴勒斯坦問題」，這些爭論不休的問題；另外還有一些來自另一個時代的項目，例如「伊拉克攻占科威特的影響」以及「《賦予殖民地國家與民族獨立地位宣言》之實踐」。美國人會比較感興趣的項目，大概是經常出現在議程的「終止美國對古巴實施之經濟、商業與金融禁令之必要」。聯合國大會在總辯論之後的議程，囊括了很多大大小小、新新舊舊、重要不重要，以及政治非政治的項目，以上只是列舉一二。當中也有一些迫切需要解決的議題，只是藏身在堆積如山的議題之中，得花一番工夫才能找到。

象徵意義

「聯合國大會已經淪為百無一用的機關，殊為可惜。聯合國大會具有象徵意義，代表聯合國的普世性精神，世上每一個國家都是會員國。但聯合國大會的運作很有問題，做出的決策有意義的很少，沒有意義的一大堆，所以才被媒體看輕。」

「聯合國大會倒是有一個很重要的功能，像是一種保護傘，讓協議簽訂之前的協商，得以順利進行。協商的主題應有盡有，從國際刑事法院，到氣候變遷、生物多樣性的協議，這些協議對國際關係影響極大。聯合國大會推動人權方面也較為積極。」

——前加拿大駐聯合國大使大衛・馬龍

聯合國大會運作的特別之處，在於堅持要讓每一個會員國都參與。聯合國大會認為每個會員國都應該盡量參與決策、委員會以及議題，愈多愈好。正如長期在聯合國工作的傑夫瑞・

羅倫帝所說：「在聯合國，沒有所謂小國事事要讓大國作主這回事。大國多跟中小國家聯絡感情，可以從中得到不少好處。」聯合國大會的審議與行政架構，也凸顯出這種需求。聯合國大會新會期一開始，全體會員國就會選出一位主席、二十一位副主席（沒錯，就是二十一位），以及維持聯合國大會運作的六大委員會主委。

選舉的過程是一場政治角力，地區之間及國家之間的爭鬥也會影響投票。在各種正式、非正式的機制運作之下，所有的特權與職位當然是人人有獎。例如主席職位就是由各地區每年輪值，拉丁美洲與加勒比海地區的會員國，當了一年的主席，下一年就輪到另一個地區的會員國擔任。這種模式比較沒有效率，但會員國都認為應以多數人的利益為優先，所以願意容忍低效率。

委員會

聯合國大會全體會員國參與的演說與辯論，往往是媒體報導的焦點，也是政治表演的殿堂，但不見得能夠深入探討議題，也不見得能找出解決方案。為了達成這兩個目標，聯合國大會非常倚重幾個委員會，包括總務委員會、全權證書委員會，以及六大委員會。全球各地的立法機關往往都設有委員會，方便同時審議許多議題。美國國會的各委員會，負責審查「法案」，經由衆議院、參議院通過，總統簽署之後的法案稱為「法律」。聯合國大會的各委員會，審查的不是法案，而是「決議案」。在聯合國大會開議期間，每一個委員會在審查之後投票表決，以簡單多數決通過的決議草案，再送交聯合國大會，由全體會員國進行最終表決。聯合國大會的決議案即使表決通過，也只能算是倡議，並不是法律，所以也不具有法律效力。

聯合國大會的總務委員會由主席、二十一位副主席，以及其他委員會的主任委員組成。全權證書委員會負責審查聯合國大會每一個會員國代表的資格。資格審查通常只是形式，除非會員國因爲內戰而分裂，兩位代表同時爭搶一個席位的情況發生。遇到這種情況，平常很少有人注意的全權證書委員會，就會上演情緒沸騰、劇力萬鈞的政治戲碼。阿富汗就是一個例子，新上台的神學士政權任命了新代表，想撤換當時的阿富汗駐聯合國代表。全權證書委員會聽完雙方的報告，宣布「擇期再議」，等於保住現任代表的位置，又不必明言駁回神學士政權代表的主張。這種迴避戰術是一種「不作爲的作爲」，是流傳已久的政治權術。

六大委員會有號次也有名稱，兩種都能用來稱呼，不過聯合國內部人士通常只會以號次稱呼。第一委員會（裁軍及國際安全委員會）負責審查關於全球安全、大規模毀滅性武器，以及傳統武器的決議案。第二委員會（經濟及金融委員會）負責審查經濟與社會發展，以及國際貿易，包括降低開發中國家的出口貿易障礙的決議案。第三委員會（社會、人道及文化委員會）負責的範圍很廣，從災難救助到人權議題都有，也包括國際犯罪，如毒品、人口販運、洗錢等等，另外還有政府與企業貪腐。第四委員會（特殊政治及非殖民化委員會）雖然保留了舊稱，但其實現在世上已經沒有殖民地，所以非殖民化業務已經停辦，現在主要是負責維和。第四委員會也負責督導聯合國近東地區巴勒斯坦難民救濟與工程處。第五委員會（行政及預算委員會）負責監督聯合國的財務，並草擬總預算案，交由聯合國大會表決。第六委員會（法務委員會）負責重要法律議題，如人類複製、國際恐怖主義，以及戰爭罪。

聯合國大會六大委員會

第一委員會：裁軍及國際安全委員會
第二委員會：經濟及金融委員會
第三委員會：社會、人道及文化委員會
第四委員會：特殊政治及非殖民化委員會
第五委員會：行政及預算委員會
第六委員會：法務委員會

全球協定的保護傘

聯合國大會最重要的功能，就是發起許多聯合國的協定（又稱「公約」）。正如大衛·馬龍所言：「這些協議對國際關係影響極大。」之所以影響重大，是因為大多數的國家都很重視這些協議，而且這些協議涵蓋的範圍很廣，從兒童福利到保護自然環境都有。例如，聯合國會員國一九八九年簽署了《兒童權利公約》，保障十八歲以下者的人權。聯合國大會也在一九八四年通過《禁止酷刑和其他殘忍、不人道或有辱人格的待遇或處罰公約》，從公約的名稱即可看出目的。《在發生嚴重旱災及（或）沙漠化之國家特別是非洲防治沙漠化之國際公約》特別著重環境與經濟，目的在於動員各國政府與資源，防止可居住的土地變爲不毛之地。這項公約一九九四年由一個政府間的協商委員會在巴黎通過，通過之後不到幾年，就獲得聯合國大多數會員國簽署。還有一項是聯合國大會於二〇〇六年通過的《身心障礙者權利公約》，二〇〇七年三月開放會員國簽署。根據這項公約，任何人即使具有身心缺陷，也有權完全參與現代社會。

聯合國任何一個機關都有權發起或加入協定，例如世界衛生組織就是二〇〇五年《世界衛生組織菸草控制框架公約》得以通過的主要推手，也是第一次涉獵國際協定。這項公約由世界衛生大會於二〇〇三年五月二十一日通過，二〇〇五年二月二十七日生效，提議了幾項能降低菸草產品消費需求的措施，如提高價格、徵收稅款，以及廣爲宣導菸草的危害，希望能遏止蔓延全球的「菸草瘟疫」。世界衛生組織也以這項公約爲基礎，推出一系列降低全球菸草消費的措施，保障公共衛生。

會員國想要加入協定有兩種方式。如果協定還沒有經過全體會員國認可，會員國可以正式宣示「同意接受協定條款」，通常是以批准的方式表示接受。如果協定已經生效，會員國只需「同意」即可加入。協定或公約經過足夠的聯合國會員國批准，就正式生效。例如《兒童權利公約》於一九九〇年九月二日，也就是第二十個會員國批准的一個月之後正式生效。對這二十個國家而言，這項公約等同法律，往後批准或同意這項公約的會員國，也要受到公約條款的約束。

公約通常會受到一種叫做「公約祕書處」的委員會監督，確保公約內容能確實執行。例如《世界衛生組織菸草控制框架公約》的公約祕書處，就由十五個成員組成，負責彙整締約國定期呈交的報告，再予以公布。這些活動都在聯合國大會的監督之下進行。

投票集團

聯合國大會有個地方比較有爭議，那就是「大型投票集團」的存在。這些投票集團多半由開發中國家組成。《聯合國憲章》設置了雙重表決制度，諸如預算、新會員國加入之類的重要事項，需要三分之二的多數選票方能通過；其他事項僅需簡單多數即可通過。這種制度看似簡單直接，但問題是聯合國大會常常喜歡透過共識解決問題，採用共識決的機率約為百分之八十五，但要將近兩百位代表達成共識，就得花不少時間。而且很多聯合國內部人士都透露，投票集團的存在更是延緩進度。

南希·索德柏就曾埋怨：「在聯合國大會眞的很難做事，因爲一定要等大家有了共識才行。」聯合國大會的決策代表的是「一百九十三個國家的最低公分母，標準實在太低。」換句話說，聯合國大會等於是把決策權讓給安理會。正如索德柏所言：「大家都假裝不想經過安理會，但是重要的議程還是會經過安理會。聯合國大會可以提出目標很崇高，很空泛的決議案。但如果眞的想做事，想影響這個世界，還是要透過安理會。」

像索德柏這樣的聯合國內部人士，習慣了相對較爲迅速果斷的安理會，便無法接受效率低落又分裂的聯合國大會。他們把效率低落又分裂的問題，歸咎於兩個大型投票集團：一個是一九六一年成立的不結盟運動，另一個是一九六四年成立的七十七國集團。

不結盟運動崛起於冷戰時期，世界即將脫離去殖民化階段，美國與蘇聯互相爭奪影響力。包括印度與南斯拉夫在內的幾個國家，想走出一條中間路線，不與美蘇結盟。前巴基斯坦常駐聯合國代表穆尼爾．阿克拉姆說，在當時，不結盟運動大多數的成員，跟蘇聯的關係比跟美國親近；但現在「不結盟運動比以前中立」。印度是不結盟運動的成員，也自認是世界強國。中國當然也自認是世界強國，雖說沒有加入不結盟運動，卻也始終與其密切合作。

阿克拉姆說，七十七國集團的成立宗旨是「協調開發中國家在貿易與發展議題的立場。」七十七國集團漸漸累積出一種認同感。「這個集團的成員相當多元，」他說，「但這些國家覺得，遇到國際經濟關係這種關乎制度的議題，他們的利益雖說不完全一樣，卻也趨近一致。意思是說他們都想改變現行的貿易、金融與科技管制制度，覺得這些制度對他們不利，或者是會讓他們居於劣勢。」

相較於不結盟運動，七十七國集團較爲制度化，又位於聯合國架構之內，自稱是「開發中國家所組成的聯合國最大的政府間組織」，目的在於「讓南方國家得以表達並提升集體的經濟利益，以及提升他們在聯合國體系之內，所有重大國際經濟議題的集體談判能力，並且提升南方國家之間的發展合作。」

七十七國集團與不結盟運動都具有數量的優勢。二〇一三年，不結盟運動擁有一百一十四個會員國及十七個觀察國；七十七國集團則擁有一百三十三個會員國。兩邊相加共有兩百四十七個會員國，而聯合國只有一百九十三個會員國，顯然這兩個組織的會員國多有重疊。重點是這兩個組織掌握了不少選票，能操縱聯合國大會的表決結果。

聯合國託管理事會

聯合國六大機構當中，就屬託管理事會最不為人所知，這也是其來有自。一九九四年十一月一日，託管理事會停止運作，從此成為紙上機關。之所以停止運作，是因為聯合國在去殖民地化扮演了重要角色，自一九四五年起，促使大約八十個新國家先後誕生。在去殖民地化的初期階段，少數西方國家控制著非洲大部分地區；而荷蘭、英國與法國，則是統治著亞洲的幾個地區；日本統治韓國將近半個世紀。除了殖民地之外，散布在世界各地的還有巴布亞、新幾內亞，以及太平洋上的馬里亞納群島，這些原屬於國際聯盟的行政區，現在則是澳洲、美國等國的行政區。《聯合國憲章》第七十五條明訂，「聯合國在其權力下，應設立國際託管制度，以管理並監督憑此後個別協定而置於該制度下之領土。此項領土以下簡稱託管領土。」聯合國希望受託國家確實會以託管領土的最佳利益為優先，並且協助託管領土獨立自治，或者成為較大的實體自治區。位於太平洋的帛琉群島是世界上最後一個託管領土，一九九四年十二月十五日正式成為聯合國會員國。

索德柏批評這些投票集團與當今的現實脫節。她說：「看看不結盟運動，他們現在到底是跟誰不結盟？根本就沒有所謂結盟，也就是說他們大多數時候其實是反對美國，這根本沒道理。」理查．霍布魯克也同樣憤慨。他說，不結盟運動與七十七國集團的危害很大，因爲他們「根本不替大多數會員國的利益著想，是兩個受到老派政治操縱的集團。」

然而，阿克拉姆的看法非常不同。他曾經擔任七十七國集團的主席，覺得問題出在安理會身上。安理會不斷累積權力，將聯合國大會邊緣化。他認爲某些針對聯合國的批評也不是沒道理。「聯合國大會的決議案太長，報告太多，項目也太多，這些都沒錯。」但他也說「安理會也有這些毛病。」「很多事情先前的決議案裡面就有，安理會卻又重複。」他也說，不結盟運動與七十七國集團有能力推動正面的改革。七十七國集團「常常

2012年6月20日，聯合國永續發展會議於里約熱內盧展開，各國元首與全球領袖齊聚一堂。聯合國照片／馬克．賈騰攝

可以協調自身立場，配合共同的立場。」而且如今開發中國家也更有自信，因爲很多開發中國家都有顯著的經濟成長，很多是所謂的「新興經濟體」，這也有益於整個集團。在他看來，不結盟運動與七十七國集團能協助推動聯合國的發展，也能促進全球社會與經濟發展。

約翰．波頓也直言，區域集團「造成聯合國效能不彰，因爲區域集團只會強化現狀，而且已經淪爲某些國家汲取聯合國的各項計畫所累積的利益，或是保住利益的工具。結果形成一種互相勾結，各取所需的哲學。當然也就不太可能改變或改革。」

去殖民地化與新國家誕生

說來諷刺，七十七國集團大多數的會員國能夠誕生，還要歸功於美國大力支持的一項全球運動。「去殖民地化」是一九五〇至一九七〇年代，很多人掛在嘴邊的五個字。當時大約有八十個新國家，從比利時、法國、荷蘭、英國等帝國的殖民中誕生。二次世界大戰之後，民族主義引發的暴動，及反抗運動先後爆發，衝擊了殖民地世界的秩序，將外來統治者逐出，或是說服外來統治者放棄統治權。美國鼓勵聯合國主導去殖民地化，在聯合國推動去殖民地化最重要的功臣，正好就是非裔美籍外交官拉爾夫．本奇。他於一九四五年開始任職於美國國務院，那年春季也參與了創設聯合國的舊金山會議。

聯合國內部人士布萊恩．厄夸特與本奇相當熟識。他說，本奇是去殖民地化運動的「發電機」，「因爲他比誰都了解情況，知識比大多數歐洲殖民地專家更爲淵博。」聯合國祕書長賴伊指派本奇前往中東地區。當時聯合國希望英國退出國際聯盟在巴勒斯坦的託管地，居住在當地的猶太人則在籌建新的以色列國。本奇居中協調，平衡以色列、英國、埃及以及其他相關國家的勢力，協商出各方滿意的解決方案。協調有功的他，也於一九五〇年獲得諾貝爾和平獎。

殖民主義的結束改變了世界，速度快到出乎世人意料。去殖民地化同時也改變了聯合國，最初的聯合國擁有大約五十個會員國，就像一個小型俱樂部。一九四五年之後的幾十年間，許多新國家加入聯合國，又形成了不結盟運動及七十七國集團。

全球會議的東道主

聯合國大會也主辦或協辦許多會議，這些會議是聯合國的業務能順利推動的關鍵。從一九九四年至今，聯合國已經在世界各地舉辦過一百多場不同主題的會議。探討發展議題的會議往往備受矚目，也讓貧窮、環境惡化等問題，成為全球最關注的議題。聯合國希望這些會議能轉變成全球論壇，進而影響重大議題的未來發展，所以也鼓勵許多與聯合國沒有正式關係的非政府組織，以及專家等其他人士多多參加會議。

二〇〇〇年九月舉行的千禧年高峰會是一場具有里程碑意義的會議，賦予聯合國新的使命。千禧高峰會是伴隨聯合國大會第五十五會期（又稱千禧年大會，會期為二〇〇〇年九月十二日至十二月二十三日）舉行。後續的會議於二〇〇五年、二〇一〇年以及二〇一五年舉行。全體會員國也約定於二〇一五年以前，實現崇高的千禧年發展目標，這本書的第十四章會詳細介紹。聯合國舉辦過的會議很多，這裡再舉出兩個例子。一九九二年，聯合國舉行一場探討永續發展的會議，叫做地球高峰會。二〇一二年的聯合國永續發展大會（Rio+20），就是地球高峰會的後續會議。

不只是流程圖

聯合國大會就像聯合國的其他單位，並不是獨立運作，而是一個很大的實體裡面很重要的一環，與安理會以及祕書處合作（有時也互相競爭），推動每年從聯合國提出，包羅萬象的使命衍生出來的目標。如果人生像組織架構圖一樣簡單，我們可以想像聯合國的組織架構圖是徑直向前的，也許就像第一章的圖表一樣有點複雜。那麼就可以宣稱我們解決了「聯合國究竟是什麼」之謎，不過我們也不能忽略一個叫做「聯合國村」的奇怪建築。

8 聯合國村的交際與角力

外交工作牽涉到大量的心理學。國家的行爲與人類的行爲非常類似，我覺得都會受到自我意識所驅策。我們想加入，想加入形成決策的地方。

——前斯洛維尼亞駐聯合國大使兼政治事務助理祕書長達尼洛·圖克

大家都知道聯合國的運作常常顯得迂迴又複雜。祕書處的行政官員要遵守一套繁文縟節，且往往不採取直截了當的辦事方法。聯合國大會也是一樣，各種決議、研究、報告及備忘錄，充斥著官樣文章。許多聯合國相關的單位、機構及委員會，過度講究官樣文章，有時會忽略眞正重要的目標。

要想了解聯合國，一定要避免把行政問題跟治理及決策問題混爲一談。在討論化爲計畫與行動的過程當中，官員必須經歷另一套程序，與他們所習慣的那一套不同，其中的差異往往就是事情能做成的原因。如此一來聯合國就成爲全天下最簡單直接的地方，因爲正如大衛．馬龍所言：「聯合國的關鍵在於人。」而且「聯合國所做的所有事情，都是某些人的功勞。」根據馬龍的計算，「在任何時候，聯合國全體一百九十三位大使當中，大約有三十五位掌控著局面。在安理會，無論什麼時候，都是由四、五位大使把持。如果把非常任理事國算進去，也許不只四、五位。聯合國大會所有的委員會也是同樣情況。」所以你如果和這三十五位重要人士的親信交情很深，又合作無間，那你就能隨心所欲。但你要是不具備這種條件，就不必妄想。

聯合國村

想像一下，在一個小鎮裡，鎮上的一些重要人物掌握了所有決策。這些人彼此認識，平常站在街角，或在自助餐廳喝咖啡，都會彼此聯絡感情。其實這就是柯林頓總統任內的前美國常駐聯合國代表理查．霍布魯克，對於這份工作的感受。他回顧在紐約工作的十六個月，想起一個他稱之爲「聯合國村」的地方。這個村子是透過一些正式與非正式的小團體，還有沒完沒了的會議、幹部會議、演講以及餐會來運作。

聯合國村在哪裡

聯合國村位於紐約市上東城，擁有「自己的語言與時區」，「需要」的意思其實是「要求」，「強烈」其實是「沒那麼強烈」，「嚴重」其實是「沒那麼嚴重」，「呼籲」其實是「乞求」，用的完全是另一套語言。成千上萬的人住在這裡，但與這座城市的其他居民極少往來。

——前美國駐聯合國大使理查．霍布魯克

前美國常駐聯合國代表約翰．尼格羅龐提，也曾走在聯合國村的街道上。有人問起他在聯合國工作最初幾個月的感想，他說：「我拜訪了一百一十四位代表。按照外交慣例，你必須拜訪比自己早到任的代表；代表要是比你晚到任，那就是他要拜訪你。」他更頻繁拜訪聯合國運作的重心，也就是區域團體。他說：「每六個星期或八個星期，拜訪歐盟一次」，也拜訪南非發展集團、西非國家經濟共同體等等。說是「會晤」，其實往往是共進晚餐或是喝一杯，有時候是在高雅的華爾道夫阿斯托里亞酒店。

不過外交官的工作也有另外一面。治理與決策常常需要巧言說服、運用奸計、厚著臉皮、掩人耳目，這些都是會出現在描寫華爾街的小說與電影的場景。前美國駐聯合國大使約瑟夫．梅爾羅斯說：「幾年前，我想找一個聯合國最高層級的官員談事情。我打電話給她的大使館人員，約好共進午餐。我還特別詢問她特別喜歡哪一家餐廳？結果對方跟我說：『我要是你，就不會在這附近吃午餐。我會挑一家離聯合國遠一點的餐廳，這樣才不會有人看見你們兩個共進午餐。』我就照這個建議做。後來也都如此，我不會去對面的日本餐廳或者是聯合國一號飯店，而是約在一個比較不會被認出來的地方。」

外交語言

「我們是外交官，無論心裡有什麼想法，都要保持克制、戒備、謹慎。我覺得大多數外交官都認為，爭執也可以很得體，不一定要把場面弄得尷尬。我覺得這也算是我們應該遵守的工作倫理，要是不遵守，日子恐怕會過得生不如死。」

——前美國駐聯合國大使約翰．尼格羅龐提

但保密的程度也就僅此而已。村莊的居民彼此認識，所以村子裡不可能有太多大祕密，而且居民的敏感與怪癖都是出了名的。居民知道每一個會員國有哪些議題或話題是禁忌，是碰不得的。除非打算看見對方激烈反應，否則最好不要提起。例如跟中國代表交際應酬，就最好別談西藏；俄羅斯代表不會希望有人問起俄羅斯與烏克蘭的關係；要是問美國代表，華府何時才會撤銷對古巴的經濟制裁，就別指望會看見好臉色。

聯合國村內部有幾個「社區」，其中有些非常排外。尼格羅龐提曾經住在安理會這個最高級的社區。他在任內曾說：「我的工作多半在安理會進行，安理會是一個很小的團體，成員的關係很密切。我們每天都會碰面，彼此之間相當熟悉，形成一種同志情誼。」他也在村子另一頭的聯合國大會待過，成群的普通國家在那裡晃蕩，大聲嚷嚷又揮舞雙手。「我覺得在這種大型的聯合國大會特別會，大家有時候會有點擦槍走火，尤其是要通過某些文件的時候，情緒會比較暴躁。有時候馬拉松會議一開就開到隔天早上八點，一旁還有非政府組織在堅持他們的訴求。儘管如此，如果眞的能達成共識，文件最後能通過，我覺得大家都會如釋重負，哪怕是跟我們立場相左的人也會有同感。他們可以對自己說，至少忙了一場是有成果的。」

一位外交官評價媒體

「我在安理會有一個大發現，就是聯合國記者的專業水準很高。他們知道背景資訊，知道該引用哪些話，也知道該如何闡明意見。報導總是分得很清楚，哪些是引用，哪些是意見，不會混淆，讓我可以信賴本地媒體的報導。有時候出現棘手的局面，例如伊拉克、科索沃，就有人會問我們：『你說的話是什麼意思？你說過這句話嗎？』有時候也會有人扭曲事實，惡意指控，這時候我就要拿出原本的報導反擊。我拿出報紙或是通訊社的報導，對他們說：『你看，這個報導內容是完全正確的，是你的理解、你的解讀有問題。』這種經驗累積多了，我對記者的欽佩也大為提升。在這裡工作的記者學問很好，是優質記者，絕對值得尊重。」

——前斯洛維尼亞駐聯合國大使達尼洛．圖克

2011年4月4日，安理會開會討論利比亞議題，幾位外交官在會議開始前交談。由左至右：俄羅斯常駐聯合國代表維塔利．丘爾金、中華人民共和國常駐聯合國代表李保東、來自哥倫比亞的安理會四月份輪值主席歐索里奧。聯合國照片／麥克伊韋恩攝

聯合國村如同世上所有的村莊，也有派系之分。絕大多數的居民是男性，但這已經開始改變。二〇一四年，安理會十五位大使當中，就有五位以上是女性。這幾位勇闖男人圈的女人，對這份工作有不同的感受。前美國常駐聯合國大使歐布萊特還記得那種興奮感。她說，一個女人能進入安理會就夠興奮了，何況她還是「一個代表著世界強權美國的女人。」其他的女性代表不見得感受到位高權重的滋味，卻也覺得男人圈裡的生活是一種特殊的體驗。南希．索德柏則是對男性同僚展現出的傳統風度印象深刻。「我一個年輕女人在安理會工作，最滿意的是這裡的人眞的具有紳士風度，很會善待女人，總之很和

善。有時候他們會走過來親吻妳的手，一看到妳還會站起來迎接。」美國參議院應該多學學！

安理會的政治

安理會在自己的「社區」，也就是安理會會議廳開會。安理會會議廳最顯眼的特色，是一張經常出現在媒體報導的馬蹄鐵形狀的桌子。與會代表圍著桌子坐，中間是負責撰寫會議紀錄的人員。聯合國建築群歷經五十多年的歲月，邁入整修階段。在整修期間，祕書處與安理會的空間關閉

2006年10月16日，聯合國大會開會選舉安理會的五個非常任理事國，美國常駐聯合國代表約翰．波頓，在會中與瓜地馬拉代表團交談。聯合國照片／馬可．卡斯卓攝

（二〇〇九年至二〇一二年）。安理會搬遷到位於地下室的大型會議室，裝潢布置盡可能貼近原本的會議室，甚至還把那張馬蹄鐵形狀的會議桌拆下，移到暫時落腳的地下室重新組裝使用。

下了班的另一面

「這些人離開正式場合，就會露出另外一面。王大使這個人很有意思，在正式場合很沉默。但如果跟他獨處，就會發現他很務實，對很多事情都好奇。我見過的其他中國代表，都沒像他這麼坦率，他還真的可以談西藏議題。」

——前美國常駐聯合國大使南希．索德柏

大多數的會員國認爲能參與安理會是一項優勢，但也不見得每個人都這麼想。約翰．尼格羅龐提說，墨西哥就認爲無利可圖，所以等了一段時間才開始爭取安理會理事國席位。他的墨西哥同僚當時的想法是：「我們如果跟美國站在同一陣線，久而久之美國會認爲是應該的；要是跟美國唱反調，又會損及與美國的雙邊關係，我們自己也遭殃。」墨西哥總統以及其他人的看法卻是相反，認爲墨西哥需要提高在國際舞台的能見度，不必擔心觀衆的反應。尼格羅龐提的墨西哥同僚問他：「我們的立場如果跟美國相反，或是跟美國唱反調，你會怨恨我們嗎？」他以外交官身分沉著的回答：「我們做任何事情，都會顧及良好的雙邊關係……當然彼此也會有意見不同的時候，但我們很重視這段關係，也會繼續重視下去，我們也會依照這個原則對待墨西哥。」歷史證明了尼格羅龐提說得對。墨西哥於二○○二至二○○三年，以及二○○九至二○一○年擔任安理會理事國期間，與美國的關係並沒有明顯受損。

二○一三年，沙烏地阿拉伯當選安理會理事國，卻拒絕就任，不是因爲顧慮跟美國的關係，而是因爲不滿安理會無力解決糾纏許久的巴勒斯坦問

2002年6月30日，聯合國祕書長安南（圖中）在安理會會議廳與美國常駐聯合國代表約翰．尼格羅龐提（圖右）商議。聯合國照片／艾斯肯德．德比比攝

題，以及敘利亞內戰問題。沙烏地阿拉伯的斷然拒絕，對安理會與聯合國來說，被拒絕可是很難得的經驗。

面對現實

「我覺得發言人辦公室是天底下最刺激的地方。在這裡要跟記者共事，所以工作必須更努力，速度更快。要時時留意新聞，有人發問就要立即回答，記者可以讓你面對真實世界。祕書處的大多數同仁整天跟同事說話，運氣好的話也許能跟外交官說話。跟記者說話真的完全不一樣，我每天就在跟記者說話。跟記者交談永遠要謹慎，要誠實。」

——安南秘書長任內的聯合國新聞官費德瑞克．艾卡德

一九九〇年代，南斯拉夫解散之後，斯洛維尼亞是從中分裂出來的一個新國家，也加入了安理會。這個國家並不像沙烏地阿拉伯那樣直言不諱，加入之前的討論過程較爲低調。斯洛維尼亞政府評估本國的外交情勢，優先考量的就是競選安理會理事國席位。達尼洛．圖克於一九九〇年代擔任斯洛維尼亞駐聯合國大使，也於一九九八年八月擔任安理會主席（後來當選斯洛維尼亞總統）。他說：「我覺得斯洛維尼亞在安理會大有可爲。」但在聯合國以及斯洛維尼亞，都有人不這麼想。關於斯洛維尼亞需不需要加入安理會，「各方意見不一」，因爲加入安理會「會增加曝光」，而且「必須面對政治爭議很大的議題，這不是個容易的決定，我把好

處壞處都拿出來分析。」加入安理會的好處是可以增加這個新國家在國際社會的知名度。

斯洛維尼亞最終決定加入一九九七年選舉的競逐行列，該國政府還得思考要加入哪一個投票集團。這次選舉也承襲聯合國一貫的配額制度，也就是說全世界每一個地區都會有代表。例如每年都有一定額度的席位，開放給「西歐及其他國家集團」或「拉丁美洲及加勒比海集團」，這些地區的國家就必須爭奪席位。有時候一個地區之內的國家，會協議由誰取得席位。有時候一個地區之內的國家會認眞競逐，動用施壓、結盟，甚至暗算之類的招數。

1993年1月1日，幾位代表在聯合國大會會堂附近的二樓休息室坐著交談。聯合國照片／安瑞亞．布利基攝

圖克領導斯洛維尼亞走過安理會理事國席次的選戰，並沒有歷經如此慘烈的鬥爭，但他還是得決定是要競逐「西歐及其他國家集團」，還是「東歐集團」的席位。「我們一開始並不想加入東歐集團。我們的地理位置在維也納的西邊，卻沒有馬上聯想到，既然前南斯拉夫是東歐集團的一員，斯洛維尼亞也應該加入東歐集團。」斯洛維尼亞後來改變主意，「因爲我們覺得必須當選才行。」於是在一九九六年決定加入東歐集團，「東歐集團的競爭沒那麼激烈，勝選機率比西歐集團高。」但寶貴的時間已在躊躇中流逝，而且還要與白俄羅斯以及馬其頓爭搶唯一的席次。「會員國通常會在選舉的五年前宣布參選，有的甚至十年、十五年前就先宣布，再漸漸開始造勢。這兩個國家這兩年來大肆拉票，如果只有一個國家參選，當然就不必造勢；但即使如此，也還是要爭取其他會員國支持，因爲必須取得全體會員國三分之二以上同意。我們很晚才開始，又要跟兩個候選國競爭，但還是堅持到底，因爲要是不參選，人家會問我『你跑到哪裡去了？你在幹嘛？』白俄羅斯在選前兩天宣布退選，因爲覺得沒有勝算。之後我們又打敗了剩下的那個候選國，這就是斯洛維尼亞成爲安理會理事國的整個經過。」

圖克說，參選是值得的，就算只爲了在國際上打響知名度也值得。「我們發現在那兩年（一九九八年至一九九九年），與斯洛維尼亞相關的重要國際事務，有一半會經過安理會，一個小國能有這樣的曝光率實在難得。」

互惠互利與禮尚往來

「聯合國的好處在於採行多邊主義制度，各國代表往來密切。這是一種在東河上演，身歷其境的『零售全球政治』，所以維持和善友好的關係非常重要，就好比在議會制度一樣。」

——前聯合國副祕書長馬克．馬拉克布朗

圖克也觀察到聯合國整體的情形。他說，與大國相比，小國比較不受嚴格的政策與立場約束，所以有機會發展能避免衝突的創意外交。「斯洛維尼亞這樣的小國失敗了還無所謂，一個大國的提案無法通過，往往會有政治上的衝擊。所以那些非常任理事國，也就是小國，在安理會也能發揮實質的貢獻，比較有想像與實驗的空間。我一直都是這麼想，從來不覺得只有常任理事國才算數。」傑夫瑞．羅倫帝大致同意圖克的看法，他說：「小國的代表比較自由，類似歐洲議會的議員。」

工作有效率

「如果需要集結全球的力量做出反應，運用聯合國體系特別有效。因為透過聯合國可以接觸到很多國家，比自己一個一個國家聯絡方便得多。想要處理關於全球的議題，與聯合國合作的效率較高，比去外面找國家組成集團更有效率。聯合國有一種倍數效應，在這裡，一小時可以跟二十個國家談話，而不是只有兩個。在這裡可以集結各國做出回應，組織團隊做事，也可以處理危機。聯合國都能參與這些。」

——艾絲樂．比默，喬治華盛頓大學

正式地非正式，還是非正式地正式？

加入組織的會員國必須了解規則與程序，有一個基本原則不可不知，那就是大多數重要的事情，表面看起來是在檯面上處理，其實都是在檯面下處理。無論是在聯合國，還是在世界上其他的組織，許多決策都是由少數人私下敲定，這也是情有可原。協議的內容要是攤開來公開討論，棘手的議題也在其中，那大家就只會在小事情上面達成共識，大事就難有共識。所以聯合國常見的作法，是在安理會會議廳之類的大型公開場所，展開辯論或討論，等到確認了幾個重點，再把參與討論的人員，劃分成較爲不公開的小組。最後則是少數幾個人圍著一張桌子談判，沒有媒體在場，有時候甚至沒人做紀錄，一一解決最具爭議的部分。

在安理會，一開始的討論叫做「正式會議」，後續比較不公開的討論叫做「非正式會議」。南希．索德柏認爲正式會議「只是行禮如儀的一場戲」，其實「根本沒有實質內容」。眞正的談判要到非正式會議才會登場，「因爲正式會議沒辦法談判，沒辦法交談。」正式會議有時候也是向另一個會員國傳達訊息的好機會，但「大多數時候就是走進去，接著是一場沒人專心聽的簡報，大家把預先準備好的聲明念一念，什麼也沒談。」

2012年3月12日，安理會開會討論阿拉伯之春，時任美國國務卿的希拉蕊．柯林頓與俄羅斯外交部長謝爾蓋．維克托羅維奇．拉夫羅夫於會中交談。聯合國照片／艾斯肯德．德比比攝

不過非正式會議有時候又顯得太正式，反而無法認真協商。「非正式會議也不見得那麼隨意，」南希．索德柏說，「還是很正式的，會有一個主席依序請每個人發言。輪到你發言你才能發言，所以不太可能有機會協商。」反正真正的決策可能早已敲定。至於在哪裡敲定的？她說：「密室。」

思考與行動也要美食相伴

「食物大概是聯合國得以凝聚的關鍵，」前美國外交官理查．霍布魯克說，「說真的，這些傢伙還真愛吃！」宴會是聯合國常見的外交場合，在將近兩百個聯合國大使館與官邸，舉行大型的公開宴會，或是規模較小的私人聚會，總少不了豐盛的餐點飲料。聯合國總部附近幾家餐廳的員工，接待來自世界各國的外交官，其中不乏家喻戶曉的人物，態度不慌不忙，顯然已是司空見慣，實際上也是如此。

聯合國村的居民往往就在村裡用餐，在代表的餐廳或是自助餐廳的廣闊空間，從落地窗還能俯瞰東河景色。代表的餐廳有一個不成文的座次規矩，「權貴」通常坐在左側，「平民」則是坐在右側。餐廳定期推出各會員國的風味自助餐。餐廳也對外開放，到此用餐有機會看見全球最傑出的外交官，不過你也得熟悉幾十種語言，才能偷聽他們在說什麼。較為非正式的自助餐廳則是不對外開放，到這裡來的人如果是想談話，就會找張安靜的桌子坐下。會來這裡也通常是為了談話，因為喝著咖啡，吃著三明治與沙拉，真的可以談成很多事情。

俱樂部的規矩

「聯合國就像一間俱樂部，會員要互相尊重。就算別人的政治立場與你不同，也不能公然羞辱對方。這是這裡的規矩，這裡的人大致上都能互相尊重。」

——前美國駐聯合國大使約瑟夫·梅爾羅斯

安理會成員、聯合國祕書長，以及聯合國祕書處高級官員，於紐約州曼哈西特度過一年一度的休閒假期。圖為2013年4月23日，潘基文祕書長（前排中央坐者）、夫人柳淳澤（左中），以及其他參與的伉儷合照。聯合國照片／艾斯肯德・德比比攝

祕書長在哪裡？

這一章始終沒有提到祕書長，祕書長的官邸位於薩頓區，是聯合國總部之外的住宅區，也是聯合國村的一部分。相較於聯合國的代表及員工，祕書長的交際行程比較不同，經常需要前往世界各地，所以一年當中大多數時間都不在村裡。不過，這跟祕書長的個性也有關係，有些祕書長的個性長袖善舞，好比安南就是。然而有些祕書長下了班（如果祕書長有「下班」這回事的話）就比較不喜歡公開露面，例如安南的前任祕書長包特羅斯．包特羅斯－蓋里，以及安南的繼任祕書長潘基文。

每一個祕書長無論喜不喜歡交際應酬，都要花時間在村裡，參加當地的晚宴、社交場合、雞尾酒會以及宴會。比較罕見的是祕書長走出村莊，與紐約本地人打成一片。安

南在紐約的交際應酬，多半是在聯合國村之外，而且並不是碰巧遇到才會應酬。在他任內服務多年的新聞官費德瑞克．艾卡德說，安南剛就任祕書長的時候，有一位紐約人勸他「多出來走走」，意思是多多走出聯合國村。那位女士對安南說：「我跟你說，聯合國是一個與外界隔絕的機構，在聯合國的外交官打交道的對象都是外交官……你只要有心，可以大大開展交際圈。」安南也願意一試。他全家採納這個建議，開始在家裡招待朋友，賓客往往都是些村外的人，比方說出身名門的名媛布魯克．艾斯特以及她的朋友。安南的紐約朋友說：「這對安南來說很重要，但我覺得對聯合國來說更重要，聯合國不能再這樣與世隔絕下去。」安南將交際圈拓展到聯合國村之外，自己也成爲艾卡德所形容的「外交圈搖滾巨星」，因此也推升了聯合國的能見度。

9
維和行動

聯合國各會員國為求對於維持國際和平及安全有所貢獻起見，於安全理事會發令時，並依特別協定，供給為維持國際和平及安全所必需之軍隊、協助及便利，包括過境權。

——《聯合國憲章》

和平相關的議題是安理會討論的一大重點，很多人也盛讚維護和平是聯合國的重要功能之一。聯合國在一九九〇年代發起的維和行動，比先前四十年加起來的還要多，往後的行動規模也有所擴大。二〇一三年五月，聯合國祕書處的維持和平行動部，發動了十五次維和行動，以及一次政治行動（阿富汗），共有十一萬三千零五十七位人員參與，每年花費大約七十五億美元。聯合國維和部隊是世上第二大駐軍。

美國向來大力支持聯合國發動新的維和行動，馬利就是一個例子；或是擴大現有的維和行動，例如在剛果民主共和國。根據美國國務院最近發布的一個報告，美國政府支持「能有效遏止衝突，解決紛爭，又符合美國國家利益的維和行動。」史都華．派翠克認爲，聯合國的維和行動與政治行動，對美國很有益。「我們付出一分的代價，可以得到四分的成果。我們判斷某些地區需要人道救援，或是局勢不穩，但又基於某些原因無法出兵，或者不適合出兵。有聯合國在，美國也能盡一份心力，在這些地區拯救受苦受難的人民，恢復和平，但願還能終止暴行。以成本效益來說，眞的很划算。」

多管齊下的策略

「我們現在需要多方面的維和行動，不只是為了維護和平及安全，也是為了促進政治程序，保護平民，協助前戰鬥人員解除武裝、解散以及重組，支援選舉工作，保障及提升人權，以及協助重建法律。」

——聯合國維持和平行動部

美國身爲五個常任理事國之一，能夠牢牢掌控維和行動的整個程序，從授權展開行動開始，一直到決定行動的規模、內容以及資金多寡。美國很少出兵支援聯合國的維和行動，卻是聯合國維和行動最大的金主之一，也依照與聯合國簽訂的協議，支付了大約百分之二十八的維和行動成本。

維和行動如何展開

除非衝突所牽涉的各方同意，否則聯合國不會展開維和行動。聯合國不會主動展開維和行動，也不會將維和部隊視為戰鬥人員。維和行動比較像是一種手段，目的在於終結紛爭，推動永續的政治與外交解決方案。維和部隊應該保持中立，不偏袒任何一方，將衝突的各方分隔開來，避免衝突爆發。維和部隊為了自衛，或是維護自身任務起見，也可經安理會批准之後動用武力。

安理會批准維和行動，界定維和行動的目的，也針對執行方式提出建議。接下來就由祕書長指派維和行動的指揮官，並透過維持和平行動部，安排管理與後勤事宜。維持和平行動部原本是一個單位，但聯合國大會鑑於維和行動大幅增加，同意將此部門一分為二，創造出來的新單位叫做聯合國外勤支援部，由副祕書長領導，負責管理後勤事宜。外勤支援部協助世界各地的維和部隊安排人員、預算、財務、通訊、資訊科技，以及後勤等事宜。

聯合國沒有軍隊編制，倘若需要軍力或警力，就必須向會員國商借。有人將聯合國的維和部隊比喻成義勇消防隊，不過前祕書長安南也說，維和部隊的組織並不如義勇消防隊完善，因為每次展開維和行動，都需要四處募集「消防車」及所需的經費，「要萬事具備才能滅火。」

會員國必須支援人員、設備與後勤。聯合國支付給會員國每一位維和人員每個月大約一千美元的薪資與津貼，另外又支付共約四百美元的專家、設備與武器費用，這也是每一位維和人員每個月的費用。會員國則是按照自己的標準付費給軍隊，所以金額大小不同。會員國握有部隊的指揮權，也負責執行紀律，懲處行爲不檢的部隊。

維和部隊的人員多半來自孟加拉、印度、巴基斯坦、奈及利亞、約旦、埃及之類的開發中國家，但維和部隊的經費多半來自已開發強國。如同表2所示，貢獻最多維和經費的十個國家，都是大型經濟體，絕大多數的維和經費都由這些國家貢獻。將近百分之四十的維和經費來自美國與日本，另外百分之十來自中國與俄羅

表2　2013年聯合國維和行動經費的十大來源國

會員國	貢獻約占比例（%）
美國	28.38
日本	10.83
法國	7.22
德國	7.14
英國	6.68
中國	6.64
義大利	4.45
俄羅斯	3.15
加拿大	2.98
西班牙	2.97

資料來源：聯合國維持和平行動部，「維和行動經費來源」http://www.un.org/en/peacekeeping/operations/financing.shtml.

斯。在探討聯合國財務的章節，會再介紹各國負擔經費的計算方式。

不斷演進的觀念

維和行動是聯合國最重要的業務之一，在《聯合國憲章》中卻是寥寥數語帶過。能發展到今日如此完整的功能與規模，是幾十年來聯合國不斷呼應世界各地創造和平、維護和平的迫切需求，逐漸累積的成果。維和行動分為兩種，一種只是監督停戰狀態，聯合國派去的觀察人員沒有武裝；另一種則是終止武裝衝突，由聯合國派出武裝步兵部隊。無論是哪一種情形，維和人員會盡量避免武裝衝突，不過由以下的分析可以發現，有時候訴諸武力反而有效。

安理會於一九四八年通過第一項維和決議，成立聯合國停戰監督組織，在英國撤離巴勒斯坦之後，監控當地阿拉伯人與猶太人之間的停戰狀態。這次行動所需的人員也是由會員國提供，如同現在的維和行動。聯合國停戰監督組織也創下了命名的典範。大家提起這個組織，總是習慣以英文縮寫UNTSO稱呼，而不是以全名稱呼。這個組織目前仍在運作，責任也有所增加，現在也負責監督以色列與四個阿拉伯鄰國是否確實遵守協議。

隨著衝突的性質不同，維和行動的內容也隨之調整。傳統上維和行動面臨的情況是民族國家之間的衝突，交戰方派出野戰部隊攻擊對方戰鬥人員，而非平民百姓。在大多數的維和行動中，聯合國的維和部隊能夠在敵對勢力之間，扮演緩衝角色，也能監督停戰、撤軍、邊界區與非軍事

2007年3月27日，聯合國祕書長潘基文在耶路撒冷政府大樓，一一問候聯合國停戰監督組織人員。聯合國照片／艾文．史奈德攝

區。但現在的民族國家多半相敬如賓，歐洲等地的某些民族國家，甚至締結緊密的政治關係。現在的衝突多半發生在國內，以內戰（如敘利亞、蘇丹、利比亞）及遍及全國的反抗運動（如東帝汶反抗印尼占領）居多（表3）。

維和行動的重心逐漸轉移到國內衝突，維和行動的次數與範圍也不斷擴增，安理會認爲有必要重新評估維和作業，於是委託阿爾及利亞前外交部長拉赫達爾．卜拉希米展開調查。二〇〇〇年發表的調查報告，成爲往後維和行動的相關討論中，經常引述的資料。「卜拉希米報告」多次呼籲，維和的觀念必須與時俱進，才能解決現代的問題。報告也點出維和行動需要愈來愈多資金，以及更好的行

聯合國維和行動

UNTSO	聯合國停戰監督組織
UNMOGIP	聯合國印度與巴基斯坦軍事觀察團
UNFICYP	聯合國駐塞浦路斯維和部隊
UNDOF	聯合國脫離接觸觀察員部隊
UNIFIL	聯合國駐黎巴嫩臨時部隊
MINURSO	聯合國西撒哈拉公民投票特派團
UNMIK	聯合國科索沃臨時行政當局特派團
UNMIL	聯合國賴比瑞亞特派團
UNOCI	聯合國象牙海岸特派團
MINUSTAH	聯合國海地穩定特派團
UNAMID	非洲聯盟暨聯合國達佛聯合行動
MONUSCO	聯合國剛果民主共和國組織穩定特派團
UNISFA	聯合國駐艾卜耶臨時安全部隊
UNMISS	聯合國駐南蘇丹特派團
MINUSMA	聯合國馬利多元聯合穩定特派團

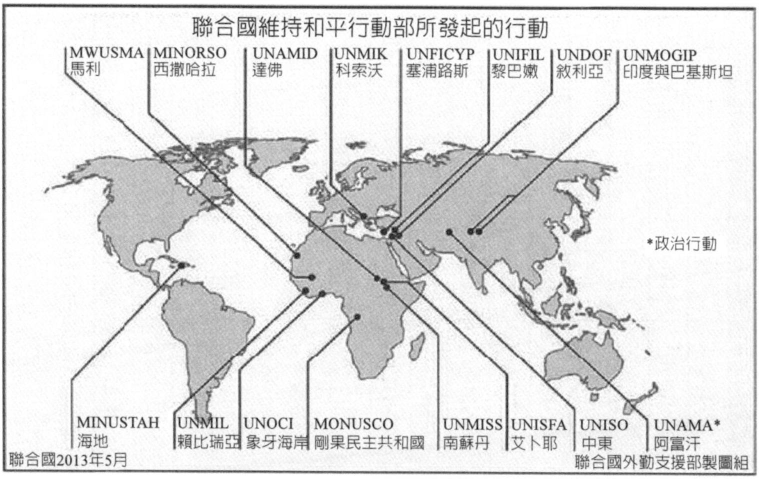

2014年2月28日，聯合國維和行動。聯合國新聞處，2014年3月

表3 聯合國維和行動，2014年2月

行動	成立年代	部隊	軍事觀察人員	警察	國際平民	當地平民	聯合國志工	人員總數	死亡人數	預算（US$）
UNTSO	1948	0	160	0	95	138	0	393	50	$74,291,900
UNMOGIP	1949	0	42	0	24	44	0	110	11	$19,647,100
UNFICYP	1964	857	0	67	39	110	0	1,073	181	$56,604,300
UNDOF	1974	1,243	0	0	47	99	0	1,389	45	$60,654,500
UNIFIL	1978	10,200	0	0	315	634	0	11,149	303	$492,622,000
MINURSO	1991	23	201	5	96	168	15	508	15	$60,475,700
UNMIK	1999	0	8	7	114	211	27	367	55	$44,953,000
UNMIL	2003	5,749	136	1,561	420	860	221	8,947	181	$476,329,800
UNOCI	2004	7,957	182	1,316	400	762	150	10,767	118	$584,487,000
MINUSTAH	2004	5,794	0	2,413	373	1,242	169	9,991	176	$576,619,000
UNAMID	2007	14,354	330	4,508	1,060	2,957	404	23,613	191	$1,335,248,000
MONUSCO	2010	19,558	502	1,185	990	2,979	556	25,770	70	$1,456,378,300
UNISFA	2011	3,955	133	23	104	59	19	4,293	13	$329,108,600
UNMISS	2011	7,327	152	1,015	869	1,333	406	11,102	25	$924,426,000
MINUSMA	2013	6,137	0	956	287	113	58	7,551	8	$602,000,000
總計		83,154	1,846	13,056	5,233	11,709	2,025	117,023	1,442	$7,093,845,200*

資料來源：改寫自「目前進行的維和行動」，由聯合國新聞處和平及安全組、維持和平行動部、外勤支援部、管理部共同製作，DPI/1634Rev.154—2014年3月。

*加計聯合國支援非洲聯盟駐索馬利亞特派團辦公室（UNSOA）的開銷，以及支援維和行動與聯合國位於義大利布林迪西（Brindisi）的後勤基地的開銷，總計約為78.3億美元。

政管理。報告也建議把軍事業務整合至人權、治安、食物、住所及醫療服務，這些行之有年的民事業務。我們在後面會發現，聯合國確實依照這些建議，大幅變更了維和業務。這份報告也促使聯合國於二〇〇七年成立法治暨安全機構辦公室，負責以法治及安全為基礎，為聯合國設計整合式的援助策略。法治乃此整合援助策略的重要環節，所以才需要設置法治暨安全機構辦公室。這個辦公室結合了許多原本分散的聯合國單位，例如警察單位以及司法、法律及懲治單位。來自俄羅斯的辦公室主任迪米崔．帝托夫說，這個辦公室的目的，是要將法治與安全的所有層面，整合成一個網路，涵蓋警察、司法與懲治，創造一個全方位的援助策略。

聯合國除了參考卜拉希米報告的建議之外，也根據實地經驗調整維和行動，允許在某些嚴格定義的情況動用武力。安理會有時會給予聯合國維和行動一些概略且「強硬」的指令，允許動用「一切必要之手段」、「終止妨礙政治程序的武力衝突，保護有即將遭受暴力攻擊之虞的平民，並協助當局維持法律與秩序。」這種強硬的指令，形同要求維和人員採取較為激烈的立場「執行和平」，維和人員也比較容易捲入肢體衝突。安理會於二〇一三年甚至採取更激烈的手段，在軍力兩萬的維和部隊駐守的剛果民主共和國，增設一個「干預旅」。聯合國在剛果東部進行為期最久，耗資最大的維和行動。叛軍於一九九八年占領剛果東部部分地區，安理會後來促成了停火協議，又於一九九九年批准「聯合國剛果民主共和國組織特派團」成立。安理會後來又擴充特派團的任務，除了要觀察各方是否確實停火並解散軍隊之外，也要督導剛果政府與民間執行停火協議，並推展與政治機構、軍隊及法治相關的其他工作。聯合國剛果民主共和國組織特派團從二〇〇〇年至二〇一〇年六月，大約十年的運作期間，共有一百六十一位聯合國人員喪生，花費八十七點三億美元。聯合國藉由種種努力，穩定了位於剛果首都金夏沙的國民政府，並於二〇〇六年舉辦自由的國會及總統選舉。二〇一〇年七月，安理會將特派團改名爲「聯合國剛果民主共和國組織穩定特派團」，並授權特派團動用「一切必要之手段」，保護可能遭受肢體暴力的平民、人道救援人員以及人權工作者，並協助剛果民主共和國政府維護和平。

雖然有聯合國部隊坐鎮，剛果東部地區的戰火仍未平息。因此安理會於二〇一三年通過決議，要求干預旅積極鎮壓胡圖族民兵部隊，以及其他戰鬥人員，不過僅限於「特殊情形，而且不能違反議定的維和原則。」沒有人知道這個決策會不會爲未來的維和行動創下先例，但無論如何，「強硬」這個詞已經變成維和行動的常用術語。例如二〇一三年，中非共和國政府因爲內戰而岌岌可危，中非國家經濟共同體請求聯合國安理會，在當地展開多元維和行動。中非國家經濟共同體的代表要求，必須「解決衝突的根本原因」，意思是說必須成立「合法且有代表性的民主政府，以全體國民的利益爲念，而不是只重視某個宗族，或是某個團體的利益」；同時也必須設置「眞正的防衛部隊，客觀公正又具有代表性，」而非某個宗族的成員組成的防衛部隊。非洲聯盟與中非國家經濟共同體「一致認爲國際社會應儘速行動，聯合國也應儘速安排特派團，展開強硬的維和行動。」二〇一四年四月，聯合國安理會同意予以協助，並設置名爲「聯合國中非共和國多元聯合穩定特派團」的多元維和行動。

警察，還有女性

類似中非及剛果的這些維和行動範圍逐漸增廣，甚至涵蓋與建國相關的事務。聯合國也發覺有必要充實維和部隊的人力，增加能維持社會秩序的人員，也就是警察。聯合國維和行動與特殊政治行動所動用的警察人數，從一九九五年的五千八百四十名，攀升到二〇一二年的一萬三千五百名。現在派遣的警力包括建制警察部隊，其裝備優於一般的聯合國警察，塡補了維和部隊與當地警察之間的差距。建制警察部隊也於二〇〇七，年協助海地政府重掌幫派猖獗的地區，又在剛果民主共和國疏散受困於槍戰中的平民。

如今大家普遍認爲維和部隊應該開放女性加入，而且人數要夠多。歷史已

2013年12月16日，聯合國南蘇丹共和國特派團的印度大隊，在南蘇丹首都朱巴救助當地流離失所的人民。聯合國照片／聯合國南蘇丹特派團

經證明，女性維和人員的存在，可以提升當地女性的地位，也能在軍隊復員期間，照顧曾經擔任戰鬥人員的女性的特殊需求。女性維和人員也能增添維和部隊在當地女性眼中的親切感，也可充當當地軍校、警校女學生的良師益友。某些國家的習俗認爲女性不該與男性說話，有女性維和人員在，至少當地女性能有交談的對象。

聯合國維持和平行動部努力增加駐外女性維和人員的人數，但進展始終牛步。一九九三年，聯合國駐外正式維和人員當中，女性約占百分之一。二十年後，也就是二〇一二年，文職維和人員約有百分之三十是女性，但武職維和人員僅有百分之三是女性，警察人員也只有百分之十是女性。問題並不僅止於表面的數字。維持和平行動部的警方顧問史蒂芬・斐勒，在二〇一三年於紐約舉行的一場會議，對記者說「推動性別主流化，不只是讓數字變得好看而已。」他說，警察肩負的責任相當龐雜，需要更多女性加入，女性是「我們對抗混亂及不穩定的第一道防線，也是我們建立安全與法治的第一道火線。」聯合國警察希望在二〇一四年前，將全球各地的女警比例提高到百分之二十，有些維和行動很接近這個目標，例如聯合國南蘇丹共和國特派團就有百分之十九是女性人員。甚至還有超出目標的，例如聯合國駐塞浦路斯特派團的警察隊，就有百分之二十二是女性人員。

另外在賴比瑞亞首都蒙羅維亞，也可以見到愈來愈多女性維和人員的身影。建制警察部隊有來自印度的女性成員，身穿藍色制服，拿著步槍，在城市的街道上巡邏，執行宵禁，預防犯罪，逮捕犯嫌，維護居民安全。另外，在海地與剛果，也見過完全由孟加拉女性組成的聯合國警察部隊。

監督維和部隊的警察

聯合國正在努力遏止一種長期影響維和行動的惡行，也就是某些維和部隊被指控性侵當地平民。隨著維和行動的規模逐漸擴增，類似的指控也愈來愈多。各界紛紛呼籲聯合國展開調查，起訴被指控的人員，並協助受害者。聯合國大會及祕書處都將性侵案件，列爲優先處理事項。

所有駐外的維和人員都要接受維持和平行動部的預防性侵訓練。聯合國也呼籲貢獻軍隊的會員國，配合性侵案的調查工作。二〇〇六年，來自法國的維持和平行動部主任葛漢諾向安理會簡報，說明他如何讓提供軍隊的會員國更重視性侵案件。二〇〇七年，聯合國大會通過「性侵受害者協助暨支援辦法」，幫助遭到聯合國人員及相關人員性侵的受害者。二〇〇八年，潘基文祕書長發起終結女性受暴的「團結制止暴力侵害女性計畫」（UNITE），預計延續到二〇一五年，正巧是千禧年發展目標（後面的章節會討論）預計實現的年份。聯合國所有單位都必須參與這個計畫，包括維持和平行動部。聯合國外勤支援部也從二〇〇六年開始，記錄不當行爲的投訴案件，與後續處理情形，並於二〇〇八年推出不當行爲追蹤系統。這是一種全球資料庫兼保密追蹤系統，可記錄所有不當行爲案件的資料。

在聯合國的多方努力之下，至少有一個維和行動的性侵案件數量下降，那就是二〇〇七年在賴比瑞亞的維和行動。根據一個獨立非政府組織的報告，聯合國於二〇一一年，公布了七十四起維和人員疑似涉及性侵案件，比起二〇〇六年的三百五十七件，已是大幅減少。但這份報告也指出「聯合國由於本身的組織架構，再加上向來以會員國為中心，因此很難預防性侵案件，也很難起訴涉案人士。」問題在於聯合國無權處罰加害者，只有加害者所屬的會員國才有資格處罰。不過性侵申訴案件的下滑也是好現象，聯合國若能將這項優勢擴大到所有行動，就等於在維和與人權方面有重大斬獲。

建設和平委員會

愈來愈多人認為傳統的維和行動是一個開端，開啓了從武裝衝突走向政治對話與和平的程序。「建設和平」是近年新出現的詞彙，泛指聯合國所有為和平扎根，推升和平的活動，也包括強化法治，增進人權，提供民主發展所需的技術支援，以及推廣化解衝突及和解的方法。

二〇〇五年十二月，成立一個建設和平的專責機構的構想化為現實。當時聯合國大會與安理會通過決議，正式成立「建設和平委員會」。美國政府也樂觀其成，但前美國駐聯合國大使約翰．波頓卻覺得多此一舉。「安理會又不是不知道，在不同的情況要維持永續的和平，除了政治與軍事因素之外，也不能忽略經濟、社會以及其他因素。」他說，「用不著為了這個，特別成立一個委員會。」委員會成立至今已將近十年，紐約大學的理查．戈溫卻比波頓更不看好。他說：「這個單位說穿了就是廢物，不僅是失敗的外交倡議，在實地現場也是一無是處。我覺得我們現在比起十年前、十五年前，也好不到哪裡去。」

和平辭典

據說愛斯基摩人有很多字眼形容「雪」，聯合國也發明了很多與創造和平、維持和平相關的字詞，以下略舉數例：

預防外交（preventive diplomacy）

所謂預防外交，就是在爭執惡化成全面衝突之前予以化解。聯合國喜歡這種外交策略，但只能在某些情況使用。聯合國在世界各地廣設辦公室與人員，目的就是為了及早發現威脅國際和平及安全的人事物。

調停（peacemaking）

調停的意思是以外交手段，說服交戰各方停火，透過協議解決糾紛。

強制和平（peace enforcement）

以武力逼迫交戰各方停火。

和平重建（peacebuilding）

協助各國在衝突前、衝突期間以及衝突之後，達成和平。聯合國使用各種政治、人道及人權活動與計畫，建設和平。

政治特派團（political missions）

政治特派團運用外交及調解手段，協助各國以和平方式預防或化解衝突，避免戰爭所帶來的苦難與毀滅。

建設和平委員會當然比較肯定自身的價值，自稱是一個政府之間的顧問組織，協助戰後國家邁向穩定及重建。委員會的資源來自聯合國建設和平基金，這項基金成立於二〇〇六年，用於推動衝突過後的建設和平工作。委員會推出的計畫各有成效，有些是推動了國內和談，有些是強化法治，或是協助解除武裝、軍隊復員及重組，以及提供企業所需的振興經濟措施。例如在獅子山共和國，建設和平基金在全國選舉期間，支付了三萬名投開票所員工的薪資，另外也資助當地警察添購平息騷動所需的裝備。另一個例子是二〇〇九年，建設和平基金批准了兩千萬美元的建設和平優先計畫，援助剛果東部地區，目的在於安排受衝突波及的各方互相對話，包括政府、非政府組織，以及公民社會。

談話治療

世上有很多地方需要建設和平、維護和平，但維和行動又所費不貲，所以安理會往往不會一下子就派出維和部隊。無論是國際衝突還是國內衝突，通常都有一定的週期，一開始是意見分歧，最後才演變成威脅動武，甚或眞正動武。外交人員及調停人員如能及早干預，便可以阻止情勢惡化。聯合國政治事務處負責調停及預防外交事宜，常常在幕後策劃任務，也指導並支援給聯合國派出的特使與調停人員。

政治事務處處長傑弗瑞．費爾曼認爲，政治事務處的工作至關重要。他說：「是，聯合國可以動用軍隊穩定局勢，帶來安全，事實往往也需要這麼做。是，聯合國的人道救援人員，可以減輕難民的痛苦。但要想永遠解決衝突，必須在惡劣的環境採取政治手段。這就是我們如今在世上許多地方所做的，成效不盡相同，而且所處的環境往往複雜多變。」一個地區倘若即將爆發衝突，政治事務處往往是最先抵達現場的聯合國單位。政治事務處常常要臨時應變，立即反應，決定必須立刻派遣調停專家前往現場，還要在衝突最前線與區域組織攜手合作。

不過政治事務處也會在不同的情形下，扮演不同的角色。有時候是衝突各方已經達成停戰協議，聯合國維和部隊也已經抵達，政治事務處才能展開政治任務，也就是監督長期的建設和平工作。「現在的人遇到危險，或是人權遭受重大侵害，都會希望或要求聯合國出手，我們也確實會出手。」聯合國副祕書長楊．艾里亞森於二〇一三年十二月，於聯合國大會說，「但在實務上，我們往往是在情況已經嚴重惡化，到了只有大規模的政治行動或維和行動才能解決的地步，才會有所反應。」

無論是聯合國內部人士，還是從外部觀察聯合國的人士，都贊同「政治行動」的構想與

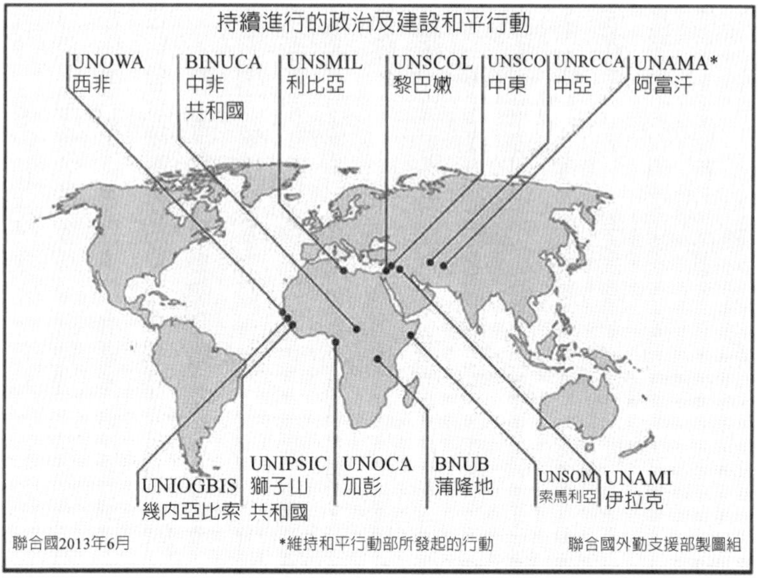

2014年2月28日，聯合國政治及建設和平行動。聯合國新聞處，2014年3月

實務。「政治行動就像維和行動，是聯合國的一大利器。」理查·戈溫說，「政治行動是很有效的工具，也可以說比較有彈性，因爲與維和行動相比，政治行動的規模較小，較爲輕巧，也比較容易組織。」但他也說政治行動並非萬靈丹。「有時候我聽見人家說，維和行動在蘇丹好像起不了作用，應該改成政治行動。但事情不是這麼簡單，政治行動不會有軍隊所能帶來的優勢……有些情況非得藉助軍隊不可，我覺得大家有時候偏好政治行動，是成本考量多於戰略考量。話雖如此，有時候政治行動還眞的能發揮調解的作用，化解區域衝突的危機，幾內亞與吉爾吉斯就是很好的例子。聯合國只能透過政治行動，才能影響這兩個國家的局勢。」

重整失敗國家

「所謂失敗國家，意思是說這些國家缺乏合宜的制度，無法正常運作。我們拯救過許多歷經這一類衝突的國家，包括東帝汶、柬埔寨、烏干達，還有巴爾幹半島與中美洲那些國家。知道這種事情是做得到的，但是往往要等到衝突發生，各國才能凝聚共識。這有點像氣候變遷議題，要想事先降低氣候變遷的衝擊很難，等到紐約被水淹，要在政治上團結各國一起行動就容易多了。」

——前聯合國副祕書長馬克．馬拉克布朗

締造成果

維和行動有成有敗，有些並沒有達成目標，例如聯合國維和部隊始終無力阻止盧安達境內的種族滅絕。一九九四年四月至七月中旬，在當地居於多數的胡圖族人，大肆屠殺圖西族以及其他族群，共計高達一百萬人遭到殺害。隔年波士尼亞的斯雷布雷尼察，又有成千上萬的平民遭到屠殺。斯雷布雷尼察曾隸屬前南斯拉夫，是聯合國所宣告的安全地區，受到聯合國軍隊保護。另外在非洲索馬利亞首都摩加迪休，中央政府垮台之後，幾個叛軍組織便互相攻擊。聯合國派遣的部隊在當地展開人道救援，也希望能促成某種程度的和平，美國也派兵參與了索馬利亞的行動。這三項行動顯然都沒有完成當初設定的目標。

另外還有一個行動也堪稱失敗，但不是因爲聯合國有所缺失，而是因爲衝突各方無法達成和平協議。厄利垂亞原本是衣索比亞的一省，後來脫離衣索比亞獨立，成爲聯合國會員國。一九九八年五月，厄利垂亞政府下令軍隊占領位於該國與衣索比亞交界，一塊存有主權爭議的土地。一個叫做「非洲團結組織」（也就是現在的非洲聯盟）的區域組織，擬了一份化解爭端的協議，但兩個國家都不肯簽署。後來安理會介入，呼籲兩個國家接受非洲團結組織擬定的方案。兩個國家不但不聽，還掀起戰火，安理會於是進入下一個階段，要求各方停火，開始協商，並安排停火協議。美國也加入停火協議，派出前國家安全

2014年1月27日，來自中國的聯合國維和部隊列隊，迎接來訪的聯合國祕書長特別代表，以及聯合國馬利多元聯合穩定特派團主席。聯合國照片／馬可．多敏諾攝

顧問安東尼．雷克以及一位非洲團結組織的代表，前往厄利垂亞首都阿斯馬拉，以及衣索比亞首都阿迪斯阿貝巴，卻仍是徒勞無功。後來安理會等到戰火平息，便成立了聯合國衣索比亞及厄利垂亞特派團，監控兩國邊界情況，確定各方遵守停火協議。但是，這兩個國家互相指責對方派兵進入緩衝區。安理會眼見局面沒完沒了，難以收拾，決定終止聯合國衣索比亞及厄利垂亞特派團的行動。

還有一些行動不算成功也不算失敗，而是在當地一直持續下去。安理會於一九六四年成立了聯合國駐塞浦路斯維和部隊，以避免希臘塞浦路斯人與土耳其塞浦路斯人之間再起衝突。當地於一九四七年爆發衝突，聯合國也隨之擴大了維和行動。塞浦路斯始終缺乏政治解決方案，聯合國駐塞浦路斯維和部隊只好繼續駐守。「監督停火情形，維護緩衝區，進行人道救援，以及支援祕書長的調停行動。」前美國駐聯合國大使約翰．波頓，也許就是想到這個例子，才會說有些行動「似乎永垂不朽」，已經變成當地社會的一部分，甚至會害得衝突一直延續，因為有維和部隊在，各方勢力大可不必和談。他說，「最主要的問題」是要知道什麼時候該展開維和行動，又該如何結束。「安理會真的沒盡到責任……沒有解決根本問題，卻一直把維和部隊留在當地。」波頓的下一任美國常駐聯合國代表薩梅．哈里札德，也在二〇〇八年提出類似的看法。他說，維和行動無法取代衝突平息，而且既然資金始終拮据，聯合國的維和行動必須更符合成本效益。「我們知道太快撤離會有風險，但真的必須結束無以為繼的維和行動。」

馬克．馬拉克布朗說，聯合國的維和行動在安南祕書長任內（一九九七年至二〇〇六

2014年3月5日，潘基文祕書長出席「聯合國獅子山共和國聯合建設和平行動」正式結束，將責任移轉給聯合國國家工作隊的慶典。祕書長（後方中央）的左側，是和平行動的主席托博法蘭登，右側是獅子山共和國總統科羅馬。聯合國照片／艾斯肯德．德比比攝

年）大幅增加，而且「經過這麼多年，很多行動仍未收攤，在太多國家都已經徹底融入當地社會。」潘基文祕書長任內展開的達佛行動，就是一個例子。在這個面積比法國還大的地方，中央政府與叛軍部隊之間複雜的內鬥，帶來死亡、苦難與毀滅。聯合國維和行動通常只會動用聯合國的部隊，但蘇丹政府卻不肯接受。聯合國只好與非洲聯盟合作，一起組成聯合維和部隊。雙方發起的「非洲聯盟暨聯合國達佛聯合行動」是聯合國創始以來，規模最大，最爲複雜的維和行動，動員將近兩萬軍力以及六千多名警力，希望能打造安全的環境，讓衝突雙方能透過和談，得到永續的民間與政治解決方案。到了二〇一四年中

期，和解的曙光仍未到來，聯合部隊只好繼續駐守，卻又遭到蘇丹政府及叛軍牽制。

雖然有些維和行動效能不彰又沒有盡頭，但也有成功的例子。獅子山共和國與賴比瑞亞歷經慘痛的內戰，在維和行動的支持之下，再次成為完整的國家。聯合國獅子山共和國特派團完成使命，在二〇一四年，也就是進駐十一年之後功成身退。

半個地球之外的東帝汶如今也是正常運作的獨立國家，聯合國是東帝汶建國的頭號功臣。自從東帝汶想脫離印尼獨立開始，安理會就出面主導協商，促成了一九九九年的公民投票。東帝汶人民以選票表示不想成為印尼的自治區，希望成為獨立國家。沒想到在公投結果揭曉之後，激進份子仗著有印尼在背後撐腰，竟然向東帝汶發動一系列的暴力攻擊，大肆破壞，迫使安理會派遣多國維和部隊進駐。大批東帝汶人民遭到殺害，超過二十萬人不得不逃離家園，多半逃往西帝汶。

維和行動的成功故事

二〇一四年三月五日，潘基文祕書長在獅子山共和國的聯合國聯合建設和平辦公室的任務結束典禮發表演說。聯合國十年來在獅子山共和國，努力終結武裝衝突，回歸和平，終於要劃下句點。「聯合國維和部隊讓七萬五千多名前戰鬥人員解除武裝，其中還有幾百名兒童兵。」祕書長說，「聯合國毀滅了四萬兩千件武器，以及一百二十萬發彈藥。這些可能致人於死的武器，現在自己死了。」聯合國也與獅子山共和國政府合作，終結引發衝突的非法鑽石採礦業，並協助舉行該國史上第一次自由且公正的選舉。聯合國人員幫助五十多萬名難民，以及在國內流離失所的人民回家，也協助訓練數千名警察。聯合國人員也在當地興建學校，為成千上萬名前戰鬥人員開辦就業計畫，以及向社區提供基本服務。聯合國獅子山共和國聯合建設和平辦公室與獅子山共和國政府，攜手創造了維和行動的許多先例：

- 是聯合國第一個多元維和行動，涵蓋政治、安全、人道以及國家復原工作。
- 獅子山共和國是第一個在聯合國協助之下，在自己國家境內設置法院，審理最嚴重的國際犯罪的非洲國家。
- 這個法院曾經將一位前任國家元首，也就是前賴比瑞亞總統查爾斯．泰勒定罪。

潘基文祕書長在致詞結尾表示：「獅子山共和國給予這個世界很多啓示，最重要的是『人民的力量能創造未來』。」

聯合國安理會依據《聯合國憲章》第七章，於一九九九年設立聯合國東帝汶過渡政府，希望在東帝汶準備獨立期間，恢復當地的秩序並提供行政服務。來自巴西的塞爾吉奧．維埃拉．德梅洛出任東帝汶過渡政府的行政長官。過渡政府開始將重要的政府職位「東帝汶化」，引導東帝汶過渡到完全獨立。在七月份，聯合國東帝汶過渡政府，成立了東帝汶過渡政府，設置有九個部的內閣，其中五位部長是東帝汶人。聯合國東帝汶過渡政府又成立了三十六席的國會，國會議員來自東帝汶各階層人士，同時也爲二〇〇一年夏季即將登場的國會選舉預作準備。國會起草並通過了新憲法。大衛．馬龍讚賞德梅洛，「克服了東帝汶種種嚴重的問題，也克服了聯合國內部的嚴重惰性，完成了東帝汶行動。」

二〇〇二年，東帝汶選出總統，正式成爲新國家。二〇〇六年當地爆發動亂，促使聯合國發起東帝汶聯合行動，不僅要維護秩序，也要給新政府時間好好組織。東帝汶很快強化了國家機構，並在二〇一二年選出新國會與新總統。在東帝汶聯合行動接近二〇一二年十二月的結束期限之際，安理會主席稱讚東帝汶的進步。「安理會認爲有必要在東帝汶進入下一個發展階段之際，持續給予協助。」他說，「聯合國與雙邊及多邊伙伴，也願意配合東帝汶政府的要求，持續在這個方面扮演重要角色。」

也許是因爲聯合國維和行動在東帝汶、賴比瑞亞，以及獅子山共和國的成功經驗，外界才會常常認爲這個世界的安全，確實要仰賴維和部隊，就連美國政府也稱讚聯合國的維和行動。根據美國聯邦審計署估計，聯合國維和行動的平均成本，比美國自行發動的維和行動，至少低了八倍。白宮預算管理局也給予美國參與聯合國維和行動的行爲「最高等級的評價」，認爲確實達成了聯合國宣示的目標，也符合美國的利益，又具有成本效益。

10 國際恐怖主義與大規模毀滅性武器

美國所面臨最迫切的威脅，莫過於持有核武的恐怖份子。核武的原料存放在幾十個國家，其中有些缺乏安全措施。核科技也日漸擴散，……必須強化全球防止核武擴散，及裁軍制度，對抗違反這個制度的國家；以及繼續盡我們的義務，以積極且安全的方式，朝向打造無核武世界的目標而努力。

——前美國駐聯合國大使蘇珊．萊斯

安理會於九一一事件隔天正式宣布，國際恐怖行動是國際和平及安全的威脅。有鑑於二〇〇一年九月十一日的事件，安理會也迅速擬定範圍廣泛的決議，意在斷絕國際恐怖組織所獲得的支援。「聯合國在九一一事件之後修訂法律，禁止各國給予恐怖組織任何協助（一三七三號決議）。」約翰霍普金斯大學的國際法專家露絲．韋伍德說，「這項決議改變了國家的責任，是非常重要的決議。」

美國遭受駭人聽聞的九一一恐怖攻擊，成爲恐怖主義最大的受害國，也讓全世界發現恐怖主義是迫切需要處理的危機。媒體的報導與社論再三強調，必須儘早揪出恐怖份子，一一殲滅，別讓他們有機會再發動大型攻擊，或是有機會動用大規模毀滅性武器。

美國以及衆多盟友立即的反應，是將恐怖主義當成一種必須以武力消滅的軍事威脅。例如在阿富汗，基地組織與神學士政府結成同盟，運用神學士政府的資源訓練新兵。美國在聯合國的許可之下，於二〇〇一年進軍阿富汗，最後推翻神學士政權，迫使基地組織四處躲藏。

除了開戰之外，美國、衆盟國以及聯合國，也透過另一種方式反應，就是將國際恐怖行動視爲一種刑事罪，各國的法律以及國際法，都應該將其明訂爲刑事罪。聯合國身爲全球論壇，自然適合這項工作。前巴基斯坦駐聯合國大使穆尼爾．阿克拉姆說，聯合國已經給自己訂下幾個重要的反恐目標，例如創造「將恐怖主義視爲違法行爲的國際輿論、標準及協定，並且促使各國依照具體條文互相合作。」

恐怖主義與失敗國家

「我們花了很多時間討論失敗國家的問題，像恐怖主義、核武擴散，以及如非法毒品交易或其他反社會行為等不利於世界的弊害的溫床，通常都是那些制度瓦解的國家……賓拉登就是認為有可乘之機，才會奪取神學士政權，利用阿富汗以遂行其野心。在聯合國，我們希望防止失敗國家出現，也花了很多時間與有失敗之虞的國家打交道。」

——前美國駐聯合國大使約翰．尼格羅龐提

逐漸興起的共識

反恐討論最明顯的特色，是世界強國都站在同一陣線。安理會的五個常任理事國正式公開宣示，唯有團結一致，才有希望遏止恐怖主義。他們也透過一連串的決議，宣示團結的立場。首先是一九九九年底，安理會通過一二六七號決議，要求阿富汗神學士政府交出賓拉登，因爲賓拉登的基地組織，已經將美國政府與軍事設施列爲攻擊目標。接下來又通過一二六九號決議，宣示「共同打擊全球各地的恐怖份子」，並要求會員國共享資訊，不得提供安全避難所給恐怖份子。一九九九年底，聯合國大會投票通過《制止金援恐怖主義國際公約》，明文規定只要資助恐怖活動，即使恐怖活動最終沒有付諸實行，也依然構成犯罪。

之後發生了九一一事件，然後在二〇〇一年九月二十八日，安理會通過一三七三號決議，要求所有會員國凍結恐怖份子及其支持者的金融資產，旅行禁令，不提供安全避難所，防止恐怖份子招募新血及取得武器，並與其他國家合作，共享資源及起訴罪犯。

聯合國也依據一三七三號決議，設立了隸屬安理會的反恐怖主義委員會，以增強會員國打擊恐怖主義的能力，並協調聯合國系統內外的區域組織與政府間組織的反恐工作。二〇〇四年，安理會通過一五三五號決議，成立反恐怖主義執行理事會，提供反恐怖主義委員會技術支援，使其更能協助會員國執行一三七三號決議的條款。

反恐怖主義委員會最大的貢獻，在於蒐集了會員國打擊恐怖主義能力的資訊。阿克拉姆前大使說：「與恐怖主義正面交鋒是一項艱難的工作，當然是由各國政府及國際機構負責。」因此反恐怖主義委員會相當重視各國政府。根據一三七三號決議，每一個會員國必須繳交年度報告，說明該國的反恐行動與反恐能力。從各國繳交的年度報告可以看出，很多開發程度較低的小國，缺乏有效策略不可或缺的元素，例如凍結金融資產，不提供安全避難所給恐怖份子，以及防止恐怖組織招募新血，購買武器所需的法律、行政及監管體系。

反恐怖主義委員會想幫助這些國家提升反恐的技術能力，但卻因爲希望維繫與會員國的關係，所以不願意批評會員國，也不想向安理會檢舉不配合的國家，如此一來能給予的實質幫助就很有限。反恐怖主義委員會的年度報告，呈現的是按照地區分類，並非按照國家分類的結果，所以無法看出單一會員國的反恐措施與能力。這種默默做事，看見別人違規也不指責的態度，也引發外界批評。有一個人權組織就在二〇一三年表示，反恐怖主義委員會「從未公布一個恐怖組織，或是一個資助恐怖份子的國家。」四個被美國國務院公開指責贊助恐怖組織的國家，則是「寫報告給反恐怖主義委員會，說明他們如何遵守安理會一三七三號決議。」

解決方案之爭

一三七三號決議執行上的另一個障礙，是各國對於消滅恐怖主義最有效的辦法，各持己見，無法達成共識，其中一個原因是各國對恐怖主義的定義有不同的看法。聯合國大會正在審議反恐措施，以擴充現有的國際公約。所以可想而知，聯合國大會那些來自四面八方的會員國始終無法達成共識，尤其是在定義的問題上。

安理會的規模雖然比聯合國大會小得多，但是屢屢討論卻也始終無法得出明確的定義。舉個例子，有一次安理會開會，發言的代表連要不要定義恐怖主義都要爭論。利比亞代表（代表格達費政權）認爲應該要有一個「明確」的定義，印度代表認爲恐怖主義「不需要有一個哲學上的定義」，因爲聯合國已經多次明文規定恐怖行動屬於刑事罪。委內瑞拉代表認爲「短期來看，確實有必要將恐怖主義定義清楚」，但是恐怖主義並不等同「受到殖民或外國統治的人民，以合法手段，爭取民族自由與自決。」美國與親美國家不願接受委內瑞拉代表所提出的區隔。

前美國駐聯合國大使約翰．波頓不認同這種討論，他說：「看看反恐工作一路走到現在，安理會爲了反恐還特別成立了委員會，卻連恐怖主義的定義都沒有共識……可見在這些領域是不會有效果的。」阿克拉姆也對於一再商議恐怖主義的定義感到不耐，但不耐的原因卻截然不同。「也許討論恐怖主義的定義是在轉移焦點，」他說，「我們都有能力辨認恐怖主義，所以應該不必急著找出法律上的定義。」他說，眞正重要的是了解恐怖主義有許多形式，在每個地方都有不同的面貌。「我們要對抗全世界的恐怖主義，但要在不同的地方採取不同的行動。」

聯合國的十四項反恐公約及協議

一、《關於在航空器內的犯罪和其他某些行為的公約》，一九六三年（東京公約）。
二、《制止非法劫持航空器公約》，一九七〇年（海牙公約）。
三、《制止危害民用航空安全的非法行為公約》，一九七一年（蒙特婁公約）。
四、《防止和懲處侵犯受國際保護人員公約》，一九七三年。
五、《制止挾持人質國際公約》，一九七九年（人質公約）。
六、《核材料實物保護公約》，一九八〇年。
七、《制止在國際民用航空機場的非法暴力行為協定》，一九八八年，是《制止危害民用航空安全的非法行為公約》的增補條款。
八、《制止危及海上航行安全非法行為公約》，一九八八年。

九、《制止危及大陸架固定平台安全非法行為協定》，一九八八年。
十、《標示塑膠炸藥以便識別協議》，一九九一年。
十一、《制止恐怖主義爆炸事件國際公約》，一九九七年。
十二、《制止金援恐怖主義國際公約》，一九九九年。
十三、《制止核恐怖主義行為國際公約》，二〇〇五年。
十四、《制止與國際民用航空有關的非法行為的公約》，二〇一〇年。

安理會屢次開會的重點都聚焦在國際恐怖主義，以及反制之道。例如在二〇一二年探討恐怖主義的特別會議上，潘基文祕書長在開場致詞時，呼籲加強全球合作，共同打擊恐怖主義。他主張以多元的策略「提供教育及就業機會，提升發展與跨文化對話，並解決給予恐怖份子可乘之機的種種不公。」在接下來的討論，會員國代表紛紛譴責恐怖主義，但這次卻沒有糾結於恐怖主義的定義。「無論怎麼包裝，恐怖主義都不會有正當性。」俄羅斯特使亞歷山大．史密夫斯基說。中華人民共和國常駐聯合國代表李保東則是強調，要以「逐漸成形的多元手段，對抗偏狹極端的思想」，以剷除恐怖主義的「根本原因」。他也提出警告：「依靠軍事手段會招致反效果。」印度代表普里也贊同多元策略，因爲「僅憑執法，不足以消滅恐怖主義」，對此南非代表也表示贊同。

安理會對於恐怖主義的看法

安理會發明了一套專門用來譴責恐怖主義的語言。二〇一四年一月通過的第二一三三號決議就是一個例子：

安理會「重申一切形式和表現的恐怖主義，都是對國際和平與安全的最嚴重威脅之一。任何恐怖主義行為，無論其動機為何，在何時發生，何人所為，都是不可辯解的犯罪行為；並重申需要根據《聯合國憲章》，採取一切手段，消除恐怖行為對國際和平與安全的威脅。」

安理會逐漸覺得應該脫離定義的階段，邁向新的階段。至於恐怖主義的定義，安理會認爲只需要一個大家能理解的概念就好，不再堅持要一個大家都能接受的嚴謹定義。之所以希望能展開新階段的工作，是因爲擔憂時間不斷虛耗。在特別會議的討論時間，各國代表紛紛指出，恐怖主義與組織犯罪之間的關係愈來愈緊密，恐怖組織也逐漸倚重網路之類的資訊科技，招募新血，廣發宣傳。安理會及整個聯合國系統知道有一場硬仗要打，想擊敗恐怖份子，除了深思熟慮之外，還得採取行動。

大規模毀滅性武器

聯合國之所以急著對抗恐怖主義，是因爲擔心恐怖組織取得大規模毀滅性武器，例如有毒化學物質、致命的微生物，以及放射性甚至可裂變物質，會造成遠超過九一一事件的傷亡。一九九〇年代，蘇聯解體之時就有專家警告，可能會有人未經許可，取得核子武器及濃縮鈾之類的核原料。聯合國也在這段時間籌建新的單位，提供關於核武與傳統武器的資訊。一九八〇年代，一連串的行政改組陸續登場，新單位的名稱也有所改變，於二〇〇七年定名爲聯合國裁軍事務廳，隸屬祕書長辦公室，是提升、協助及整合裁軍相關事務的「重鎮」。

聯合國裁軍事務廳著重的是軍備相關事務，但也認爲軍備與眾多議題都有相關。這個單位知道世界和平不能只靠解除武裝，卻也堅稱「消滅大規模毀滅性武器、非法武器交易，以及急遽增長的武器儲備，就能朝著和平與發展的目標推進。達成目標的方式，包括降低戰爭的衝擊，消滅會引發新衝突的重要誘因，並且釋出能提升全人類的生活，以及人類所居住的自然環境的資源。」

聯合國裁軍事務廳高級代表安琪拉．肯恩直言，這個單位的責任很龐雜，想達成目標必須具備說服他人的本事，也絕對不能少了祕書長的公開支持。她是祕書處的資深人員，也曾擔任過管理事務助理祕書長，很喜歡與聯合國掌管武器及裁軍的其他單位密切合作。她的個性也很務實。「我如果是那種很容易灰心的人，就不會接下這份工作。」她半開玩笑地說，「因爲這份工作只能推廣理念，只能帶來壓力，成就又很難衡量。我如果在人道救援部門工作，做了某某事，就可以說我把世界提升了多少，這是可以量化的。但這份工作不行，不能說僅僅因爲我倡導有功，全世界的核武就突然減少。」但她也看見改革的契機。「我所提倡的是透明化。」

她說，「我們爲什麼不知道核武國家持有多少核武？我們自以爲知道，也有一個常常掛在嘴邊的數字，但這個數字沒有經過確認。」她要求核武國家提供一個準確的基準，以便衡量裁減核武的進度。裁減核武也是裁軍事務廳所追求的長期目標之一。

裁軍事務廳長期側重在核武議題，直到二〇一三年，敘利亞日漸蔓延的內戰，帶來另一種大規模毀滅性武器的危機。政府軍與反抗軍屢屢爆發流血衝突，據說還會動用化學武器攻擊平民。聯合國祕書長應敘利亞以及其他國家政府的要求，決定調查關於化學武器的指控是否屬實。安琪拉·肯恩率領專家團隊進入敘利亞，發現確實有大規模使用化學武器的跡象。在俄羅斯與美國促成的一項協議當中，幾年前才聲稱沒有化學武器的敘利亞政府，現在宣布願意放棄目前持有的化學武器，並加入聯合國支持的《禁止化學武器公約》。這項公約的執行由禁止化學武器組織監督。禁止化學武器組織與聯合國聯合行動立即著手尋找武器及化學製劑，將最危險的化學物質運出敘利亞，在海上銷毀。禁止化學武器組織也因爲功績卓著，獲得諾貝爾和平獎。

安琪拉·肯恩相當肯定國際社會這一次能迅速反應，又果斷採取行動。她認爲成功的主因，是俄羅斯與美國攜手合作。也有人認爲敘利亞化學武器事件也許一個開端，在中東及其他地區消滅或根除大規模毀滅性武器。可是遏止核武擴散及降低核武儲備的成績就不甚理想。

核武威脅

在冷戰時期，持有大批核武及相關的發射系統的美國與俄羅斯，於一九七〇年提出了《核子武器不擴散條約》，從裁減與擴散兩方面下手。這項條約要求所有簽署國減少原子武器（但沒有設立時間表），也禁止非核國家添購核武。

安琪拉．肯恩說，這項條約在接下來的幾十年確實遏止了核武擴散，只有印度、巴基斯坦、以色列從未加入，還有北韓宣布退出。但她也認為幾個核武大國沒有認眞減少核武，如此拖拖拉拉，也導致「非核國家日漸不滿，認爲核武大國根本不想改變現況。」她也擔心某些非核會員國覺得，既然核武大國可以擁有炸彈，他們也可以。「我最意想不到的，」她說，「是還有人把核武當成地位的象徵。拜託一下好不好！擁有卻

2013年9月27日，安理會投票通過關於敘利亞化學武器的決議案之後，美國國務卿約翰．凱瑞向安理會發表談話。聯合國照片／阿曼達．維伊沙攝

不打算使用，那核武還有什麼地位可言？」

聯合國歷史最悠久，最爲人熟知的核武議題專責單位是國際原子能總署。在九一一事件之後，這個單位負責領導聯合國的其他單位，防止恐怖份子取得核武。這個單位也是一個全球的平台，各國可以討論、辯論原子能的和平用途，以及有時候不怎麼和平的用途，並且訂定相關規範。一九九九年至二〇〇九年，擔任國際原子能總署署長的穆罕默德·巴拉迪說，核武威脅非同小可，因爲有些恐怖份子不惜犧牲自己的性命，也要發動恐怖攻擊；下一任署長天野之彌也有同感。天野之彌先前是日本駐國際原子能總署代表，後於二〇〇九年當選新任署長。在二〇一三年的一場核安全會議上，他說國際原子能總署每年接獲超過一百起通報案件，是與核原料及放射性原料相關的竊盜，及其他未經許可的活動。「也就是說這些原料不受法令控管，也可能落入有心人手中。」他說，「這些通報案件多半是些微不足道的小事，但也有比較嚴重的。如果每一個國家都重視核武的危險性，也許就能找出有效的對策。」

國際原子能總署設有事件與緊急事故處理中心，是全球唯一能在核災意外及核武恐怖攻擊發生之後，迅速應變的國際應變系統。例如在二〇一三年，事件與緊急事故處理中心集結了十八個國家的四十幾位專家，在日本福島第一核電廠周邊的疏散區進行測量。這個核電廠在二〇一一年的地震與海嘯之後發生嚴重核災。國際原子能總署也在一九九五年成立了事件與非法交易資料庫，方便會員國共享資訊。從名稱即可看出，資料庫設置的目的是呈現核原料，及其他放射性原料的非法交易事件、遺失事件，及未經許可的丟棄事件。二〇一二年共有一百六十起通報案件，其中有二十四件失竊與遺失案件，以及一百一十九件「其他未經許可活動」。

一五四〇號決議

國際原子能總署，應該說整個聯合國體系，也很留意關於核武及其他大規模毀滅性武器製造方式的資訊。危機於二〇〇四年爆發，曾經協助祖國打造核彈的巴基斯坦核科學家阿卜杜勒．卡迪爾．汗，將敏感資訊賣給北韓。不難想像也許會有另一個像他這樣，在政府機關管理核武的高層人員，把類似的資訊賣給恐怖組織。

消息一出，知道事態嚴重的安理會，於二〇〇四年四月二十三日通過第一五四〇號決議，要求會員國「不得以任何方式協助非國家人士發展、取得、製造、擁有、運送、轉讓及使用核子武器、化學武器、生物武器以及發射系統。」所謂非國家人士包括私人與團體，也許是擁有國際人脈的祕密恐怖組織，或是自以爲正義的私刑團體，想毀滅政府的某一個部分。這項決議也要求會員國「制訂法律，以防止核子武器、化學武器、生物武器及相關發射方式的擴散，並在國內建立適當機制，管控相關的原料，防堵非法交易。」負責監督決議執行的是一五四〇委員會，由安理會於二〇〇四年成立，原本的設計是存續兩年，後來又屢次（第一六七三、一八一〇、一九七七號決議）延長至二〇二一年。第一九七七號決議（二〇一一年）也要求舉行兩次總檢討，一次在五年後舉行，另一次安排在二〇二一年委員會解散之前。

2010年4月9日，聯合國體系行政首長協調理事會在維也納開會，國際原子能總署新任署長天野之彌（右二）也在與會之列。聯合國照片／馬克·賈騰攝

不擴散還是廢除？

第一五四〇號決議的重點，是防止大規模毀滅性武器擴散的必要性，也就是避免原本未持有的個人或團體，取得這些危險武器。決議案並沒有提及要銷毀那些躺在美國及幾個會員國軍火庫的大規模毀滅性武器。有人認爲要遏止擴散，最萬無一失的辦法，就是銷毀所有的大規模毀滅性武器，即使是會員國持有的也不能例外。關於「不擴散還是廢除」的爭論一直持續，尤其是從北韓的例子可發現，工業與科技不甚發達的國家，如今也能取得核武，所以「不擴散還是廢除」之爭就更趨激烈。

安南在祕書長任內的最後一場演講，正是以此爲主題。他將《核子武器不擴散條約》形容成核武國家與其他國家之間的一種交易。核武國家宣稱會拿出誠意協商裁減核武，會防止核武擴散，也會鼓勵和平使用核能。安南說，換取的是非核武國家同意不購買、不製造核武，也同意向國際原子能總署呈報所有的核能相關活動。

條約造就的短暫穩定被兩個國家終結。這兩個國家簽署了條約，卻又被指控研發核武。北韓政府明明簽署了《核子武器不擴散條約》，卻於一九八九年正式展開核計畫，打算製造武器等級的核原料。國際原子能總署依據條約，派遣檢查員前往北韓，檢查員回報北韓不肯提供核設備的完整資訊，雙方爭執因而升高。二〇〇三年，北韓宣布將退出《核子武器不擴散條約》，國際原子能總署的最後一次檢查，卻是安排在二〇〇九年。從此北韓毅然決然走上核武之路，也測試過能安裝在長程飛彈上的小型核武，長程飛彈也是北韓正在研發的武器。安理會屢次制裁北韓（見第六章），但沒有人知道制裁是否真能延緩北韓邁向核武國家的腳步。

伊朗是另一個簽署《核子武器不擴散條約》，卻似乎有意發展核武的會員國。伊朗政府宣稱要發展民間核能產業，但很多旁觀者以及美國政府，都認為伊朗也想製造武器等級的核原料。民間核能產業可以製造濃縮鈾，濃縮鈾可以加工做成原子彈，也可當成會產生大量輻射的「髒彈」使用。民間核能產業擴張得愈大，核武擴散的風險就愈高。露絲．韋伍德說，這種橫跨軍事與和平的雙重用途，是《核子武器不擴散條約》的「致命缺陷」。「大家以為軍事歸軍事，民用歸民用，可以區分得很清楚……問題是北韓與伊朗的例子已經告訴我們，濃縮鈾就是濃縮鈾。諷刺的是一旦民間用途增加，武器用途也會隨之增加。」

相較於北韓，伊朗至今依然承認《核子武器不擴散條約》，也允許檢查員查看部分的核設施。但國際原子能總署的檢查員於二〇一三年發表報告，表示無法完整評估伊朗的核計畫在軍事上的影響，也呼籲伊朗開誠布公，拿出更詳細的資料。國際原子能總署署長在二〇一二年的發言，直接點出問題重點：檢查人員有辦法追蹤已知的核原料，至於伊朗隱瞞不說的部分，就只能猜測而已。安理會也拿出對付北韓的手段，希望透過制裁伊朗的決議，能延緩或阻止伊朗發展核武。制裁似乎有所奏效。伊朗於二〇一三年同意與五個常任理事國以及德國協商，找出解決方案，以確保伊朗的核計畫會僅限於和平用途。

聯合國辦得到嗎？

聯合國接連通過關於恐怖主義及大規模毀滅性武器的決議，有些專家認爲聯合國可能犯了眼高手低的毛病。他們說，將恐怖行動定義爲違法是很好，但要會員國遵照辦理就是另外一回事。況且反恐往往需要暗中蒐集情報，還要迅速行動，這兩種本事正好是聯合國所欠缺的。前美國外交官威廉．呂爾斯說：「有些全球事務是聯合國無力處理的，例如國際恐怖主義，非法人口交易以及毒品，這些都是從全球化衍生出來的問題。」他說，聯合國「沒有勇於面對恐怖主義。聯合國設立了委員會，也有遠大的抱負，雖然聯合國很想找到能發揮的關鍵角色，但恐怖主義這種東西，根本沒有聯合國能發揮的空間。」

聯合國大學政策研究中心主任馮・愛錫德說，「聯合國在一九九〇年代，藉由安理會屢次的制裁手段，確實讓某些國家不再資助恐怖主義。」他指的是安理會制裁利比亞，因為利比亞涉嫌炸毀蘇格蘭洛克比上空的一架客機；以及蘇丹（基地組織當時潛伏在蘇丹）。但聯合國對阿富汗（當時是神學士政權）比較束手無策。雖然「安理會在九一一事件之後，建立的廣大反恐機制（安理會第一三七三號決議及反恐委員會）剛開始看似大有可為」，後來的實質行動卻不如預期。他認為，歐巴馬政府覺得有必要採取補強措施，於是決定「在聯合國之外創設新平台」，全球反恐論壇就是一例。馮・愛錫德說，也要歸功於聯合國批准，各國才能組織聯合行動，處理馬利等國的問題。基地組織在馬利有一個基層團體，發動一場極為嚴重的暴動，迫使法國於二〇一三年派兵前往馬利戡亂。

悲哀的是聯合國自己也淪為恐怖份子的攻擊目標。第一次攻擊發生於二〇〇三年，美國率領聯軍占領伊拉克的初期。聯合國伊拉克援助特派團遭受汽車炸彈攻擊，至少二十二人喪生，包括聯合國駐伊拉克特使塞爾吉奧・維埃拉・德梅洛。一位基地組織領袖宣稱是爆炸案的主謀，一個月後又爆發另一起爆炸案。二〇〇七年十二月，基地組織煽動一起自殺爆炸事件，摧毀了位於阿爾及爾的聯合國大樓，將近四十人喪生，包括十七位聯合國員工。阿富汗、索馬利亞、蘇丹及黎巴嫩南部的聯合國官員及維和人員，也曾受到基地組織及其黨羽威脅或鎖定。二〇一一年，一個伊斯蘭恐怖組織宣稱犯下一起汽車爆炸案，造成奈及利亞首都阿布加聯合國大樓內許多人員喪生。

聯合國特別成立了一個團隊，監督聯合國制裁基地組織及神學士政權的成效。這個團隊的主管說：「基地組織當然把聯合國當成一個礙事的仇敵。」聯合國也成立了一個小組，研究聯合國在世界各地的機構的安全程度，由長期替聯合國分憂解勞的拉赫達爾．卜拉希米領導這個小組。「我認為很多人把聯合國當敵人看，而且毫不掩飾。」卜拉希米對記者說出這番很沉重的話，「我覺得聯合國很清楚，聯合國的旗幟已經不是護身符了。」

聯合國縱然有弱點，也有其局限，但畢竟還是能提供反恐所需的資訊，而且也有協調的作用。阿克拉姆是這麼說的：「聯合國之所以重要，在於凝聚了世界各國對於恐怖主義的共識，也就是應該如何處理恐怖主義，還要兼顧相關人士的意見與利益。」長遠看來，聯合國最大的貢獻，或許也包括陸陸續續推出的社會及經濟計畫，阿克拉姆認為這些計畫是從根拔除恐怖主義。「重點一定要放在經濟與社會發展，還有教育，要逐漸削弱恐怖主義的吸引力。」

除了恐怖主義議題之外，還有會員國裁減軍備的大問題，也包括裁減核武的可能性。聯合國在這個方面也就只能勸說、鼓勵，利用聯合國的地位多加倡導。不過安琪拉．肯恩認為這些舉措也很有價值。聯合國能做的還不僅於此，還能協助國際社會設立標準，例如網路安全的標準。「一群專家坐著慢慢研究出結果，即使只是個低階的起步，也算是奠定了基礎。這是在建立標準，聯合國最拿手的就是這個。」安琪拉．肯恩坦言：「有時候要很久才會看到成果，但這不是一蹴可及的。」

2007年12月11日，位於阿爾及爾的聯合國辦公室遭恐怖攻擊摧毀。聯合國照片／艾文·史奈德攝

負責反恐及裁減大規模毀滅性武器的聯合國機關

- **國際原子能總署**成立於一九五七年，總部位於維也納，是各國討論原子能用途，以及制訂相關法規的平台。設有技術合作部門，協助各國提升和平使用核科技所需的科技能力。兩大重點業務，分別是安全及避免遭受放射線影響。檢查人員監測全球一千多處，加入國際原子能總署安全保護計畫的核設施。美國政府大力支持國際原子能總署的工作。二〇〇五年，國際原子能總署及當時的署長穆罕默德．巴拉迪，同時獲得諾貝爾和平獎。
- **禁止化學武器組織**的總部位於海牙，主要負責監督一九九七年生效的《禁止發展、生產、儲存和使用化學武器及銷毀此種武器的公約》。這項公約是全球第一個關於裁減軍備，及防止擴散的多邊協議，目的在於消滅世界各地各種大規模毀滅性武器，並核實相關數據。禁止化學武器組織以其在敘利亞的功勞，榮獲二〇一三年諾貝爾和平獎。
- **《全面禁止核試爆條約》籌備委員會**成立於一九九六年，總部位於維也納，主要負責改善一項核實計畫，確認《全面禁止核試爆條約》的簽署國確實遵守條約。
- **聯合國裁軍事務廳**總部位於紐約市，負責推動裁減核武及防止核武擴散，鼓勵裁減其他大規模毀滅性武器、化學武器及生物武器，以及推動裁減傳統武器的計畫，尤其是地雷及小型武器。聯合國裁軍事務廳促使聯合國大會於二〇一三年四月通過《武器貿易條約》。這項條約的目的在於管控傳統武器的國際貿易，以遏止武器流向衝突地區。

11
人權與保護責任

我們履行在國際上的法律義務，支持以法律爲基礎的國際制度，那麼這個世界對美國來說不僅會更美好，還會更安全。

——前美國國務卿康朵麗莎・萊斯

無論你從哪一個角度觀察聯合國，都會發現聯合國將權利放在第一位。根據《聯合國憲章》第一條，聯合國之宗旨爲「不分種族、性別、語言、或宗教，增進並激勵對於全體人類之人權及基本自由之尊重。」我們先前討論過的《世界人權宣言》，通篇談的幾乎都是人權（見附錄二）。幾乎所有的聯合國會員國，都簽署並批准兩項國際公約，表示接受《世界人權宣言》的原則。這兩項公約一項保障公民權利及政治權利，另一項保障經濟、社會及文化權利。一九七六年生效的《公民權利和政治權利國際公約》及《經濟、社會及文化權利國際公約》，具有法律效力。這兩項公約與《世界人權宣言》合稱《國際人權法典》。

新興的法律體系

想要擁有權利，而且是眞正能夠行使的權利，需要的不只是辭令以及華麗的法律語言。權利意味著法治，背後的邏輯是法律之前人人平等，而且執法也會講求合理且一貫。另外也需要能保護，也能落實法律與權利行使的機制。於是聯合國陸續設置掌管法律及權利的機構，包括各國的刑事法庭、相關的國際法庭，還有專門負責人權的委員會及行政部門。位於紐約市的雅各伯勞斯坦人權促進協會主任，同時也致力提倡人權的菲莉絲．蓋爾說：「聯合國在人權領域的工作，比在其他領域的工作更爲重大。」她說聯合國在安全、發展這些領域也做了很多事，但「在人權方面眞的居功厥偉。」

其他專家也有同感，約翰霍普金斯大學的露絲．韋伍德說，這些人權條約象徵許多國家「往前邁進了一大步」。喬治華盛頓大學的艾絲樂．比默，談到新興國家，也發表類似的觀點：「新興國家有一個地方很有意思，其中大多數在某種程度都算是民主國家，人民與政府之間有聯繫。所以這些國家對於西方國家相關的主題會有興趣，例如人權、言論自由等等。你會想跟這些新興國家聊聊，因爲他們在這些議題上的看法值得參考。但是，跟中國談話就完全是另一回事。」許多人權法規都是聯合國出力才得以制訂，這一點也讓其頗爲自豪。聯合國會員國多半已經簽訂大約八十個人權相關的協議（又稱公約）。國際公約的內容由國際法委員會草擬，以下只是略舉幾個協議，並註明聯合國大會通過的年份：

- 一九四八年：《防止及懲治種族滅絕罪公約》（Convention on the Prevention and Punishment of the Crime of Genocide）
- 一九五一年：《難民地位公約》（Convention Relating to the Status of Refugees）
- 一九六五年：《消除一切形式種族歧視國際公約》（International Convention on the Elimination of All Forms of Racial Discrimination）
- 一九七九年：《消除對婦女一切形式歧視公約》（Convention on the Elimination of All Forms of Discrimination against Women）
- 一九八四年：《禁止酷刑和其他殘忍、不人道或有辱人格的待遇或處罰公約》（Convention against Torture and Other Cruel, Inhuman, or Degrading Treatment or Punishment）
- 一九九二年：《禁止發展、生產、儲存和使用化學武器及銷毀此種武器的公約》（Convention on the Prohibition of the Development, Stockpiling, and Use of Chemical Weapons and on Their Destruction）

• 二〇一三年：《武器貿易條約》（Arms Trade Treaty）

公約一旦正式生效，聯合國就會成立監察機構，監督會員國是否確實遵守公約。例如《兒童權利公約》一九八九年生效之際，兒童權利委員會也同時成立。定期開會的兒童權利委員會，已經成為一個為兒童發聲的國際平台。聯合國的所有機關、人員以及維和部隊，都必須遵守國際人權法律，並向相關單位通報疑似違反人權的事件。

人權與安全

艾絲樂．比默認為整個聯合國體系，對於人權的角色有了新的看法，而且這種看法非常重要。她說：「聯合國內部漸漸意識到，人權與安全是相關的；我們以前往往認為安全與人權是互不相干的兩種議題。不過有一種看法是社會要有公平正義，才能跟問題搏鬥，問題也才不會惡化成衝突，這話也不是沒道理。」這種想法也影響了聯合國運作的方式，因為按照這種邏輯，從不同角度對付同一個問題的個人或團體「應該知道彼此的存在，也應該互相分享所見所聞。」

艾絲樂．比默也說，這種情形也開始浮現。「例如聯合國人權事務高級專員辦公室現在就會向安理會簡報；有時候人權事務高級專員，會從日內瓦搭飛機到紐約演說。」除此之外，

「看看安理會的決議，維和行動的決議文談到人權的部分愈來愈多……聯合國認爲觀察人權方面的表現，也是安全工作的一部分。大家平常根本不會這麼想，這是一種截然不同的思維，一種對於安全很全面的思考，認爲要把這些工具全部拿來運用，追求整體安全。」

有了這種新觀念，聯合國也比一九四五年成立之際，更加重視法治及人權。

世界法庭

美國人一想到法律，腦海浮現的大概就是法庭場景，主角是身穿長袍坐在高處，充滿威嚴的法官；一旁是陪審團席，對面是檢察官及被告，前面坐著一群鴉雀無聲，態度恭敬的觀衆。聯合國雖然不是政府，卻也設有法院，有些就如同美國的法院一樣莊嚴肅穆。

國際法院又稱世界法院，是聯合國六大機關之一，位於海牙，提供兩種服務：一種是法律顧問服務，也就是回答聯合國各單位提出的法律問題；另一種則是解決聯合國會員國所提交的法律糾紛。有時候是一個會員國控告另一個會員國，有時候卻是兩個互相爭執的會員國，一致同意請求國際法院裁判。無論是哪一種情況，向法院提告的會員國都有義務遵守法院的判決。

國際法院審理的第一個案件，是在一九四七年五月，英國與阿爾巴尼亞之間的管轄權範圍之爭。從一九四七年五月到二〇一三年七月，國際法院總共受理一百五十三件，由各國政府提出的案件。當時還在審理的案件，包括祕魯控告智利的海事爭議、澳洲控告日本的捕鯨爭議，還有柬埔寨控告泰國關於柬埔寨柏威夏寺的爭議。

國際法院共有十五位法官，一任的任期為九年，由安理會及聯合國大會選舉，選舉的程序相當複雜。而且依照規定，不能同時有兩位法官來自同一個國家。

國際刑事法院

國際刑事法院是僅審理刑事案件的法院，是由一九九八年的《羅馬條約》所設置，實現「設置專責審理違反人道罪、戰爭罪，及種族滅絕罪的國際法院」的理想。國際刑事法院嚴格說來算是獨立機關，在這裡任職的檢察官及十八位法官，並非聯合國編制內人員，只對批准《羅馬條約》的國家負責（《羅馬條約》也是聯合國所促成）。

國際刑事法院並不是刑事訴訟的第一選擇，被告必須來自《羅馬條約》的簽署國，而且必須是祖國無法或不願受理，才能向國際刑事法院求助。為了避免有心人惡意或隨便控告，《羅馬條約》要求檢察官必須遵照全球公認的原則，才能將被告起訴，不得以政治因素妄加起訴。

在國際刑事法院成立之前，世上沒有能審理暴行案件的國際法院。為了填補空白，安理會設置特別法庭，為飽受內戰摧殘的國家伸張正義。第一個特別法庭於一九九三年成立，負責調查前南斯拉夫的屠殺事件。後來安理會又陸續自行設置，也與其他機構共同設置了幾個法庭，例如一九九四年就設置一個法庭，審理盧安達境內的種族滅絕及其他刑案；二〇〇二年設立的法庭，則是審理獅子山共和國的平民所受到的暴行。還有一個二〇〇七年成立的法庭，是審理黎巴嫩爆發的嚴重刑事案件。

美國肯定聯合國設置這些法庭，也給予最多的捐助，但是卻不怎麼支持國際刑事法院。《羅馬條約》送到美國批准之時，美國的反應相當冷淡。柯林頓政府擔心將來會有隨意起訴的問題，所以帶著幾分顧慮簽了字。後來的小布希政府表示，除非《羅馬條約》的條文能大幅修訂，保護美國政府官員及軍人「不會因爲政治操作，而被以戰爭罪嫌起訴」，否則不會送交國會批准。小布希政府也代表美國宣布撤簽《羅馬條約》，有些美國國會議員認爲《羅馬條約》侵害美國主權，所以也樂見政府撤簽。

雖然美國政府與國會不願批准，國際刑事法院仍然在其他國家的支持之下得以誕生。《羅馬條約》最終得到足夠的國家簽署，成立了國際刑事法院，二〇〇三年於海牙正式開幕。當然艾絲樂·比默說：「國際刑事法院是個很重要的機關，終於有了一個機關開始追究責任。畢竟是司法程序，審理速度相對來說比較緩慢，對於講究效率的人來說也許是種折磨。」

國際刑事法院於二〇〇七年審理第一個案子，是剛果民主共和國一位疑似是民兵領袖的人，被控「招募、徵召及利用」兒童「積極參與戰爭」。二〇〇八年，來自阿根廷的國際刑事法院檢察官路易斯·莫雷諾奧坎波，開始調查發生在中非共和國、烏干達北部，以及（應安理會要求）蘇丹達佛地區的暴行。國際刑事法院也調查象牙海岸、肯亞、利比亞及馬利的事件，並且以涉及達佛地區的戰爭犯罪爲由，史無前例發出蘇丹總統奧馬爾·巴席爾的逮捕令。二〇一三年七月，國際刑事法院甚至要求奈及利亞政府逮捕正在該國訪問的蘇丹總統。

這些案子牽涉到的都是非洲人，也有非洲人提到這一點。艾絲樂·比默呼籲國際刑事法院的支持者，公開駁斥「『國際刑事法院只會起訴非洲領袖』這種惡毒的言論。我覺得這是肯亞跟某些國家，還有非洲聯盟的卸責之詞。我認爲《羅馬條約》的締約國應該反駁這種言論。」但也應該強調的是，截至二〇一四年三月，國際刑事法院審理的案件多半是應安理會（例如達佛及利比亞）及非洲國家的政府（例如中非共和國、剛果民主共和國、馬利、烏干達）的要求，只有兩個案件是由國際刑事法院的檢察官主動調查。

美國政府對於國際刑事法院的強硬立場，也出現鬆動的跡象。美國國務院最近發表一份聲明，表示美國政府支持「能促進美國的利益及價値，也符合美國法律的國際刑事法院起訴案件。」這份聲明也表示「從二〇〇九年十一月開始，美國便以觀察員的身分，參與國際刑事法院《羅馬條約》締約國大會的會議。美國派遣觀察員代表團，前往烏干達坎帕拉參加二〇一〇年五月三十一日至六月十一日，國際刑事法院的檢討會議。」

艾絲樂·比默也發覺美國與國際刑事法院的關係逐漸好轉。「美國展現出來的態度，是雖然不見得馬上會批准《羅馬條約》，但還是支持國際刑事法庭的原則。」她認爲「大家的共識是國際刑事法庭如果要求一個國家提供相關資訊，這個國家就會配合拿出公開資訊，像一個正常的締約國一樣配合，不會置之不理，也不會蓄意阻撓，會履行一個正常締約國的義務，向國際刑事法院報告現況。」而不是像前面所說，「以不友善的態度反擊。」

是理事會，不是委員會

大部分的法律及人權議題不需要經過法院審判。法院是昂貴的工具，審判會耗費可觀的時間與金錢。無論是在美國還是聯合國，透過協商或討論，找出大家都能接受，且合乎法律及道德的解決方案，通常會比訴諸法律更爲快速，也更有效率。在聯合國，《聯合國憲章》將討論及解決人權議題的主要責任，交給一九四六年成立的人權委員會。委員會的第一任主席不是別人，正是鼎鼎大名的艾琳諾．羅斯福。

幾十年來，人權委員會始終是聯合國負責制訂人權政策的主要單位，也是討論人權議題的主要平台。每年在瑞士日內瓦開會，遇到違反人權的重大事件，也會召開公開會議。如有必要，委員會也會指派專家，又稱「特別報告員」，查看某些國家違反人權的情事。

遺憾的是，委員會給人的形象竟然是對美國及以色列存有偏見，又對中國、俄羅斯、伊朗這些專制國家，嚴重侵害人權的情事視而不見。外界認爲委員會本該致力維護人權，可是委員會的會員國，卻多半是在人權方面聲名狼籍的國家。

美國與歐洲的會員國無法容忍委員會的劣行，認爲需要採取強烈手段。聯合國大會同意廢除委員會，於二〇〇六年成立一個改良版的新機關，叫做人權理事會，取代原先的委員會。新的人權理事會共有四十七個席位，由聯合國大會舉行祕密投票選舉，任期爲三年。席位按照區域分配：非洲十三席、亞洲十三席、拉丁美洲與加勒比海地區八席、西歐及其他國家七席、東

2012年5月1日，潘基文祕書長與諾貝爾獎得主，政治與人權運動人士，緬甸全國民主聯盟祕書長翁山蘇姬，於翁山蘇姬位於緬甸仰光的住宅。聯合國照片／馬克．賈騰攝

歐六席。

人權理事會如同先前的委員會，也經常使用不支薪的特別報告員，或是由一位或一位以上的獨立專家組成的工作小組，在某些國家（國家案件）或是幾個會員國（主題案件），監督或調查人權情形。特別報告員與工作小組需要聯合國人權事務高級專員辦公室協助，一起完成工作。

按照人權理事會的說法，聯合國大會任命人權理事會的理事國，應該要考量「候選國在提升人權、保護人權方面的貢獻，以及爲了維護人權而自願做出的承諾與承擔的義務。」這段話最初引來不少人批評，說新的理事會的模樣、作風都像極了以前的委員會。理事會於二〇〇六年六月正式成立後不久，就像前身一樣遭受不少批評，而且批評的都是同一群人。首先，理事會的原始理事國包含中國、俄羅斯及沙烏地阿拉伯，很多西方人士都批評過這三個國家，在人權方面的斑斑劣跡。美國政府覺得新的理事會實在乏善可陳，決定不爭取理事國席次。

這就違背了發動改革的人士的初衷。「我們原本的構想，同時也是歐洲國家的構想，」前美國駐聯合國大使約翰．波頓說，「是要在新的人權理事會進行一連串的程序改革，總的說來，就是要讓理事會擁有與人權委員會截然不同的一群理事國。那些侵害人權的國家，還有根本不太在乎人權的國家，就沒有機會像以前的委員會時代那樣，爲了名聲好聽而參加理事會。」波頓責怪歐洲沒有努力推動美國想要的改革，導致「新的理事會跟舊的委員會也差不了多少，後來也確實是如此。這也是我們在二〇〇六年投下反對票的原因之一，因爲我們覺得理事會跟以前的人權委員會差不多。」

人權專家露絲．韋伍德也認爲，歐洲沒有盡力推動新理事會的實質改革。「改革的速度太快，」她說，「會員國的數目只有微幅減少，南方的勢力更爲擴張。即使是人權議題，各地區也會以自身利益爲優先，所以理事會大概會把大部分可用的時間，用在以色列與巴勒斯坦的問題上。」在聯合國內部工作的傑夫瑞．羅倫帝也不認同這種「拚命縮減規模」的舉動，無法接受一下子少了四個西方國家的席位。他說：「這些人在想什麼？」

不過另外一群人倒不覺得理事會如此不堪。前巴基斯坦駐聯合國大使阿克拉姆說，以前的人權委員會被批評是「偏袒、搞政治，無力捍衛人權」，所以有人提議設置一個規模比較小的理事會，「把那些賤民趕出去，大國才能在一個比較小的機關，做『正確』的決策。」阿克拉姆說，開發中國家認爲理事會的規模無論大小，「都應該符合聯合國大會的組成比例，以及聯合國大會的區域團體。」按照阿克拉姆的邏輯，聯合國一百九十三個會員國當中，超過一百三十個是開發中國家，所以按照比例，開發中國家在人權理事會也應該擁有多數席位。

阿克拉姆說，理事會的席次也確實按照這個比例分配，而「我們在北方的朋友對此不太高興。」他

2014年3月3日，第六十八屆聯合國大會主席約翰．阿什在日內瓦登場的人權理事會第二十五屆常會開幕式致詞。聯合國照片／艾斯肯德．德比比攝

說，理事會才開始運作，黎巴嫩與加薩走廊就爆發動亂與戰爭。理事會處理這些事情，是純屬巧合。歐洲國家堅持必須有三分之一的理事國提議，理事會才能召開特別會。阿克拉姆說：「結果你猜如何？這一套誰都會，於是我們的阿拉伯朋友就召開特別會，討論巴勒斯坦跟黎巴嫩的問題。現在有人說理事會鎖定以色列，問題是所有的條件與程序，都操縱在那些在埋怨的國家手裡。」

露絲·韋伍德認爲從理事會最初的表現，就能看出舊派政治回歸的跡象。她尤其擔心，歐洲在新的理事會保留的程序安全機制，也就是普遍定期審查機制，會遭到南北議題破壞。這種機制就是定期發表報告，分析聯合國每一個會員國遵守人權規範的情形，包括是否履行其所簽署的人權協議所賦予的義務。這種報告的內容必須精確，立場必須中立，否則就毫無參考價值可言。「這些國家要是蓄意欺瞞國內的人權狀況，發表的報告就很危險。」

二〇〇九年，歐巴馬政府決定與其站在一旁抨擊，不如直接參加理事會，主導理事會的行動。美國國務院在二〇一三年發表一份報告，表示美國的領導在很多地方都締造顯著的效果，例如提升了白俄羅斯、敘利亞、厄利垂亞的人權，以及世界各地的女權。「身爲人權理事會的理事國，」國務院在報告提到，「美國的責任始終是凸顯重大人權議題，並且積極遏阻任何包庇違反人權者的行爲。」

聯合國內部人士大致認爲，歐巴馬政府決定參與人權理事會是件好事。艾絲樂·比默就稱讚美國政府的參與，她直言說道：「這五年來，美國在聯合國所做的最重要的一件事，是輕而易舉地將人權理事會的關係正常化。」有美國坐鎮指揮，人權理事會不再糾結於一直沒有結論的以色列問題，轉而討論眼前的問題，例如利比亞、敘利亞及北韓。美國外交關係協會的史都華・派翠克大致同意這個觀點。他說：「有人說歐巴馬政府積極參與人權理事會，把這個機關轉變成一個有用的工具，算得上成功。只是這句話始終有爭議，有人到現在還是認爲人權理事會是一群侵害人權的國家的窩巢，當然有些理事國也確實侵害人權，但這並不表示這麼做是把雞舍交給黃鼠狼管。」他說：「看看美國政府捲起袖子做了多少事，人權理事會通過了很多譴責敘利亞及其他國家的決議案。相較之下，安理會做得很少。現在的人權理事會至少不讓許多違反人權的國家參與；也透過普遍定期審查機制，揪出某些侵害人權的國家。所以現在的情況比以前好，玻璃杯有一半是滿的，不像以前，」他說以前「絕對有一半是空的，應該說超過一半是空的。」

不過聯合國觀察組織的希勒爾・紐爾說，人權理事會也是經歷了一段混亂期才有所進步，而且所謂進步，也只是恢復到以前的人權委員會「低落」程度而已。他說，人權委員會最近通過的決議案，確實是針對類似伊朗這種侵犯人權的國家，但卻完全沒有討論沙烏地阿拉伯、中國這些國家。他說，美國及其他西方國家不願意質疑那些會員國，等於給那些會員國「自由通行證」。

聯合國人權事務高級專員

人權理事會所承受的批評，有時候會讓人忽略聯合國還有另外一個掌管人權的機關。聯合國大會於一九九三年，設置了直接對祕書長負責的「聯合國人權事務高級專員」。人權事務高級專員負責擔任人權理事會的祕書處，監督聯合國在人權方面的活動，協助設立人權標準，促進國際合作以擴張並維護權利。人權事務高級專員並未控制人權理事會，也無法影響人權理事會及特別報告員。

露絲·韋伍德說：「人權事務高級專員的職責並沒有明文規定，個人可以自行拿捏。其中一部分的職責，在於協調人權公約監督機構的法體系發展，這可不容易，因爲每一個人權公約委員會都是由志願參與的專家所組成，也各有自己的路線。締約國有時須向好幾個公約監督機構報告多項人權議題，公約委員會在某些議題上面也可能意見不一。這些都是需要克服的問題。」

第一位人權事務高級專員是來自厄瓜多的荷西·阿亞拉·拉索，下一任是一九九七年繼任的愛爾蘭前總統瑪莉·羅賓森，再下一任是來自巴西的塞爾吉奧·維埃拉·德梅洛，接著是來自加拿大的露薏絲·阿爾布爾於二〇〇四年接任。二〇〇八年，潘基文任命南非的一位法官，也是盧安達國際戰犯法庭的前任主席納維·皮萊爲新任人權事務高級專員。二〇一四年秋季，約旦的胡笙親王接替皮萊。

保護責任（R2P）

大家都「認同」人權，但萬一人權與國家主權互相衝突時，該如何履行權利，大家卻有不同的看法。如果一個國家境內爆發大規模暴行，遺憾的是這種情形還很頻繁，國際社會有沒有出手干預的義務或權利？幾十年來得到的答案往往是「沒有」。

安南主張改變行之有年的作法。他認爲每一個會員國都應該遵守國際人權法令，而且任何人犯下種族滅絕、戰爭罪及違反人道之類的罪行，都應該受到懲罰。安南之所以這麼認爲，想必是因爲無法忘記盧

2014年2月19日，聯合國安理會討論如何強化法律，以維護國際和平與安全。立陶宛共和國外交部長，同時兼任安理會二月份輪値主席的利納斯・安塔納斯・林克維丘斯主持會議。他的右方是聯合國祕書長潘基文。聯合國照片／艾文・史奈德攝

安達與波士尼亞的慘痛經驗，當時聯合國被人批評沒有盡力阻止當地的大規模屠殺。安南在當時（一九九二年至一九九六年）擔任聯合國維和助理祕書長。

安南於一九九九年九月向聯合國大會發表演說，正式宣示他的新干預策略。他在演說中呼籲會員國「團結一致，追求更有效的政策，以遏止有組織的大規模謀殺，以及嚴重迫害人權的事件。」他說，干預手段有很多種，除了外交手段之外，動武也是可以接受的選項。許多非洲領袖也有同感，草擬《非洲聯盟憲章》的國家代表，於二〇〇〇年擬定第四條（h項），宣示「非洲聯盟有權依據非洲聯盟大會的決策，針對爆發戰爭、種族滅絕，以及違反人道罪等嚴重問題的會員國，採取干預手段」。

加拿大政府響應安南的呼籲，成立了國家主權國際委員會。這個機構於二〇〇一年發表報告，提出了幾項基本原則，又稱爲保護責任。在二〇〇五年的聯合國高峰會，各國領袖表示認同這個概念。二〇〇九年，潘基文祕書長以「落實保護責任」爲主題發表報告，希望將這個概念化爲可行的原則。這份基本文件列出保護責任的三大支柱：

一、國家承擔保護人民不受種族滅絕、戰爭罪、違反人道罪，以及種族清洗的主要責任。

二、國際社會負責協助各國保護人民不受上列罪行傷害。

三、國際社會有責任發動及時且堅決的行動，在國家明顯無力保護人民時，出手防止或遏止上列罪行。

自從潘基文祕書長發表報告，「保護責任」就成為各方經常援引的概念，例如聯合國以及人權領域的非政府組織就經常提起。安理會也接受這個概念，將其納入許多決議文中。安理會於二〇〇六年通過保護受到武裝衝突影響的第一六七四號決議，首度正式提出「保護責任」一詞。後來安理會又通過第一七〇六號決議，派遣維和部隊駐守達佛，也提及先前的第一六七四號決議。安理會後來通過的一些決議，以及發表的宣言也提及保護責任的議題，例如關於利比亞（第一九七〇號、一九七三號決議）、象牙海岸（第一九七五號決議）、南蘇丹（第一九九六號決議）、葉門（第二〇一四號決議），以及中非共和國（第二一二一號決議）。

研究保護責任的專家愛德華·拉克，稱讚安南「提升人道干預的能見度」，以及說出「國際社會面臨的兩難處境」，他也認為保護責任是個很有爭議的議題。前巴基斯坦常駐聯合國代表阿克拉姆，跟某些旁觀者一樣，認為保護責任只是一個「口號」，而且還是一個毫無必要的口號。「國際人道法規已經允許國際社會採取行動，幫助受到戰爭罪、種族滅絕，還有違反人道罪的國家。」他說，「用不著再為這個發明新的決策，新的公約。」他也說：「近年來的種族滅絕事件，無論是在斯雷布雷尼察，還是在盧安達，都是因為那些強國不讓國際社會出手。我們都知道斯雷布雷尼察是怎麼回事，我們知道那些手無寸鐵的老百姓會被屠殺，安理會卻不肯派兵保護他們，荷蘭軍隊也袖手旁觀。這個時候保護責任又在哪裡？」阿克拉姆認為無力保護並不是開發中國家的過錯，而是應該歸咎於強國。「所以保護責任只是這些國家撫平內疚的藉口。」

保護責任引發一些爭議，也有人擔心保護責任會被當作一種藉口，掩飾眞正的動機。會這麼想是因爲安理會曾經做出決議，要出手干預最終推翻獨裁者格達費的敘利亞內戰。利比亞的內亂於二〇一一年浮上檯面，很快演變成反抗軍與政府軍之間的公開衝突。無論是格達費的演說，還是他的軍隊的動向，都透露出利比亞政府不惜血腥鎮壓叛軍。

英國、美國以及其他國家，還有非洲聯盟在內的區域團體，想循政治管道解決，卻無法平息戰火。安理會決定出手干預，先是在二〇一一年二月通過第一九七〇號決議，宣稱利比亞政府有責任保護國民，同時也對利比亞實施武器禁運，並要求國際刑事法院調查利比亞政府違反人道的罪嫌。利比亞政府不予理會，於是安理會又在三月通過第一九七三號決議，比先前的決議嚴厲得多。最大的重點是授權聯合國會員國，將利比亞領空列爲禁飛區，並且採取一切必要之手段，保護危險地區的平民。

第一九七三號決議的支持者認爲，以和平手段防止危害人類罪已經屢屢失敗，現在除了動武，別無其他選擇。安理會少數幾個大國，也就是中國、巴西、德國、印度與俄羅斯，對這項決議案心存顧慮，沒有投下反對票，而是直接棄權。然而，也有人認爲應該還有其他可行的和平手段，非洲聯盟就是如此認爲。況且動武也牽涉到很嚴肅的問題，那就是要動用多少軍力？爲期多久？是僅止於保護平民，還是要助反抗軍一臂之力？

北大西洋公約組織的空軍立刻發動空襲，阻止格達費政府的坦克車攻擊人民，也協助反抗軍反擊政府軍，最終控制整個國家。馬克．馬拉克布朗指出，空襲的規模逾越了安理會決議的範圍。「不知為何，有人把『保護責任』與『有權干預』混為一談。」他說，「其實保護責任原則的本意，始終是在干預之前採取很多行動，盡力緩解、阻止或解決衝突，而不是馬上動武。」他認為，「保護責任的基礎，是建立在個人權利與國家權利之間的對抗，是一種很歐洲的概念，並不是全世界都能接受。」這個概念要能運作，需要的是「議定明確的行動架構」，而且誰都不能逾越這個範圍。「這個架構應該成為國際行為的規範，大家都要遵守，就算某個壞蛋會繼續當總統，不會下台，大家也還是不能違反規範。重點是要預防這個壞蛋傷害自己的人民，而不是發動眾多國家一起推翻他。哪怕我們依循邏輯推斷，往往會覺得消除威脅的唯一辦法就是趕他下台，格達費就是一個例子，但我們還是不能違反規範。」

馬克．馬拉克布朗認為，利比亞干預行動導致安理會的五個常任理事國彼此不信任。他說，中國與俄國可能會覺得保護責任，像是一種出手干預的藉口，可以因此堂而皇之干預，任意推翻他國政權，或是發動一些與保護平民無關的行動。他說，正是基於這種擔憂，中國與俄國才會阻止安理會強力干預敘利亞內戰。但美國與盟國對於國家保護責任就有不同的看法。

夾在中間的是祕書長，為了達成目標，不得不滿足全數五個常任理事國。潘基文絲毫沒有動搖的跡象，他自二〇〇七年就任，始終堅定鼓吹保護責任。歐布萊特認為潘基文是對的，「祕書長繼續推動，」她說，「最終我們會證明，國家主權的概念與保護責任確實可以並行。」

12 聯合國經濟及社會理事會與非政府組織

經濟及社會理事會得作成或發動關於國際經濟、社會、文化、教育、衛生、及其他有關事項之研究及報告；並得向大會、聯合國會員國及關係專門機關，提出關於此種事項之建議案。

——《聯合國憲章》

經濟及社會理事會是聯合國的主要機關，也是一個理論比實務在行的組織。設置的本意是要建立一個討論國際上關於社會、經濟與人道議題的論壇，同時也協調與這些議題相關的聯合國單位的工作。爲了做好協調的工作，經濟及社會理事會必須委託他人研究，撰寫報告，並且向聯合國大會或是聯合國其他單位，針對各種議題提出政策建議。這些議題包羅萬象，從權利到國際金融應有盡有。《聯合國憲章》也授權經濟及社會理事會起草聯合國大會的決議案，甚至還能召開會議。例如經濟及社會理事會每年春季，都要主持布列敦森林體系（Bretton Woods Institutions，包括世界銀行與國際貨幣基金）、世界貿易組織，以及聯合國貿易暨發展會議的高層會議，討論國際金融與發展。

也許是因爲業務太廣泛，經濟及社會理事會始終沒有樹立明確的特點，也被人批評缺乏專注的重心。聯合國內部人士曾經說過，經濟及社會理事會的本事在於開啓討論，討論之後卻往往沒有實際的行動。有些外交官，例如加拿大的大衛．馬龍，就受不了經濟及社會理事會表態含糊不清，還有沒完沒了的討論。所以有人建議組織調整，有些建議也獲得採納，例如完全搬遷到紐約。在以往，經濟及社會理事會的人員必須往返於紐約與日內瓦之間，這種怪異的安排很令人費解。

儘管受到批評，席位卻也仍然是各國覬覦的目標，畢竟經濟及社會理事會在聯合國系統舉足輕重。理事會共有五十四個理事國，由聯合國大會選舉，任期爲三年。

數饅頭

「我的職業生涯最悲慘的兩年，是一九九〇年至一九九二年，擔任加拿大駐經濟及社會理事會代表的那段日子，完全是浪費時間。」

——前加拿大駐聯合國大使大衛．馬龍

尋找重心

前巴基斯坦大使阿克拉姆認爲，理事會倘若能在經濟決策上具有強制力，好比安理會在政治及安全議題上擁有的強制力，那麼不僅能運作順利，還能發揮實質作用。「經濟及社會理事會必須握有權力，要能夠在一個與現實世界息息相關的系統當中運作。」我們可以想像馬龍點頭表示贊同，卻也問道：「那該怎麼做？」

二〇〇五年，聯合國採納幾個會員國的提議，透過兩大機制將理事會現代化；一個是年度部長審議，另一個是發展合作論壇。年度部長審議是理事會一年一度舉辦的會議，目的在於檢視貿易與發展方面的國際政策，例如千禧年發展目標。第一次的年度部長審議在二〇〇七年七月，於日內瓦召開，主題是「透過全球合作發展及其他手段，加

2013年11月4日，各國代表出席經濟及社會理事會「安全部門改革」特別會議。聯合國照片／保羅．菲爾奎拉斯攝

強消滅貧窮與飢餓」。二〇一三年的主題是「達成永續發展與千禧年發展目標所需的科學、科技與創新以及文化」。發展合作論壇則是檢視聯合國系統內部的發展合作現況，於二〇〇七年成立，二〇〇八年開始每隔一年開會一次。

大衛・馬龍認爲，改革並不能大幅改變經濟及社會理事會的文化與思維。艾絲樂・比默則是直言，在聯合國所有單位當中，「經濟及社會理事會展現出來的實質改變最少」。

與非政府組織合作

經濟及社會理事會艱難的演進過程有一個諷刺之處，就是在一九四五年成立之初，幾乎不當一回事的事情，現在竟然成爲最重要、最敏感的業務。經濟及社會理事會是聯合國大會與非政府組織之間的橋樑。非政府組織是獨立的非營利單位，美國的非政府組織通常稱爲「非營利組織」，因爲美國是以營利與否爲分類標準，分成私營企業（營利）與公民團體（非營利）兩大類。其他地方則是區分成政府與非政府，所以非政府組織是一種常見的類別。（在美國以外的地方，公民團體通常也包括企業，這仍然是因爲主要的分類是政府組織與非政府組織。）

幾十年前聯合國剛成立之時，世上只有少數幾個非政府組織，但幾十年下來，全球各地非政府組織的數量成長了數百倍。聯合國對非政府組織的興趣日漸濃厚，因爲非政府組織代表的是公民團體的利益，而公民團體的利益作爲民主政治的基礎，也愈來愈受到重視。安南就曾提到，聯合國必須與公民團體建立伙伴關係，方能「結合私人利益與公眾利益，進而在提升企業家精神、市場策略時，兼顧社會責任與環境責任。」

公私合夥

「非政府組織扮演的角色愈來愈重要，不只是在政策辯論，還有一個同樣重要，甚至更重要的角色，那就是執行這些政策。許多援助及緊急人道協助計畫，例如世界糧食計畫署的食物發送計畫，就是由非政府組織執行。這真的就是公私合夥，或是公部門與非政府組織的合夥，這非常重要。非政府組織之所以能有效運作，是因為是私營，能負責，而且會看緊荷包。人民可以選擇把錢交給誰。」

——前美國駐聯合國大使約翰．尼格羅龐提

經濟及社會理事會負責談妥協議，定義聯合國與超過三萬一千個非政府組織之間的關係，以及聯合國與將近四千個擁有「諮詢地位」的非政府組織之間的關係。擁有「諮詢地位」的非政府組織，有權參加聯合國的某些會議、研究與計畫，也有權向經濟及社會理事會報告。非政府組織也可擔任各國政府與聯合國祕書處的技術專家或顧問。身爲倡導團體，非政府組織也可支持聯合國的行動計畫、方案及宣言。符合「一般類別諮詢地位」的非政府組織，甚至可以向經濟及社會理事會提案。

非政府組織也有自己的聯繫機構，叫做「聯合國內具諮詢地位之非政府組織會議」，代表非政府組織向經濟及社會理事會發聲，也召開會議討論與非政府組織相關的議題。這些具有諮詢地位的非政府組織，仍然是獨立組織，並不會成爲聯合國的一員。非政府組織的形象愈獨立，愈不受外力影響，往往反而愈有影響力。

公民團體很重要

「公民團體很重要，不是因為永遠會替我們發聲，而是因為有能力測試、刺激、提升我們觀察這個世界的方式，增進我們的知識。文明就是這樣得以進步；我們也是如此減輕我們在周遭所見到的巨大苦難；我們也是如此將民主政治的抽象願景，轉化成一個因為積極討論，創新思考，並且擁有權責分明的政府，而得以時時進步的世界。」

——美國駐聯合國大使薩曼莎．鮑爾

非政府組織是聯合國很多工作的推手，協助推動許多與人權、提升識字率、醫療保健，以及經濟成長相關的工作。聯合國內部人士也多半肯定非政府組織的價值，認爲非政府組織延伸了聯合國的觸角與技術能力，也忠實扮演監督的角色。

13

救星聯合國

這些危機每一個的重點都是人，包括受到影響的人、兒童，還有家庭，我的職責就是讓世人體認到這一點，讓大家明白不是只有數字才重要。重點不是幾百萬、幾千萬，眞正重要的是每一個人。

——人道救援事務助理祕書長瓦萊莉．阿莫斯

聯合國一向把災害救援視爲最重要的任務，所謂的「災害」包括天災與人爲災害。聯合國救助受到各種災害影響的災民，包括地震、水災、瘟疫、飢荒以及武裝衝突。聯合國通常會與政府及公民團體，一起進行救援工作。人道救援組織與聯合國緊急救助協調專員、聯合國各單

位與紅十字會之類的非政府組織所組成的委員會合作。

聯合國的人道救援首長，也就是人道救援事務助理祕書長兼緊急救援協調專員瓦萊莉．阿莫斯，認爲聯合國在救援方面面臨三大挑戰。「第一個是該如何提升我們的系統，以及人道救援應變系統的效能。我們整個體系該怎麼做，才能接觸到需要幫助的人？」她提到的應變系統其實不是一個系統，而是聯合國人道事務協調辦公室所串連的幾個系統。「第二，」她接著說，「該怎麼做才能讓我們幫助的對象把心聲傳達出去……還要能感動世界各地的人，我們才能因此募得足夠的款項幫助他們。」聯合國救援行動的資金多半來自各國政府、基金會，以及其他組織的自願捐獻。「第三大挑戰，」她說，「現在的危機更爲複雜，牽涉到更多政治，眼前的敘利亞與馬利就是例子。我們在人道救援方面的工作……該如何避免跟這些廣泛的政治議題牽扯在一起？」

全球系統誕生

聯合國的人道救援組織機構，並不是依循著某個計畫設置。這些機構是爲了因應眼前的需求而成立，而且往往獨立運作，有自己的一套做事方法與優先次序。一九四九年成立的聯合國近東巴勒斯坦難民救濟工作署就是一個例子。這個機構提供緊急人道救援給在以色列建國期間流離失所的巴勒斯坦人，後來成爲永久的社會服務機構，爲中東地區將近五百萬登記在案的巴勒斯坦難民，提供衛生、教育及社會服務。

隨著人道救援工作持續增加，聯合國的人道救援組織也在一九六〇年代及一九七〇年代增加，並在一九八〇年代及一九九〇年代繼續成長。顯然如果協調得當，就可以做成更多事。有些聯合國機構能立即提供食物、住所、醫療之類的協助給災民。有些扮演更多面的角色，投入規劃與準備工作，以避免災難再度發生，或是有效管控災難。一九九二年，聯合國大會成立了一個居中協調的單位，後來成為人道事務部，又演變成聯合國人道事務協調辦公室。聯合國副祕書長楊．艾里亞森在二〇一四年想起那些年，說改變的動力是在冷戰結束時浮現。「我們一群外交使節聚在一起，覺得冷戰漸漸結束，那段期間的風險可能會演變成內戰，非洲就有可能。我們發覺冷戰期間累積的緊張局勢漸漸浮上檯面，人道危機即將到來，我們可以感覺到地面震動。」

各國必須拿出辦法對付逐漸逼近的危機。「我們成立了一個單位，後來叫做人道事務部。這是在一九九一年十二月十八日凌晨一點，所做的決定，後來又通過了我到現在還是很得意的決議，整個過程跟通過《大憲章》一樣艱難。」聯合國大會四六／一八二號決議（一九九一年）設置了新的單位。當時的聯合國祕書長包特羅斯．包特羅斯－蓋里，依據聯合國大會的決議，成立人道事務部，由楊．艾里亞森出任人道事務助理祕書長。安南接任祕書長之後，展開重大的行政改革計畫，同時重整人道事務的編制。一九九八年，人道事務部改制為聯合國人道事務協調辦公室，負責的業務也有所擴充，包括協調人道救援工作、政策發展，以及倡導人道救援。人道事務協調辦公室目前在全球各地有超過三十個辦公室，共有將近兩千位員工。

聯合國單位之間的合作

身為人道事務協調辦公室的主任，助理祕書長瓦萊莉．阿莫斯可以動用聯合國眾多單位的專業人力資源，依據所面臨的情況，選擇最合適的人員。她在工作上需要造訪世界各地的災難現場與災民交流，與當地的機關團體及政府人員交流，也與負責這個區域的聯合國人員交流。她還要面對媒體，把資訊傳達給全世界，也讓潛在的捐獻者看見災區的需求。

如果災區急需食物與住所，救災工作就會由世界糧食計畫署主導。世界糧食計畫署也參與社會與經濟發展，但重心還是放在協助受災難民、長期難民，以及流離失所的人。例如在敘利亞內戰期間，來自芝加哥的世界糧食計畫署執行長爾莎琳．卡森造訪大馬士革，與敘利亞政府高層討論是否需要將食物提供給因戰爭而受困的平民。她也參觀食物分配中心，並與每月領取配給的家庭交談。「我們這個月擴大發放食物，敘利亞境內總共有四百二十五萬人領取。」她對媒體說，「難就難在如何把食物送進危險地區，還有被包圍的地區。愈來愈多家庭因為戰爭而受困，迫切需要食物。我們需要管道，否則無法將食物提供給這些家庭。」敘利亞整體的情況太過悲慘，世界糧食計畫署不得不在二〇一四年，尋求將近二十億美元的資金，以提供食物給多半居住在鄰國難民營裡的七百多萬敘利亞人民（約占該國總人口的三分之一）。這是世界糧食計畫署所面臨「最艱困，最複雜，也是最大規模的緊急狀況」。

世界糧食計畫署經常與聯合國其他單位合作，例如聯合國難民署、聯合國兒童基金會，以及協助發送食物，確定食物送到最需要的人手裡的非政府組織。聯合國難民署在協助並保護難民方面，表現得有聲有色，因此在一九五四年及一九八一年兩度獲得諾貝爾和平獎。爲了塡補難民緊急協助工作（包括返鄉難民），以及其他機構執行的發展

2013年4月18日，聯合國安理會開會討論敘利亞議題，敘利亞阿拉伯共和國常駐聯合國代表巴沙．賈法里（圖右），與聯合國人道救援事務助理祕書長兼緊急救援協調專員瓦萊莉．阿莫斯交談。兩人身旁是俄羅斯聯邦常駐聯合國代表維塔利．丘爾金。聯合國照片／德夫拉．柏可維茲攝

救援計畫之間的空白，聯合國難民署特別推出「立即見效計畫」。常見的立即見效計畫，包括重建學校、修整道路，以及恢復供水。

亞洲（阿富汗）、非洲（剛果民主共和國、索馬利亞）等地的衝突，經由媒體報導，聯合國難民署的藍色塑膠帳篷也成爲全球觀衆熟悉的畫面。聯合國難民署協助的難民人數年年攀升。根據最近統計，共有三千四百萬人需要協助，包括一千四百七十萬在國內流離失所者、一千零五十萬難民、三百一十萬返鄉者、三百五十萬無國籍者、八十三萬七千多名尋求政治庇護者，以及其他一百三十萬人。當然預算也必須隨之增加，從第一年（一九五一年）區區三十萬美元，飆升到二〇一二年的三十五億九千多萬美元。

除此之外，聯合國還有一個人道組織，專門負責保障兒童的利益。這個組織於一九四六年成立之時，叫做聯合國國際兒童緊急救援基金會，在二次世界大戰後提供食物、衣服與醫療給歐洲的兒童。七年之後，聯合國大會將基金會的職責無限延伸，把名稱裡面的「國際」與「緊急救援」拿掉，但保留了英文縮寫的「I」與「E」，改名爲聯合國兒童基金會。

聯合國兒童基金會仍然在第一線提供實際的援助（例如疫苗接種計畫），但除了提供緊急援助之外，很快也開始因應兒童包括教育在內的各項需求，也放眼更長期的目標，比方說全球監控與評估。兒童基金會推動了兒童議題的公共討論，促使聯合國內部屢次討論，簽訂協議，在全球各地也透過電影、影片，廣受歡迎的兒童基金會節日卡片，以及親善大使，宣傳兒童議題。

一九八九年，兒童基金會提出的《兒童權利公約》，經由聯合國大會同意之後很快生效。世界各國（美國與索馬利亞*除外）批准的《兒童權利公約》是兒童的人權法案，鼓勵各國政府採用國際認可的道德標準，確保所有國民擁有生存所需的基本條件。兒童基金會的倡導，大大增加了聯合國對兒童議題的重視。安理會從一九九八年開始，經常討論兒童與武裝衝突相關的議題。二〇〇二年，聯合國大會針對兒童議題召開特別會，也有兒童官方代表與會。

聯合國兒童基金會關注的項目與業務，包含青少年與兒童發展、衛生、疫苗接種、營養、環境衛生、水等等，也

*譯註：索馬利亞已於二〇一五年十月批准《兒童權利公約》。

2014年2月10日，非洲聯盟暨聯合國駐達佛聯合部隊，派遣衣索比亞與盧安達的部隊，保護世界糧食計畫署位於蘇丹達佛的運送隊伍。聯合國照片／法蘭攝

保護受到自然災害與人爲災害影響的兒童。專家非常倚重兒童基金會的統計數據與監測，因爲含有重大兒童議題相關的各國數據、全球數據，以及評估報告。兒童基金會每年出版《世界兒童現況報告》，從特定角度評估兒童的現況。二〇一三年的主題是殘疾兒童。「在許多國家，」報告的作者寫道，「處置殘疾兒童不外乎收容、放棄與忽視。這些不當的處置方式來自一種狹隘、負面的想法，誤以爲殘疾兒童是無能又需要依賴他人的異類，這種偏見是因爲無知才根深蒂固。」報告的作者寫道：「除非情況有所改變，否則殘疾兒童的人權只會繼續被忽視，殘疾兒童會遭到歧視、暴力與虐待，生存機會被限縮，被社會排擠。」

危機往往有一個討人厭的搭檔叫做疾病，有時候疾病本身就是災難，例如愛滋病、瘧疾、禽流感等等。這些是世界衛生組織負責的領域，世界衛生組織的宗旨是保護全球人類的健康，對抗健康危機也是眾多工作項目的重點。二〇一四年，世界衛生組織推出「人道健康行動計畫」，列出近年來出現的十一個健康危機，包括阿富汗（傷寒及其他傳染疾病）、馬利（武裝衝突妨礙醫療），以及葉門（血吸蟲病）。世界衛生組織會根據當地的需求，決定因應方式，有時候是提供藥物，有時候是派遣衛生專家前往疫區。至於爆發豬流感與伊波拉病毒感染的地區，世界衛生組織也會持續監測，追蹤疫情並安排病患隔離治療。

世界衛生組織透過日內瓦的總部，管理全球一百五十個辦事處，共七千多名人員。人員除了醫師、公共衛生專家、科學家、流行病學家之外，也包括資訊系統管理專家、衛生統計專家，以及緊急救援專家。世界衛生組織每年針對特定的主題，發布世界衛生報告。二〇一三年的主題是醫療普及率，《全球衛生普及率研究》指出：「每一個人都應該享有所需的醫療服務，而不是因爲無力負擔醫療費用而陷入貧窮。」報告也引用證據，證明解決之道在於全民健康覆蓋。

從危機到復甦

危機到了某一個時間就會結束，然後下一個階段開始。下一個階段是什麼？什麼時候會開始？對於危機結束的時間，每個人的判斷不同，專家也各有各的看法。

這對聯合國體系來說是莫大的挑戰，要解決並不容易。楊．艾里亞森說：「我覺得可以從一些好的現象看出端倪，比方說在薩赫爾，人道危機救助與發展援助兩個部分的工作開始整合。」他指的是幅員遼闊的薩赫爾地區，北接撒哈拉沙漠，南鄰熱帶非洲。聯合國與合作夥伴展開一項史無前例的行動，對抗影響當地幾百萬人民的幾個嚴重問題，也就是所謂的「三重危機」，包括二〇一一年的嚴重旱災導致收成減少，食物價格飆升，長期糧食短缺與營養不良，又造成當地民眾的體力衰竭，以及馬利的政治危機造成當地大批難民無家可歸。

從危機到復甦

在聯合國內部，從危機或災害救助階段，邁向復甦或發展援助階段，是一件大事。直接危機救援所費不貲，而且只能緩解眼前的問題。如果邁向復甦的過程較為緩慢，聯合國就不得不將原本打算花在教育、採購工具、電腦或其他有生產力科技的經費，挪來購買食物或住所。「我希望，」聯合國副祕書長楊．艾里亞森說，「我們希望能夠盡快脫離人道救援階段。在達佛難民營裡有太多人，每年的花費高達八億美元。我覺得總要有復甦、重新融入，或是發展的希望，要有回到村莊的可能。不能一直停留在救援，要逐步推進到發展。」

薩赫爾地區涵蓋許多國家，所以不能僅從一個國家著手，也不能僅僅倚靠危機處理；因為這個危機是許多嚴重的問題交織而成，背後還有存在已久的根本原因。而且當地的需求太急迫，長期發展計畫緩不濟急。解決之道是將這兩種辦法整合在一起。

如同表4所示，聯合國的對策是在適當的時機使用危機處理，同時兼顧復甦與發展。最明顯的例子大概是第二個目標，也就是對抗食物短缺及營養不良。在右邊的欄位，項目二之一是滿足人民對基本社會服務的迫切需求，項目二之二則是一個發展目標，也就是實現「永續生存與環境保護，以減輕並適應環境衝擊。」

艾里亞森發現這種整合式策略，也開始在其他地方實施。「敘利亞就是，」他說，「還有一些我們討論過的情勢緊張的國家，尤其是黎巴嫩與約旦；有一兩百萬的難民流亡在外，其

表4 薩赫爾人道救援策略與策略目標

地區目標	地區策略目標
適度支援2012年受災家庭重建	1.1. 透過扶助農業、能創造收益的活動，並提供食物與現金等手段，確保受災民眾得以生存。 1.2. 某些「最脆弱」家庭享有更多的基本社會服務及社會保護。 1.3. 改善包括兒童在內的最脆弱族群的營養狀況。
透過整合式策略建立適應能力，解決長期的食物供應不穩與營養不良問題	2.1. 增加最脆弱族群享有的基本社會服務，也給予社會保護。 2.2. 實現永續生存與環境保護，以減輕並適應環境衝擊。 2.3. 養成良性的行為習慣，尤其在健康、衛生與營養方面，以降低風險，增加適應能力。 2.4. 增進地方、全國及地區層級的分析、協調與準備能力。 2.5. 實施早期預警及災害風險降低策略。
人道救援單位有效回應受到馬利的複雜緊急狀況，以及其他緊急狀況影響的難民、流離失所的人民，以及當地社區的需求	3.1. 滿足難民及流離失所人民的基本援助需求。 3.2. 降低危機狀況的過高死亡率及發病率。 3.3. 確保人民獲得人道救援及保護。 3.4. 藉由有效率的協調工作，給予薩赫爾地區各國獲得一致且連貫的人道救援。

資料來源：改寫自聯合國《薩赫爾地區策略》，2013年，第18頁，http://reliefweb.int/sites/reliefweb.int/files/resources/SahelStrategy2013_Dec2012.pdf

中半數還是兒童。學校、醫院、就業市場都面臨極大的負擔，約旦與黎巴嫩全部的基礎建設都受到影響。我們不能把這件事情純粹當作人道問題處理，這也是基礎建設的問題，我們需要尋求其他伙伴一起解決問題。」

這種整合式策略是人道救援的全新策略，是聯合國救援的新方式，也反映了潘基文的呼籲：「一個組織，一個國家再怎麼強大……也無法獨力完成。」

主要的聯合國救援單位

- **聯合國難民署**總部位於日內瓦，共有七千六百八十五名員工，在一百二十六個國家工作，照顧將近三千四百萬人。二〇一二年的三十五點九億美元的經費，幾乎全數來自各國政府自願捐獻。聯合國大會與聯合國經濟及社會理事會，負責監督難民署，難民署的執行長，也就是難民事務高級專員，由聯合國大會負責任命。難民署的執行委員會，通過兩年一度的計畫與預算，再由高級專員送交聯合國大會與聯合國經濟及社會理事會核准。
- **聯合國兒童基金會**位於紐約，主要負責提升兒童的權利、需求與機會，幫助開發中國家的兒童充分發揮潛能。兒童基金會的執行單位叫做執行委員會，由三十六個來自會員國區域團體的代表組成，向聯合國大會及聯合國經濟及社會理事會報告。美國政府始終是兒童基金會的單一最大捐助者。
- **世界糧食計畫署**成立於一九六三年，向全球的災難地區提供緊急食物與住所援助，總部位於羅馬，是世界最大對抗飢餓的人道組織。美國政府特別稱讚世界糧食計畫署，以低成本創造極大效益。
- **世界衛生組織**成立於一九四八年，總部設於日內瓦，是聯合國最大的專業機構之一，負責提升世界衛生，以及消滅或控制疫情。消滅天花是世界衛生組織最大的成就。世界衛生組織與其他六個聯合國機構，同屬聯合國愛滋病聯合規劃署，是外界眼中「預防傳染、提供醫療照護，降低個人與社會受影響程度，以及減輕愛滋病衝擊的全球行動的先鋒。」

14

新千年的永續發展

發展說穿了就是與人有關。我們制訂政策，設定目標，都必須依照世人的志向與抱負。我下了決心，無論是坦尚尼亞的一位農民說的話，越南的一位學生說的話，還是宏都拉斯的一位母親說的話，聯合國總部都要一一聽見。

——聯合國祕書長潘基文

聯合國從創始之初，始終致力於改善世界各地貧窮、弱勢及被忽視的人民的生活。《世界人權宣言》將適當的食物、住所、教育及就業定義為人權，而非特權或商品。聯合國的發展目標是「協助各國共同改善窮人的生活，消滅飢餓、疾病及文盲，鼓勵世人尊重彼此的權利與自由。」聯合國有為數不少的貧窮會員國，應該說大多數會員國都很貧窮，所以這種包山包海，橫掃社會與經濟層面的人權觀念，在聯合國是認為理所當然的。

千禧年發展目標

聯合國的社會與經濟發展工作如此龐雜，有時候似乎是各行其是，力量過於分散，效果也有限。爲了整合發展工作，聯合國前祕書長安南在二〇〇〇年，呼籲會員國發起一個計畫，推動聯合國的發展工作，也設定務實的長期目標。他認爲如此可將聯合國各機關、委員會、基金會及其他單位，有限的經費與人力資源發揮最大效用。各國領袖接受安南的挑戰，並於二〇〇〇年九月八日，聯合國大會在紐約召開的會議上，宣布展開千禧年發展計畫。這項爲期十五年的計畫，以提升生活品質爲目的，共有八大目標：

- 消滅極端貧窮和飢餓
- 實現普及初等教育
- 促進性別平等並賦予婦女權力
- 降低兒童死亡率
- 改善產婦保健
- 對抗愛滋病毒／愛滋病、瘧疾以及其他疾病
- 確保環境的可持續能力
- 全球合作促進發展

千禧年發展計畫是聯合國最具雄心的發展計畫，聯合國系統的所有成員，都必須努力達成千禧年發展目標。各國領袖於二〇〇五年、二〇一〇年，召開高峰會追蹤進度，希望於二〇一五年之前達成目標。

簡單來說，會員國宣示在千禧年發展計畫期間，將「全世界每日收入不到一美元的人口比例，以及全世界的飢餓人口比例減半……還要將全世界無法取得，或是無力負擔安全飲用水的人口減半。」這些會員國也宣示，要讓「天下的兒童，不分男女都能完成完整的初等教育。男生與女生在各級學校享有平等的教育機會。」在醫療方面也訂下目標：「產婦死亡率降低四分之三，五歲以下兒童死亡率降低三分之二。」也要遏制並開始扭轉「愛滋病/

2013年9月25日，聯合國大會主席舉辦「邁向達成千禧年發展目標」特別會議，斐濟共和國總理喬薩亞．沃雷恩蓋．姆拜尼馬拉馬於開幕式致詞。聯合國照片／瑞克．巴喬納斯攝

愛滋病毒的蔓延，以及瘧疾及其他影響人類的重大疾病的肆虐。」

會員國也體認到女性是解決這些問題的關鍵，因此宣示要「提升兩性平等與賦予女性權力，以有效對抗貧窮、飢餓與疾病，促進眞正永續的發展。」另外也宣示處理相互關聯的議題：「與私營部門及公民團體組織密切合作，一同追求發展，消滅貧窮。」這也牽涉到建立自由開放的政治制度。「我們會用盡全力推動民主政治，強化法律。」會員國如此宣示，「尊重所有國際公認的人權及基本自由，包括發展的權利。」會員國也因此堅定承諾「尊重並支持《世界人權宣言》，並致力於完全保護，並提升所有國家所有人民的公民、政治、經濟、社會及文化權利。」

聯合國開發計畫署

討論千禧年發展目標，最好先從聯合國開發計畫署開始。這個單位幾乎和聯合國同一時間成立，是全球社會與經濟發展工作的領袖。開發計畫署所提供最重要的服務，是發表全球各地社會與經濟發展現狀的資料，也就是一九九〇年創刊的《人類發展報告》，每年出刊一次，每一期鎖定不同的主題。二〇一三年的主題是「南方崛起：人類在多元世界的進步」，探討許多開發中國家居民的生活品質，及其他重要指標的迅速提升。開發中國家一般稱爲「南方」，而已開發國家多半位於赤道北方，所以又稱「北方」。雖然全球經濟在二〇〇八年有所衰退，開發中國家仍在進步。

進步的願景

「一九九〇年發表的第一期《人類發展報告》，提出了經濟與社會發展的願景，基本的觀念就是擴充人類的選擇與能力。從此各國也呈現了顯著的進步，許多開發中國家不斷快速成長，也提高了人類發展的標準。南方的崛起是世界快速變遷的象徵。南方現在的生產與消費幾乎占全球的三分之一。如果少了中國與印度為首的這些國家的強勁成長，全球經濟衰退會更嚴重。」

——聯合國開發計畫署《二〇一三年人類發展報告》

《人類發展報告》定期發布人類發展指數，將世界各國按照社會與經濟發展程度排名。指數代表一個國家在很多方面的表現，包括衛生、教育、環境品質等等。《人類發展報告》也發表各國的排名，從開發程度最高依序排到最低。美國的排名非常高，居於第三名（表5），這也是意料之中。

開發計畫署認爲自己是各國的合作伙伴，協助各國降低貧窮、實踐民主、預防災害、災後重建、保護環境，以及取得適當的能源，以實現永續發展。爲了完成如此龐雜的使命，開發計畫署鼓勵「保護人權、能力發展，以及賦予女性權力」。我們就從最後三個項目，探討字面背後的含意。

表5 2012年部分國家人類發展指數排名

人類發展 指數排名	出生時的平均壽命 （年）	平均就學 年數	人均國民生產毛額 購買力平價（美元）
1 挪威	81.3	12.6	48,688
2 澳洲	82.0	12.0	34,340
3 美國	78.7	13.3	43,480
5 德國	80.6	12.2	35,431
10 日本	83.6	11.6	32,545
16 以色列	81.9	11.9	26,224
18 新加坡	81.2	10.1	52,613
26 英國	80.3	9.4	32,538
39 波蘭	76.3	10.0	17,776
45 阿根廷	76.1	9.3	15,347
55 俄羅斯聯邦	69.1	11.7	14,461
57 沙烏地阿拉伯	74.1	7.8	22,616
69 哈薩克	67.4	10.4	10,451
85 巴西	73.8	7.2	10,152
90 土耳其	74.2	6.5	13,710
101 中國	73.7	7.5	7,945
114 菲律賓	69.0	8.9	3,752
121 南非	53.4	8.5	9,594
136 印度	65.8	4.4	3,285
145 肯亞	57.7	7.0	1,541
153 奈及利亞	52.3	5.2	2,102
161 海地	62.4	4.9	1,070
171 蘇丹	61.8	3.1	1,848
175 阿富汗	49.1	3.1	1,000
184 查德	49.9	1.5	1,258

資料來源：聯合國開發計畫署，《2013年人類發展報告》

備註：本表所示為2012年資料。

第一個項目是保護人權。聯合國開發計畫署希望「建立有效的，有能力的國家，具有負責、透明的特質，提供人民各種服務，回應人民的需求，包括在選舉以及在女性與窮人參與方面」，以達成保護人權的目標。有一項計畫是針對政府官員的貪腐問題，也就是公職人員收受賄賂，給予行賄者特殊待遇。貪腐會影響人權，因爲貪腐給予某些人不公平的優勢，也推翻了「人人擁有平等權利與機會」的民主信念。貪腐現象出現在許多國家，尤其是較爲貧窮的國家，人民對服務的需求（例如教育、經商執照）超出了政府提供服務的能力或意願。

聯合國開發計畫署選擇在泰國，推出創新的反貪腐計畫，要把一般人對貪腐的基本看法從「大家都這麼做」改變成「根本不應該存在」。二〇一二年，開發計畫署與泰國孔敬大學的地方行政學院合作，成立泰國青年反貪腐機構，一開始由來自泰國十五所大學的三十六位學生組成。開發計畫署也在泰國各地舉辦反貪腐營，目的是讓學生領袖明白貪腐的可怕，也學會善盡公民的義務，培養公民知識。反貪腐教育逐漸發揮成效，國際反貪腐日（十二月九日）當天，兩千名泰國學生在曼谷藝術文化中心舉辦大會，宣示泰國社會的每個角落都需要對抗貪腐。開發計畫署對於成果感到滿意，決定繼續在大學校園培植反貪腐組織，串連學生、學者、記者及公民團體組織，一起推動反貪腐。

第二個項目是能力發展，也就是提升政府或組織的運作能力，提升的方式包括資訊科技升級、人員發展，或是其他方面的提升。能力發展是許多開發中國家面臨的問題，背後的因素很多，例如政府漠視、缺乏資金購買合適的設備與服務，以及多數人口教育水準低。「有些國家推出了妥善規劃，資金充足的消滅貧窮計畫，」聯合國開發計畫署說，「但受到國內領導斷層及知識斷層影響，加上技術與管理知識短缺，又無法提供足夠的誘因留住人才，所以消滅貧窮的能力有限。」

聯合國開發計畫署具備了填補這些斷層所需的專業，例如在賴比瑞亞，開發計畫署協助當地政府推出「全國能力發展策略」，評估內閣及其他重要組織，定義職責、完成職責，以及管理並支援優秀人員的能力。坦尚尼亞政府請求聯合國開發計畫署與一個基金會合作，建立一個線上資訊管理系統，追蹤官方的發展援助，並且連結千禧年發展目標相關的結果。開發計畫署也協助納米比亞制訂地方政府與私營單位的合作準則，促使地方政府與私營單位一同提供都市的公共服務。開發計畫署協助「確認能力缺口，也重新定義公私合夥關係中，每一個參與者的角色、權利、責任及誘因。」

第三項是賦予女性權力。發展專家漸漸形成一個共識，認為很多重大的社會及經濟問題其實都能解決，只要女性與男性擁有平等的地位，一起釐清這些問題，一一解決。

女性的世紀

聯合國副祕書長楊．艾里亞森預言：「這個世紀將會是女性的世紀，一個前所未有的女性世紀將會出現，這也是一個天大的機會。我們聯合國也有女性員工，但是女性在政治層面，經濟層面握有的權力有限，還有很長的路要走，但在這個世紀會實現的，也希望這個趨勢會一直發展下去。」

聯合國將幾個與女性有關的單位結合成一個新機關，叫做聯合國婦女署。聯合國逐漸重視女性，反映了從歐美蔓延到世界各地的女權運動，也凸顯一個更大的事實，那就是社會與經濟層面有許多事情互為相關。「發展」在幾十年前是一個全新的知識領域，當時的發展工作所關注的範圍，往往只局限在幾個議題或重點。當時盛行的是單一重點的計畫，例如提供基本農場設備，或是傳授簡單卻較為有效的農作技術。

這種單一重點的計畫，始終是促進發展的功臣，但另外一些涵蓋各種相關議題的計畫也逐漸興起。聯合國開發計畫署在埃及的錫瓦綠洲展開的計畫就是一個例子。這個計畫的目的是提升當地各年齡層女性的識字率。當地許多女生的家境太過貧窮，連最基本的教育都負擔不起，社會上的傳統思維又反對女性受教育，因此女性的不識字率高達百分之四十。二〇〇八年，聯合國開發計畫署運用一項資金，與埃及的通訊與資訊科技部、世界衛生組織、沃達豐基金會，以及當地的一家社會發展組織合作，開辦一個提升女性識字率的計畫，希望女性能因此獲得更好的新工作。

這個計畫除了教導八千八百位女性讀寫，以及訓練未來的讀寫師資之外，也特別重視培養使用電腦的技能，甚至送給學員一人一部電腦。當地的女性學會了讀寫，農耕與手工藝品製作的能力也有所提升，還學會了網路行銷。錫瓦地區的女性開始在網路商店販售商品。一位女性學員表示：「我從電腦找到了人生。我現在能讀會寫，可以賺錢養家，給孩子更好的生活。現在的我是孩子學習的好榜樣。」從這一段話，我們可以看出教育能賦予女性權力，也能帶動經濟發展，提升家庭生活。現在聯合國的發展專家也是依循這種思維，發展的版圖正在改變。

新的發展版圖

千禧年發展目標面臨的是一個變動的世界。相較於以前，現在的國際地位與影響力比較不會集中在少數國家手裡。這種權力與地位的分散，也出現在社會經濟領域，巴西、中國、印度、南韓，以及其他所謂的新興國家的經濟成長，改寫了全球金融版圖，製造出大批新中產階級，很想擁有已開發國家的生活品質。

> **縮小的核心**
>
> 「發展援助正在改變。最嚴重的貧窮正在縮小，只集中在一小群國家。」
>
> ——前聯合國開發計畫署署長馬克．馬拉克布朗

消費者導向的社會如雨後春筍般出現，電信、醫療、運輸、教育、娛樂的新市場也隨之出現，這些都是現代生活的元素。「這都是好現象，」前聯合國開發計畫署署長，後來成爲安南任內的聯合國副祕書長的馬克．馬拉克布朗說，「代表發展有了成效。」他也承認以往的發展模式，也就是某些國家大筆捐獻給窮國，成效已經不如以往，何況很多開發中國家財富擴

增，資金充足，不再需要外國捐獻。他說，現在國與國之間的捐獻多半是以技術援助爲目的，「而不是那種大筆撥款。」愈來愈多的發展援助是以合作方式進行，例如公私合夥，甚至是私私合夥。「在許多中低所得國家，無論是新型的公私合夥，還是國內及國際的私營部門，在發展領域都有很大的發揮空間。」

新的局勢也爲聯合國開發計畫署帶來新的挑戰。「開發計畫署的資源很有限，」馬克．馬拉克布朗說，「被那些鎖定公共衛生、教育，這些單一目標的全球基金壓縮。現在私營部門的資金比較多，大型基金會與非政府組織也都加入發展領域。」

大衛．馬龍也認爲聯合國開發計畫署確實感受到壓力。他原先是加拿大外交官，現在是位於東京的聯合國大學校長，對聯合國

2014年1月23日，一年一度的世界經濟論壇於瑞士達佛斯登場，聯合國祕書長潘基文（左）與世界銀行總裁金墉會面。右方為聯合國副祕書長楊．艾里亞森。聯合國照片／艾斯肯德．德比比攝

的裡裡外外都瞭若指掌。他發現二〇〇八年全球金融海嘯帶來了巨變，各國給予聯合國的捐獻減少。「歐洲國家近來忙著處理自己的事情，」而且「花費在聯合國的精力比以前少。」他也感嘆：「現在有新的問題，卻沒有新錢。」他還說：「很多機構都縮減得很快，聯合國開發計畫署也是其中之一。現在就連世界銀行也面臨『營運預算大幅刪減』的窘境。」

馬龍所提到的世界銀行的窘境格外重要，想改善社經條件的開發中國家，非常倚重世界銀行集團所提供的金援與服務。世界銀行的座右銘是「打造一個沒有貧窮的世界」，也透過旗下五個機構達成目標。其中一個叫做國際復興開發銀行，借款給「中等收入國家及信用良好的低收入國家」。另外一個是國際開發協會，提供捐款與無息貸款給最貧窮的國家。第三個機構是國際金融公司，完全專注在私營部門，提供金融服務與顧問服務給企業與各國政府。多邊投資擔保機構是第四個機構，提供政治風險保險給投資人及借貸方，藉此刺激外國直接投資。第五個機構是國際投資爭端解決中心，提供投資糾紛的調解及仲裁所需的國際資源。

世界銀行長期獲得已開發國家的慷慨捐助，尤其是美國，總裁一職也向來由美國人出任，不過現任總裁金墉卻是韓裔美人。他所面臨的挑戰，是要帶領世界銀行走過新的發展局勢。現在許多開發中國家的信用良好，足以從新的管道取得發展所需的資金，不如以往需要倚重世界銀行。有些經濟體成長的速度之快，資金需求遠超過世界銀行的借貸能力。二〇〇八年金融海嘯爆發，更是雪上加霜，尤其是最強大的幾個已開發國家，紛紛刪減對世界銀行的捐款。也許是感受到了壓力，世界銀行轉而把重心放在新的目標，希望在二〇三〇年之前終結貧窮，還要讓每一個國家，甚至富有的國家也包括在內，最貧窮的百分之四十人口的所得提升。如此一來，世界銀行等於朝著千禧年發展目標的「降低貧窮人口」邁進，這時聯合國也在思考該不該推出新一批千禧年發展目標。

評估千禧年發展目標

千禧年發展計畫成功了嗎？其實就像許多浩大的事業，也有高低起伏，不過整體來說評價不錯，顯然超越了許多專家在二〇〇〇年的預期，提升了全球的福祉。這個計畫在二〇〇〇年剛推出之時，在很多人眼裡，想必只是聯合國出於一片好意推出的另一個計畫。

在千禧年發展計畫期間，全球赤貧率下降了一半，擁有安全飲用水的人數也增加了二十億。第一個千禧年發展目標就是消滅赤貧與飢餓，這也是第一個達成的目標。產婦與兒童死亡率大幅下降（只是下降幅度沒有達到目標值），接受初等教育的兒童人數創下歷史新高，女生人數更是首度與男生人數相同。對抗瘧疾、愛滋病等致命疾病的戰爭也大有斬獲。但該做的事情還是很多。造成氣候變遷的全球碳排放增加，森林與漁場被過度利用的問題仍待解決。的兒童死亡率是下降了，但幅度不夠。第八個目標「全球合作促進發展」似乎進展最少，唯一的成績就是必需藥品更爲普及。

儘管仍有局限，很多人仍然認爲千禧年發展目標，確實成爲一套公認的指標，可以衡量進步程度，也能當作國際發展工作沿用的一套績效指標（表6）。聯合國副祕書長楊．艾里亞森說，千禧年發展目標「非常實用，既可當作全球發展的目標，也可充當全國甚至地方的發展目標。現在已經成爲非常實用的工具，一套衡量進步程度的實用工具。」

眼看千禧年發展目標距離二〇一五年的預定實現日期愈來愈接近，相關人士還有聯合國及其他人士開始思考下一步。潘基文祕書長召集了全球知名人士組成一個小組，商討二〇一五年之後的計畫。二〇一三年，這個小組發表報告，題目爲《新的全球合作：以永續發展消滅貧窮，改善經濟體》。這份報告稱讚千禧年發展計畫的成效，也列舉種種缺失。他們認爲應該採取新的方法，透過全球合作，在二〇三〇年之前消滅赤貧，實現永續發展。他們也說，雖然全球經濟在最近幾十年有所成長，但全球最貧窮的十二億人口僅占全球消費的百分之一，而最富有的百分之一人口卻占全球消費的百分之七十二。

小組成員認爲有必要將不同的方法，整合成一個連貫的計畫。他們覺得千禧年發展目標「缺失在於沒有整合千禧年宣言所設想的永續發展之經濟、社會及環境層面，也沒有推行永續的生產與消費模式。」因此，「環境與發展始終無法有效結合。這些問題都是互相牽連，很多人也很努力，但往往卻是分頭進行，缺乏整合。」

二〇一三年的這份報告，以及其他的討論與報告，最終形成了「後千禧年發展目標時代」，也就是二〇一五年至二〇三〇年的全球發展願景。「永續發展目標」取代了千禧年發展目標，將延續各國政府、聯合國眾多發展組織，以及聯合國與其他單位合作的各項工作，並加

表6 2013年千禧年發展目標進度表，部分項目摘錄

目標	進度
1.消滅極端貧窮與飢餓	• 降低一半極端貧窮人口的目標於2010年達成，較2015年的預定實現日期提早五年。 • 2010年，全球每日所得不到1.25美元的貧窮率，降至1990年數據的一半以下。 • 降低飢餓的目標（降低一半的飢餓人口）可望在2015年前完成。
2.實現普及初等教育	• 開發中國家的初等教育註冊率，在2010年達到90%，相較於1999年的82%，上升了8個百分點。 • 小學註冊率的增加速度減緩。2008年至2011年，小學學齡兒童的失學人數僅減少300萬。
3.促進兩性平等並賦予婦女權力	• 青少年識字率的男女差距縮短。2010年，全球男女識字比例是100比95，相較於1990年的100比90，顯示有所改善。 • 全球初等教育已經實現性別平等，但130個國家當中，只有兩國在各級教育均已實現性別平等。 • 全球非農業部門的給薪工作當中，每一百個就有四十個為女性所擁有，比1990年的水準大幅提升。 • 在許多國家，性別不平等的問題仍然存在，女性在教育機會、就業機會、取得經濟資產，以及參與政府方面受到歧視。 • 女性遭受的暴力持續阻礙目標進程。
4.降低兒童死亡率	• 全球人口成長，全球五歲以下兒童的死亡人數，從1990年的1,240萬，降至2011年的690萬。 • 從2000年至今，超過一千萬人因接種麻疹疫苗而免於死亡。

目標	進度
	• 撒哈拉沙漠以南的非洲地區，兒童死亡人數占全球比例逐漸升高，每九位兒童就有一位在五歲以前死亡。而在南亞地區，每十六位兒童有一位在五歲以前死亡。
5.改善產婦保健	• 現在的產婦死亡率幾乎是1990年的一半。2010年全球約有287,000名產婦死亡，較1990年下降47%。在東亞、北非及南亞地區，產婦死亡率大約下降了三分之二。但開發中國家的產婦死亡率，仍然是已開發國家的十五倍。 • 專業分娩照護的城鄉差距已有縮小。 • 開發中國家的產前照護普及率，從1990年的63%，上升到2011年的81%。 • 在大多數開發中國家，十幾歲少女生育的案例已經減少，但減少的速度變慢。 • 生產照護與家庭計畫所獲得的官方發展協助，仍然偏少。
6.對抗愛滋病毒／愛滋病、瘧疾以及其他疾病	• 全球大多數地區的愛滋病新感染案例，持續下降，但仍然只有少數年輕人通盤了解愛滋病的傳染途徑，保險套使用率亦偏低。 • 全球愛滋病患的治療普及率增加。2011年年底之前，十一個國家已經達成抗反轉錄病毒治療的全面普及。 • 全球瘧疾的估計發生率，從2000年至今下降了17%，瘧疾致死率也下降25%。 • 在瘧疾控制措施更為普及的國家，兒童死亡率下降約20%。 • 1995年至2011年，約有兩千萬人因肺結核治療而得以活命。

目標	進度
7.確保環境的可持續能力	• 森林是窮人的安全網，卻以驚人的速度持續消失。2000年至2010年，南美洲與非洲是森林面積淨減少量最大的地區。 • 全球溫室氣體「二氧化碳」的排放量，從1990年至今增加了46%。 • 蒙特婁破壞臭氧層物質管制議定書生效的25年來，破壞臭氧層物質的使用，降低了98%。 • 在聯合國永續發展大會，各國領袖宣布，投入超過5,130億美元推動永續發展工作。 • 全球缺乏乾淨飲用水人口減半的目標，已經提前五年達成，全球缺乏乾淨飲用水的人口當中，超過40%居住在撒哈拉沙漠以南的非洲地區。 • 開發中國家都市貧民窟居民的比例，從2000年的39%，降至2012年的33%。這些居民當中超過兩億人，擁有更安全的飲用水、更好的衛生設施，以及更耐用也比較不擁擠的住所，改善的幅度已經超出千禧年發展目標。
8.全球合作促進發展	• 二十國集團在全球金融危機過後，宣示要撤銷2008年底推出的貿易限制，但如今只撤銷了一小部分。 • 已開發國家對開發中國家產品徵收的關稅，從2004年至今大致維持不變，只有農產品有所變動。 • 極度貧窮的國家的外債已減輕，但仍有二十個開發中國家，極有可能陷入債務困境。 • 雖然全球經濟衰退，專為特定疾病而設置的全球衛生基金，在2011年擁有更多資源，可提供必需藥品。

資料來源：依據《2013年千禧年發展目標報告》（紐約：聯合國，2013年），http://www.un.org/millenniumgoals/ pdf/report-2013/mdg-report-2013-english.pdf.

以擴大。消滅赤貧與飢餓仍然是第一要務，但也愈來愈重視永續能力。聯合國永續發展目標開放工作小組表示，消滅貧窮是一個項目，其他目標也包括以永續的生產與消費模式，取代無法永續的生產與消費模式，以及保護並管理自然環境，使其能持續創造社會經濟發展所需的資源。工作小組也說，從推動千禧年發展目標的經驗，可以發現必須將各項目標與成果界定清楚，才能徹底了解全球發展工作的實效。顯然在聯合國分析師的眼中，千禧年發展目標像是一場實驗，改良了國際發展工作。

聯合國體系的所有單位都有義務推動永續發展目標。「世界各地為千禧年發展目標共襄盛舉，是史上最成功的反貧窮運動。」聯合國祕書長潘基文說，「現在我們必須貫徹到底，對付新世代的發展挑戰。」他說，聯合國打算創造「史上最完善的全球發展程序」，目標是賦予人民權力，「為全體人類打造更好的生活，也保護我們的地球。這是永續發展的精髓。」

聯合國相關單位

- **聯合國糧食及農業組織**總部位於羅馬，是負責推動農業、林業、漁業及鄉村發展的聯合國機構。二〇一三年十一月，糧食及農業組織共有一千七百九十五名專業人員，以及一千六百五十四名支援人員。二〇一四至二〇一五年度的總預算為二十四億美元，包括會員國及合作夥伴的自願捐獻，以提供各國技術援助及緊急援助（包括重建），也直接贊助聯合國糧食及農業組織的核心業務。

- **國際農業發展基金**成立於一九七七年，是聯合國的專門機構，總部設於羅馬，提供長期低利貸款給各項計畫，以提升經營規模較小的農民、游牧牧民、無工地鄉村居民、貧窮女性等人的食物供給與營養，進而對抗開發中國家的飢餓與鄉村貧窮的問題。國際農業發展基金也鼓勵各國及其他機構資助這些計畫。美國是國際農業發展基金最大捐獻國之一。
- **國際勞工組織**成立於一九一九年，總部設於日內瓦，負責訂定國際勞工標準。國際勞工組織推動各項公約，也提出許多建言，協助制訂勞工權利的最低標準，例如組織工會的權利、集體談判的權利，以及平等機會與待遇的權利，進而設立國際勞工標準。國際勞工組織最重要的職責，是調查會員國是否確實遵行所簽署的勞工公約與協議，並將違規情事予以上報。美國擁有國際勞工組織監管單位的永久席位，認爲國際勞工組織是對抗童工剝削問題的關鍵力量。美國政府發表的一份報告指出，國際勞工組織協助中美洲、孟加拉、巴基斯坦等地，「數以萬計的兒童脫離剝削性質的工作，安排他們上學，也提供他們的家庭其他賺取額外收入的機會。」國際勞工組織在一九六九年成立五十週年之際，獲得諾貝爾和平獎。
- **聯合國人居署**成立於一九七八年，總部位於奈洛比，自稱是「透過倡導、政策制訂、能力提升、知識創造，以及強化政府與公民團體之間的伙伴關係，促進人類居住地的永續發展」。

- **聯合國開發計畫署**成立於一九四五年，總部位於紐約，專注於四大項目的發展：貧窮、環境、就業及女性。美國政府的一份報告指出，聯合國開發計畫署提供美國「一個重要的溝通管道，尤其是與美國並無邦交的國家」。美國是聯合國開發計畫署的最大捐獻國。
- **聯合國工業發展組織**是設立於一九八五年的專門機構，總部位於維也納，負責協助開發中國家建立具有全球競爭力的經濟體，同時維護當地自然環境。工業發展組織也是企業與政府之間溝通的橋樑，鼓勵創業，也鼓勵包括女性在內的所有族群，投入勞動力。工業發展組織的員工包含工程師、經濟學家，以及科技與環境專家。
- **聯合國婦女署**於二〇一〇年配合聯合國改革而設立，是四個獨立機構合併而成：提升女性地位部門、提升女性地位國際研訓中心、性別議題暨提升女性地位特別顧問辦公室，以及聯合國婦女發展基金會。聯合國大會要求婦女署協助制訂政策、全球標準及規範，也指導會員國依循這些標準。婦女署也在二〇一四年，發表千禧年發展計畫性別圖表，以衡量與女性地位相關的千禧年發展目標的達成進度。這些目標包括就業、教育、孕產婦健康，以及賦予權力。婦女署也負責監督聯合國各單位是否落實性別平等。
- **世界銀行**成立於一九四五年，以提升窮國經濟，進而減少全球貧窮為目標。近年來世界銀行積極與地方組織與社區合作，提升各項計畫的成功率。世界銀行由五個機構組成，全都位於華盛頓特區：

1. 國際復興開發銀行於一九四六年開始營運，提供貸款及金援給會員國，會員國也依據自身的經濟實力對銀行捐獻。各國在監管單位的投票權，視捐款多寡而定。大多數資金來自在國際資本市場賣出債券的所得。

2. 國際開發協會提供貸款給人均年所得較低的國家。大多數資金來自富有國家的捐獻。
3. 國際金融公司是開發中國家私營部門計畫最大的多邊貸款與股權融資來源。
4. 多邊投資擔保機構爲開發中國家的外國投資人提供擔保，保證外國投資人不會因爲政治因素，以及徵收與戰爭等因素蒙受損失。
5. 國際投資爭端解決中心負責仲裁與調解各國政府與外國私人投資者之間的爭端。

15 全球連結

美國是世界強國，全球的政治、經濟與社會力量，需要一些全球標準。聯合國有一些專門機構，比方說國際民用航空組織，是這個架構的基石。新設立的全球技術基準，也讓美國的許多領域受益。

——艾絲樂．比默，喬治華盛頓大學艾略特國際事務學院

我們生活在一個相互連結的世界，一台電腦單單放著，就能進行驚人的運算及資訊管理，但必須與其他電腦連結，才能把作用發揮到極致。多連結一台電腦，功能就多出許多，不僅能處理資訊，還能取得資訊，創造資訊，傳播資訊。連結能力給予電腦全新的視野。聯合國

是促進世界上許多形式連結的功臣，也管理這些連結。無論是透過網路、金融市場與外匯、電波、海上航線、郵遞路線，還是國際貿易與商業管道連結，種種人類之間的重要連結，都需要規則、標準、規範以及國家之間的協議，聯合國相關的協議、組織與機關，協助制訂了這些標準與規範。

推動的力量

聯合國雖然不是唯一推動連結的行爲者，卻是推動連結的關鍵力量，這是因爲聯合國在國際社會地位特殊。正如某些旁觀者所說，聯合國可以扮演一個誠實的協調者，帶動各界討論如何管理、監控，或定義重要的全球議題與業務。聯合國各機構擁有較爲寬闊的全球視野，可促成各國政府、跨國產業，以及企業之間達成協議；也能有效監督、執行並促成許多「軟體基礎建設」，讓複雜的國際系統在多數時間都能順利運作。聯合國各機構也輔佐各國政府，適應現代經濟關係的快節奏與強度，畢竟一個看似健全的國家經濟體，也容易因爲匯率與現金流量的劇烈波動，而突然陷入危機。全世界舉凡與法律、程序，還有其他無形卻很重要的項目相關的軟體基礎設施，聯合國都能迅速建立標準。

歷史最悠久的聯合國機構是國際電信聯盟，一八六五年於法國成立之初，叫做國際電報聯盟。最初的目的是將電報服務標準化，當時的電報是世上唯一的電子通訊方式。後於一九三四年改為國際電信聯盟，一九四七年成為聯合國專門機構，當時的電信已經廣泛到包括電話、無線電與電視，需要新的標準與相容性。

國際電信聯盟目前的職責，是協助各國政府與私營部門，協調並改善全球電信網路服務，制訂網路連結與技術連結的標準，改善服務不佳地區的電信服務品質，以及分配全球無線電頻譜與衛星軌道。衛星軌道？這跟管理電報實在天差地遠。國際電信聯盟是唯一同時擁有政府會員與非政府會員的聯合國機構；會員除了聯合國一百九十三個會員國之外，也包含監管單位、學術機構，以及大約七百家私營企業。國際電信聯盟表示，隨著世界連結愈來愈緊密，「國際電信聯盟是唯一把全世界聚集在這個發展迅速，又不斷變動領域的全球組織。」國際電信聯盟秘書長哈瑪德．圖埃呼籲會員國，更重視電腦時代的風險。他認為網路戰是當今的現實，而談到解決方案，他說了一句潘基文祕書長聽了應該會很感動的眞言：「沒有一個單位能獨力做到，我們要改變想法。」

聯合國歷史第二歷史悠久的機構，是萬國郵政聯盟，一八七四年簽訂伯恩條約成立，協助建立世界各國郵政系統的標準，提升各系統之間的相容性。在電子時代降臨之前，個人、企業、政府單位，應該說所有組織之間的主要溝通方式，是藉由實體信件、文書及包裹的傳遞。各國的郵政系統必須互相配合，信件才能確實送達目的地，無論是在天涯海角。萬國郵政聯盟接手這個任務，並在一九四八年成為聯合國專門機構，負責管理並促進國際郵政系統之間的合作，也提供顧問、調解，以及技術支援。每五年召開一次萬國郵政會議。

我們可以想像，一個負責協調全球郵政系統的組織，想必要與電信革命的效應，以及形形色色的數位通訊媒體搏鬥。既然可以寄電子郵件，又何必寄實體信件？二〇一三年至二〇一六年的萬國郵政聯盟總裁畢沙．胡笙，也在二〇一二年的年度報告，提起新時代的挑戰。「我們做了很多事情，但還有太多的事情等著我們去做，才能帶領公共郵政部門走出蕭條。」他寫道，「萬國郵政聯盟必須積極引導全球郵政系統，運用新科技，去除阻礙全球郵件流通的因素，勇於面對郵政系統中，不斷增加的電子商務包裹，提升客戶服務水準，快速回應客戶迅速變動的需求。」可想而知美國郵政署的高層，支持萬國郵政聯盟能順利達成這些目標。

郵政服務運送形形色色的包裹，但不會運送人類。飛機可就不同，幾乎是載得動的東西都能運送，每年運送幾百萬，甚至是幾十億乘客往來各地。萊特兄弟在北卡羅萊納州的小鷹鎮完成人類歷史上第一次成功飛行的四十年之後，國際民用航空組織於一九四四年《國際民用航空公約》（通稱《芝加哥公約》）簽訂之際成立。國際民用航空組織也負責監督這項公約的執行。國際民用航空組織於一九四七年，成為聯合國專門機構，負責制訂國際標準與規章，以維護民用航空運輸的安全與效率。為了達成這個目標，也制訂了各項國際標準，涵蓋飛行器、飛行員、空服員、航管人員、地勤與維修人員，以及國際機場安全人員。國際民用航空組織、公約簽署國，以及全球各地的產業與航空組織，訂定了國際標準與建議措施，各國用以制訂自己的民用航空規範。《芝加哥公約》的十九個附件，目前含有超過一萬個標準與建議措施。國際民用航空組織自豪地說，「現在的全球航空運輸網，每天能夠在世界各地提供十萬個飛行班

2012年1月31日，國際電信聯盟祕書長哈瑪德．圖埃，於瑞士日內瓦舉行的一場探討網路安全與網路犯罪的高層會議上，發表談話。聯合國照片／約翰馬克．費雷攝

次，而且兼顧安全與效率」，就是因爲有這些標準與建議措施，再加上國際民用航空組織致力於推出政策、審計及能力發展。

國際民用航空組織成立隔年，又有一個連結全世界的組織誕生。國際貨幣基金於布列敦森林會議成立，是爲聯合國專門機構，負責促進國際貨幣合作，提供金融、資本、財政與貨幣方面的顧問服務，並給予各國政府政策建議。國際貨幣基金與世界銀行不同，管轄範圍遍及世界各國，而非只有開發中國家。在危機時刻，會員國一旦無法償付對他國的債務，或是金融系統不穩定，國際貨幣基金即可提供應急所需的大額貸款。不過國際貨幣基金偶爾也會引發爭議，某些國家因爲陷入區域或全球金融危機，無法償付外債，不得不接受國際貨幣基金開出的條件。

也有人批評國際貨幣基金要求政府控制財政，有時候不但沒解決一個國家的財政危機，反而讓問題惡化，尤其是對於開發程度較低的國家，因此應該採取較爲寬鬆的措施。

聯合國提升全球連結最有創意的措施，要回溯到一九四五年，創立了聯合國教科文組織，「以回應各國在不到一個世代的時間，歷經兩次世界大戰之後，所形成的堅定信念，也就是政治與經濟協議，不足以保證永久的和平。和平必須以人類共同的道德與智慧爲基礎。」聯合國教科文組織自稱是「致力建立各國之間的關係網，以追求道德與智慧層面的團結。」教科文組織專注在四大領域：第一是保障兒童享有優質教育，「這是基本人權，也是人類發展的前提。」第二是保護文化遺產與文化多樣性，增進跨文化理解。聯合國教科文組織發明了「世界遺產」的概念，我們談到文化遺產，也經常提起這個名詞。第三是促進科學合作，「強化不同國家與社會之間的關係。」第四是保護言論自由，「作爲民主政治、發展與人權的基石。」聯合國教科文組織的總幹事伊琳娜·博科娃以兩個言簡意賅的句子，歸結這個組織的使命：「我們生活在一個充滿限制的新時代，物質資源有限，地球也有限。所以需要加碼投資最強大的一種可再生能源，也就是人類的巧智。」

至於教科文組織的工作究竟是什麼？這個問題很容易讓人聯想到一個例子。教科文組織將某些文化瑰寶列爲「世界遺產」，讓這些地方受到舉世矚目，同時也得以永續生存，爲後世子孫所享有。有些世界遺產位於城市，有些則是位於叢林、沙漠一類的偏遠地帶，還有一些在水面下。教科文組織表示：「水下文化遺產涵蓋了現在在水面下，以及曾經在水面下的人類生存的遺跡，具有文化與歷史意義。」但即使是隱藏在水面下的文化遺產也需要保護，才不會被偷竊洗劫。教科文組織於二〇〇一年起草了《保護水下文化遺產公約》，爲水下遺產的保護工作，提供了國際法律架構。這項公約於二〇〇九年經過二十個會員國簽字，正式生效。

教科文組織想保護的水下遺產，很多都是幾十年前的船隻，例如鐵達尼號，甚至是幾百年、幾千年前的船隻，在商業活動中沉沒。聯合國直到一九五九年，成立國際海事組織，才開始與海上貿易有了連結。海上貿易已有幾千年的歷史，如今的國際貿易又大約有百分之九十，是透過海運進行，如此看來，國際海事組織成立的時間似乎稍稍嫌晚。

國際海事組織的職責，在於保證國際貿易的海上貨運全程安全，而且絕對不會污染海洋。這個組織開始運作後不久，就修訂了一九一二年鐵達尼號沉沒之後簽訂的《國際海上人命安全公約》，將其稱爲「最重要的海事安全公約」。至於船隻所造成的污染，國際海事組織也推出各項措施，預防油輪意外事故，將意外損害降至最低；也控制因爲清洗油槽、丟棄機艙廢棄物，以及其他例行作業，所造成的環境污染。國際海事組織表示，其中最重要的是在一九七三年通過《防止船舶污染國際公約》，以及一九七八年簽訂《關於一九七三年防止船舶污染國際公約之一九七八年議定書》，管理意外發生或是操作上的漏油污染，以及化學物質、商品包裹、污水、廢棄物，以及空中污染物，所造成的污染。國際海事組織召開各項會議，促成四十項公約，提出一千多項準則與建議，進而建立了安全與效率的標準，世界各地通用，涵蓋海事、技術法規與常規，以及污染控制。這可是浩大工程，畢竟船隻的所有權可能與經營權分離，也有可能牽涉不只一個國家。船隻的航行路線也許會經過許多國家，但沒有一個是這艘船隻的所有權或經營權註冊國。國際海事組織說：「所以需要有一套海運的國際規範，讓所有國家都能執行，也都能接受。」

船隻是巨大的實體，但現代的基礎設施很多是無形的軟體，例如智慧財產的創作、所有權及開發相關的規則與標準。軟體基礎設施也包括智慧財產所有權相關的法令規章。智慧財產的種類很多，舉凡歌曲、小說、發明、藥物，甚至基因，都算是智慧財產。智慧財產就像任何一種財產，有時會有所有權及使用方面的爭議。世界智慧財產權組織協助各國在智慧財產權法律與程序方面與世界接軌，也就是說一個人在這個國家創造了智慧財產，在其他國家也擁有保障。世界智慧財產權組織執行的十一項協議，列出全球認可的權利與標準。簽署國也保證在境內執行這些權利與標準。

世界智慧財產權組織設有全球專利系統，每年處理超過二十萬件專利申請案件。智慧財產的發明人只要申請一次，就能在很多國家擁有智慧財產權。同樣的道理，國際商標系統也是只要註冊一次，商標就會在九十幾個國家受到保護。有時候國家的標誌也需要保護，世界智慧財產權組織設有一個資料庫，依據《巴黎公約》，保護締約國的國旗國徽，禁止任何人未經許可，註冊成商標使用，就好像任何人都不能把法國國旗當成自家商標使用。世界智慧財產組織還有另一個機構，跟我們平民百姓應該比較相關，那就是仲裁調解中心，負責調解網域名稱的爭議，避免爭端擴大成訴訟。

犯罪與毒品販運

罪犯也從現代生活中的種種連結，發現可乘之機。空中運輸、電子通訊，以及全球金融網，不僅容易受到攻擊，也成爲某些人爲非作歹的工具。毒品販運就是其中一種，也引發聯合國特別關切。聯合國集中資源，監控全球各地的毒品使用情形，彙整統計資料，將專家的分析提供政策制訂者及執法單位參考。麻醉藥品委員會是聯合國經濟及社會理事會的下轄單位，也是聯合國制訂毒品相關政策的主要單位，以及聯合國的國際毒品防治計畫的監管單位。

麻醉藥品委員會的政策，是以三項國際公約爲基礎。一九六一年通過的《麻醉品單一公約》限制毒品只能用於醫療。一九七一年通過的《精神藥物公約》目的在於控管合成藥物。一九八八年通過的《聯合國禁止非法販運麻醉藥品和精神藥物公約》重點在於防治非法毒品交易，以及洗錢之類的相關議題。不過麻醉藥品委員會並不負責督導這幾項公約的執行，那是國際麻醉藥品管制局的責任。國際麻醉藥品管制局是一個獨立組織，由聯合國經濟及社會理事會選派的十三位委員組成，經費由聯合國提供。

有鑑於國際麻醉藥品交易激增，聯合國於一九九七年成立聯合國毒品和犯罪問題辦公室，集中資源對抗毒品。聯合國毒品和犯罪問題辦公室有兩個單位，一個是打擊犯罪部門，另一個是防治毒品部門。打擊犯罪部門著重於對抗貪腐、組織犯罪、人口販賣，以及恐怖行動。防治毒品部門則是鎖定整個毒品供應鏈，從種植、販賣到洗錢一網打盡。另外也彙整並散播禁藥資訊，監控非法毒品種植，打擊毒品相關的洗錢活動，以及協助各國政府制訂反毒法律。

聯合國毒品和犯罪問題辦公室的重點工作，也包含「全球評估計畫」，提供國際毒品問題的正確資訊。還有「法律顧問計畫」，協助各國政府制訂打擊毒品交易的法律，以及訓練司法官員。另外也有「非法作物監測計畫」。「另類發展計畫」則是勸導農民改為種植其

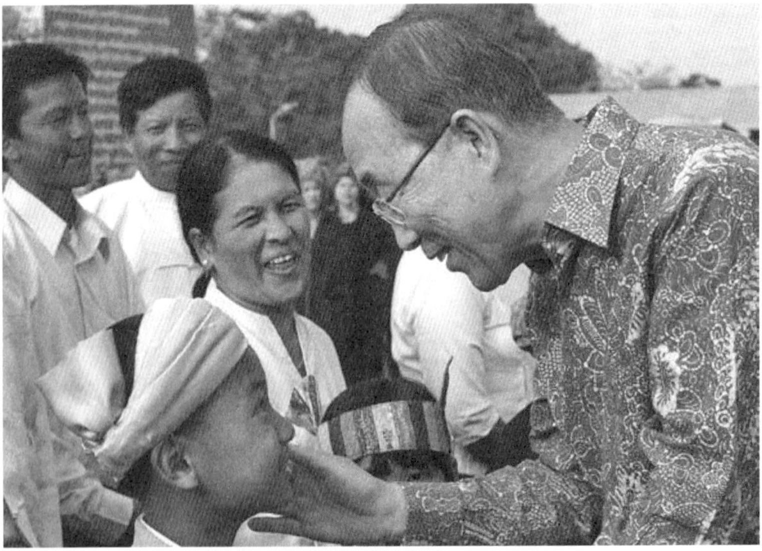

2012年4月30日，聯合國祕書長潘基文訪問緬甸科亞克卡查爾村，視察緬甸政府與聯合國毒品和犯罪問題辦公室，在當地展開的「毒品替代發展計畫」，並與村民會面。聯合國照片／馬克．賈騰攝

他作物，賺取合法且充足的收入，以從根拔除毒品問題。

聯合國毒品和犯罪問題辦公室，在《二〇一三年世界毒品報告》表示，全球非法毒品市場大致穩定，但阿富汗的鴉片產量仍舊居高不下，新款精神藥物問世的速度之快，銷售數量也十分驚人。「新款精神藥物在世界各地，如雨後春筍般出現，是這五年來毒品市場最顯著的趨勢。」報告也指出，有些國家採取創新的措施，遏制這個新浮現的問題，「但這是蔓延全球的問題，需要國際合作，遍及全球才能解決。」報告列舉了使用毒品對健康的傷害，也直言呼籲「世界各國共同串連，重新調整毒品防治工作」，包括「加強預防與治療，不僅在政治上宣示，也要增加這些工作的預算。」

聯合國的工作就像全球各地的執法單位，重點放在找出那些包括非法毒品交易在內的國際犯罪背後的勢力，一一予以瓦解。但事實已經證明，這個過程緩慢又艱辛。

聯合國相關單位

- **麻醉藥品委員會**成立於一九四六年，總部位於維也納，負責制訂聯合國與毒品相關的政策，也是聯合國毒品防治計畫的督導單位。
- **國際民用航空組織**位於蒙特婁，負責制訂民航安全與效率相關的國際標準，以及法令規章，獲得美國大力支持。

• **國際海事組織**的總部位於倫敦，努力推動安全無污染的海運。國際海事組織在一九八三年於瑞典創立了世界海事大學，另外也成立了國際海事組織國際海事法學院，以及國際海事組織國際海事學院。

• **國際貨幣基金**總部位於華盛頓特區，預算有一部分來自會員國捐款。會員國也可按照捐款多寡，向國際貨幣基金貸款。國際貨幣基金發行兩種重要報告：《全球經濟展望》以及《國際資本市場》。國際貨幣基金設有理事會，由一百八十八個會員國的代表組成，負責制訂政策，監督整體運作。日常運作則是由二十四個成員組成的執行董事會負責管理。

• **國際電信聯盟**位於日內瓦，負責促進各國政府與私營部門合作，提升全球電信網路服務，也負責制訂網路與科技接軌的標準。另外也向開發中國家提供技術援助。

• **聯合國毒品和犯罪問題辦公室**總部位於維也納，由聯合國藥物管制規劃署以及國際預防犯罪中心於一九九七年合併而成，在世界各地廣設辦事處。百分之九十的經費來自會員國自願捐獻。

• **聯合國教科文組織**於一九四五年設立，總部位於巴黎，致力於提升思想的自由流動，普及教育，傳播科學知識，以及保護文化遺產與自然遺產。共有兩千一百六十位人員，設有一百九十一個國家委員會，以及大約三千六百個協會、中心及社團。

• **萬國郵政聯盟**的總部位於伯恩，負責協助各國郵政系統遞送全球郵件。經費全數來自會員國，與聯合國體系無關。自稱是聯合國體系當中年度預算最少的單位。

- **世界智慧財產權組織**總部位於日內瓦，致力於保護全世界的智慧財產。設有世界智慧財產組織學院，透過遠距教學，指導開發中國家的發明創造人士，使用先進科技的資訊。世界智慧財產組織的年度預算多半來自註冊系統的收益。

16

氣候變遷

> 我們所代表的這個世代，是有史以來第一個需要思考地球未來的世代。要說我這一代的父母有幾個提起過氣候變遷？我看應該沒有半個。氣候變遷是全新的議題，現在的公共討論會觸及永續發展能力，就代表大家開始重視氣候變遷。
>
> ——聯合國副祕書長楊・艾里亞森

我們都聽過那句話「每個人都會談論天氣，但誰也沒出手改變天氣。」現在這句話只對了一半。現在我們不但會談論天氣，尤其是那個叫做全球暖化的現象，還要拿出對策解決問題。遏止人類行爲所造成的氣候變遷，牽涉到範圍大得多的領域，涵蓋整個地球環境，以及生存於地球上的動植物，也就是所謂的生物圈。氣候變遷就像籠裡的金絲雀，可以發出警訊，提醒我們世界各地的空氣、陸地、水域及生物的各種轉變。坐在金絲雀身旁的就是聯合國，一起傳達氣候變遷的警訊。潘基文就任聯合國祕書長之時，宣示要將氣候變遷當成第一要務，後來也一直相當重視這個議題。他在二〇一三年參訪受到颱風重創的菲律賓，回來之後表示：「我再一次看見，氣候變遷確實是人類生存的一大威脅。」

呈現事實

氣候變遷是一個已經存在五十幾年的話題。科學家開始討論一種理論，認爲現代工業社會的溫室氣體排放量不斷上升，氣候也因而改變。二氧化碳與甲烷是兩種性質相當特殊的溫室氣體，作用就像溫室的窗玻璃，會阻擋散熱。人類燃燒含有碳成分的燃料，增加了我們稱之爲地球大溫室的溫度，也增加了大氣層的溫室氣體含量。這些溫室氣體留住更多熱氣，而不是讓熱氣發散到外太空，長期累積下來，大氣層的溫度明顯升高。根據這個理論，等到大氣層的平均溫度上升到一個程度，天氣型態就會改變。

「人類行爲改變了全球氣候」是個頗具爭議又含糊不清的理論，直到一九八〇年代才有所改變，當時科學家發明了檢測機制與電腦軟體，精密到足以追蹤全球的溫度變化，也開始分析氣溫升高會如何影響天氣。眼看鐵證堆積如山，在新的千禧年來臨之前，大多數科學家已經相信，全球氣溫升高確實與溫室氣體排放相關。

主導氣候變遷相關討論的團體，是聯合國政府間氣候變遷小組，是由聯合國環境署以及另一個聯合國相關單位「世界氣象組織」於一九八八年成立。政府間氣候變遷小組開始研究世界上的科學文獻，以中立客觀的角度，評估人類對氣候的影響，並於一九九〇年、一九九五年、二〇〇一年及二〇〇八年，發表官方報告。現在看來，這幾份報告徹底改變了世人對氣候變遷的想法。

這幾份報告以嚴肅說理的口吻，一一列舉全球成千上萬名科學家，研究分析所得出的事實，並在結論指出，人類的行爲確實會改變氣候。如果目前的情況持續下去，氣候仍舊會受到影響。政府間氣候變遷小組也因爲貢獻卓著，與身兼環保運動人士、作家與

2014年3月27日，潘基文祕書長造訪格陵蘭盧利薩特冰峽灣，觀察全球暖化對當地的影響。聯合國照片／馬克．賈騰攝

前美國副總統的高爾，同時獲得二〇〇七年諾貝爾和平獎。

世界各國一致認爲，全球暖化若是持續下去，人類生活的很多層面會被打亂，也許還會造成社會經濟動亂。舉例來說，全球暖化很顯然會導致冰河與極地大冰原融化，進而帶動海平面上升。上海、紐約、孟買之類的沿海城市，以及一些低窪島國，將來可能都要泡在水裡。還有一些效應也有可能發生，例如美國中西部的乾旱，可能會嚴重到讓著名的「玉米帶」的大規模農耕停擺。有人受害大概也會有人受益，例如雲朵所在的緯度改變，現在的沙漠地區便能得到降雨，但比起人口密集區域遭受的傷害相比，這些好處簡直微不足道。

採取行動

聯合國一再呼籲各國政府減少溫室氣體的排放量，採取的第一步是在一九九二年召開會議。環境與發展會議，比較爲人熟知的名稱是地球高峰會，於里約熱內盧召開，通過了《二十一世紀議程》，也就是全球永續發展計畫，目前由聯合國永續發展委員會監督執行。各國代表在地球高峰會簽署《聯合國氣候變遷框架公約》。這項公約要求工業化國家在二〇〇〇年之前，將溫室氣體排放量降低至一九九〇年的水準。政府間氣候變遷小組在一九九五年發表報告，強調必須採取行動。地球高峰會召開的五年過後，聯合國大會召開地球高峰會五年後特別會議，評估執行進度（非常參差不齊），也規劃後續的行動。爲了推動後續工作，聯合國於一九九七年十二月，在日本京都召開會議。工業大國簽署了一項協定，訂下嚴格的目標，要在二〇一二年之前，將六種溫室氣體的排放量減少超過百分之五。開發中國家毋須達成減少排放量的目標，但是最大的開發中國家，也就是中國，卻在二〇〇六年成爲二氧化碳排放量最大的國家。

雖然聯合國努力將氣候變遷從發現問題推進到解決問題階段，但其效果外界褒貶不一。理查·戈溫就對聯合國在氣候變遷議題的進展感到憂心，「如此重大的全球議題」，在二〇〇九年聯合國在哥本哈根召開的氣候變遷會議，卻「毫無進展」，「只能牛步前進」。他認爲最大的障礙，在於聯合國喜歡先達成共識再行動。「聯合國整個協商的機制，是每個國家都能發聲，每個國家都能阻擋進展。這一套根本行不通。」

聯合國不受批評影響，聚集氣候變遷影響所及的相關人員開會，希望凝聚全球行動的共識。潘基文祕書長再三呼籲商業部門與金融部門，加入對抗氣候變遷的行列。「有了以創意聞名的私營部門相助，我們對抗氣候變遷的這場戰役的成本，就能轉化爲經濟利益。這就是企業社會責任的典範，在經濟層面也有益。我在美國與其他國家的各大城市與商業領袖會面，向他們說明這個觀念。」在二〇一四年於瑞士達佛斯舉行的世界經濟論壇——氣候、成長與發展，潘基文祕書長呼籲與會聽衆「奉行綠色生活」，投資「數以兆計」的美元，發展低碳能源，停止投資高碳能源。

呼籲行動

「氣候變遷的科學，就像3D電影的場景，赫然進入我們的視線，警告我們，催促我們採取行動。科學證據是無庸置疑的，誰都不必存疑……。」

「我很高興能告訴大家，中國政府高層也認為從現在開始，應該走向更乾淨的道路。中國正在採取行動，我們去年在北京成立了美中氣候變遷工作小組，一起完成了幾項重要的工作。昨天我們才宣布了一項新協議，往後要加強對話，也包括共享資訊與政策，為明年即將在巴黎舉行的聯合國氣候變遷協商預作規劃，訂定二〇二〇年後的溫室氣體排放限制。這些計畫是聯合國與各國協商，最後簽訂新全球氣候協議的關鍵。我們也希望中美在氣候變遷領域的合作，能夠樹立典範，鼓勵其他國家認真面對氣候變遷議題，領導人民採取行動。」

「大家不要誤會，要知道我們確實有進展。美國與中國是全球最大的兩個經濟體，也是最大的兩個能源消費國，更是最大的溫室氣體排放國。兩個國家加起來的排放量，約占全球的百分之四十。但這關係到的不只是中國與美國，而是地球上的每一個國家都應該竭盡所能，追求更乾淨，更健康的能源……所以我們必須繼續在聯合國協商，明年在巴黎達成一個充滿抱負的全球協議。其他國家也應該開始簽訂規模較小的雙邊協議，公私合夥，或是在國內展開獨立的計畫，能做的事情很多。」

——美國國務卿約翰．凱瑞二〇一四年二月十六日於印尼雅加達發表談話潘基文認爲美國是對抗全球氣候變遷的關鍵，也呼籲華府帶領其他國家對抗全球暖化。他說：「整個地球已經面臨重要關頭。」他也說，不行動的代價「將遠遠超過行動的代價」。他說聯合國願意承擔在政治上號召世界各國對抗氣候變遷的責任，卻也提到美國擁有先進科技，又是溫室氣體排放量最大的國家，所以「最有立場領導改革」。他說：「我認爲美國出面領導大局，這個地球就不致於淪落到難堪的處境。」歐巴馬總統於二〇一四年六月，推出美國抑制溫室氣體排放的行動計畫，潘基

2014年2月21日，潘基文祕書長（右）與他的城市與氣候變遷特使，也是前紐約市長麥克·彭博會面。聯合國照片／艾斯肯德·德比比攝

文祕書長立刻予以稱讚，說「溫室氣體排放不僅擾亂氣候，加重極端氣候型態，也威脅到人類健康、永續經濟成長與發展，這項計畫是朝向降低溫室氣體排放的一大步。」歐巴馬計畫的一大重點，是要求美國國家環境保護局制訂所有發電廠必須遵行的碳排放標準，也允許在國有土地上，興建一定數量的風力與太陽能發電設備。

歐巴馬計畫的另一項特色，是與其他國家合作，擴大氣候變遷的相關工作。非洲以及其他地方，有許多開發中國家，愈來愈擔心人類行為所造成的氣候變遷的不良影響，各國尤其關注中國的情形。劇烈的環境變化，橫掃中國的空氣、河川、土地與海岸，北京的嚴重空氣污染只是一個最明顯的徵兆。空氣污染當然不為人所喜，卻也讓民間與官方體認到，中國是造成氣候變遷的主因。中國政府的回應，是在二〇一一年三月通過五年規劃，設定二〇一一年至二〇一五年的新目標與新政策，包括減少使用化石燃料，以及建立碳排放權交易市場。有鑑於世人普遍擔憂氣候變遷的相關效應，中國政府與美國政府公開宣示願意攜手合作，解決問題。

保護生物圈

發展綠色經濟的話題一出，立刻引起環保人士以及其他關心自然環境的人士的關注。使用化石燃料往往必須付出高昂的環境成本，例如開採煤礦就會傷害環境，尤其會嚴重污染水道；燃煤產生的溫室氣體與汞之類的有毒物質，也會隨風飄散到遠方。單單從這個例子，就可看出對抗氣候變遷，也就等於維護自然環境。

過去五十年來世界人口急遽成長，經濟也迅速發展，對全球的森林、農地、大氣層、河川與海洋形成壓力，也導致世人開始重視自然環境。聯合國在這些領域扮演善良中間人的角色，善用全球人脈的優勢，造就豐碩的成果。聯合國針對全球環境問題，採取的第一項行動，是與大氣層的臭氧層變薄有關。科學證據顯示，某些工業製造的化學物質，尤其是氟氯碳化物，會加速上層大氣中的臭氧分解，導致更多有害的紫外線陽光接觸地球。爲了對抗這項威脅，全世界在聯合國環境署的領導之下，果斷採取行動。工業國家依據一九八七年《蒙特婁議定書》的內容，於一九九六年禁止生產氟氯碳化物。開發中國家則享有一段寬限期。所有的跡象都顯示這些計畫正避免了環境與人類大浩劫發生。

在聯合國體系中，聯合國環境署負責環境議題，「扮演催化、倡導、教育與促成的角色，推廣全球環境的智慧使用與永續發展。」聯合國環境署自己形容的使命相當廣泛：「作爲全球環境議題的領導機關，設定全球環境議題，督促聯合國體系內部，永續發展項目的環境相關工作的連貫執行，也是擁護全球環境的官方機構。」如此龐雜的任務與業務，凸顯出愈來愈多人認識到，綠色經濟、保護野生生物，以及永續社會與經濟發展，全都是一個巨大整體的一部分。這也呼應了潘基文祕書長與其他人所說的，沒有一個國家、一個組織「能獨力完成」。

聯合國相關單位

- **聯合國環境署**成立於一九七二年，總部位於奈洛比，代表聯合國在環境議題發聲，自稱是「扮演倡導、教育與促成的角色，推廣全球環境的智慧使用，與永續發展。」美國政府很重視聯合國環境署帶動全球思考與行動的作用，也是聯合國環境署成立至今的最大捐獻國。美國國家環境保護局表示：「美國國家環境保護局與聯合國環境署長期合作，成果也相當豐碩，在很多重要項目攜手合作。」例如，在汞排放研究計畫當中，兩個機關一起彙整資料，列出汞排放的來源與規模，以及幾種控制方案的成本效益，目的在於為未來的談判提供資料，催生「具有法律效力的全球汞排放協定」。在這兩個機關的努力之下，二〇一三年通過《水俁公約》，是一項防止汞危害人類健康與環境的全球公約。
- **世界氣象組織**成立於一九五一年，總部位於日內瓦，是聯合國專門機構，負責提供大氣層、淡水與氣候的科學資訊，包括臭氧層縮小、全球暖化、乾旱，以及聖嬰現象。超過兩百名人員為一百八十二個會員國及六個地區服務，也協助各國政府與國際組織制訂政策。

17

各國投票紀錄

一個國家在聯合國的投票紀錄，只代表這個國家與美國關係的一個層面……不過一個國家在聯合國的表現，絕對和這個國家與美國的雙邊關係相關。國務卿給予新上任美國大使的書面指示，也屢屢提及這一點。

——美國國務院

美國是聯合國最具影響力的會員國，所以美國的種種發言、作爲，以及不作爲，都會由全球媒體、各國政府，以及分析師解讀成各種不同的意思。不過很多人都不知道，美國政府也會解讀會員國的行爲，尤其是投票紀錄。美國政府努力維持自身在聯合國的強勢地位，所以時時留意聯合國大會的一百九十三個會員國，以及安理會的十五個理事國如何投票。美國《公法》一〇一至二四六號第四〇六款規定，國務院每年必須彙整美國與聯合國其他會員國的投票紀錄，並且向國會報告。報告的序言就提到，安理會與聯合國大會「可以說是世界上最重要的國際機關，處理的都是極為重要的議題，例如和平與安全所面臨的威脅、解除武裝、發展、人道救援、人權、環境，以及毒品，都是一些足以直接影響，也確實直接影響美國重大國家利益的議題。」

美國國務院的聯合國分析師，每年都要統計會員國在各種決議案的投票情形，無論這些國家投票的立場是否與美國相同。安理會的投票情形，通常都在意料之中。規模較小的安理會幾乎都是依照共識

表7　2003年至2012年聯合國安理會投票情形

年份	開會次數	審議的決議案	通過的決議案
2012	199	55	53
2011	235	68	66
2010	210	59	59
2009	194	49	48
2008	244	66	65
2007	202	57	56
2006	272	89	87
2005	235	71	71
2004	216	62	59
2003	208	69	67

資料來源：改寫自美國國務院，《2012年聯合國投票情形》，http://www.state.gov/p/io/rls/rpt/c57662.htm。

行動（表7）。二〇一二年，安理會審議了五十五項決議案，通過五十三項，其中多半都是一致通過。只有中國與俄國在關於敘利亞的決議案上，投下反對票；只有四項決議沒有全票通過，分別是有關塞浦路斯、蘇丹、受到武裝衝突影響的兒童，以及前南斯拉夫國際戰犯法庭的決議。如此一致的投票行爲，看在前美國大使約翰・尼格羅龐提的眼裡，在在證明了「外界老是說我們是單邊主義，可是我們在聯合國全數通過的決議案與議題，眞的是多到不可思議。」

聯合國大會的決議案多半是採取共識決，其餘則是投票決。將所有共識決以及投票決通過的決議案加以分析，會發現在二〇一二年，會員國與美國投票立場相同，比例爲百分之八十三點九。這個比例

2013年12月17日，安理會即將召開會議討論阿富汗事務。聯合國照片／阿曼達・維伊沙攝

在最近幾年大致維持不變，二〇〇九年為百分之八十四點三，二〇一〇年為百分之八十五點四，二〇一一年為百分之八十五點九。聯合國大會的會員國各自的觀點、目的與利益南轅北轍，投票行為竟能如此一致，實在出人意料。

至於缺乏共識的議題，投票情形則是非常不同。第六十七屆聯合國大會在二〇一二年秋季的會期，總共舉行八十九次的決議案投票表決。美國投贊成票二十九次，投反對票四十九次，棄權十一次。其他國家在這些決議案是否與美國站在同一陣線？根據美國國務院的統計，機率只有百分之四十二點五。

美國國務院將各國與美國的投票一致性分開計算，算出來的結果更有意思。舉個例子，我們從表格可以看出，阿富汗的投票行為有百分之三十六點五與美國一致，其他國家分別是澳洲百分之七十一，巴西百分之三十五點一，中國百分之三十點三，德國百分之六十，沙烏地阿拉伯百分之二十九點二，以及英國百分之七十三點八。

美國國務院也分析各地區、集團，以及關於「八大重要議題」與美國的投票行為一致性。所謂八大重要議題，指的是與美國國家利益密切相關的議題的投票行為。二〇一二年的八大議題包括：

- 終結美國對古巴的經濟封鎖
- 巴勒斯坦及以色列相關的四項決議案

- 伊朗人權現況
- 敘利亞人權現況
- 爲發展而創業

從表8可以看出，美國的利益往往與其他國家，或是非洲集團、亞洲集團之類的集團不同。我們也可以看出美國與其他國家或集團的立場差異。

表8列出基本的幾個集團。非洲共有五十四個國家，按照英文字母排列，從阿爾及利亞一直到辛巴威，二〇一二年與美國的平均投票一致率爲百分之二十五點七。阿拉伯集團與美國的平

表8　2012年第六十七屆聯合國大會，各集團與美國在「八大重要議題」的投票一致率

區域或集團	會員國數量	投票一致比例（%）
非洲集團	54	25.7
阿拉伯集團	20	12.4
亞洲集團	53	26.6
東歐集團	23	60.8
西歐與其他國家集團	28	63.3
北歐集團	5	57.7
拉丁美洲與加勒比海國家集團	33	32.1
東南亞國家協會	10	15.3
不結盟運動	118	22.3
伊斯蘭合作組織	57	17.9
北大西洋公約組織	27	64.8
歐盟	27	63.3

資料來源：改寫自美國國務院，《2012年聯合國投票情形》，http://www.state.gov/p/io/rls/rpt/c57662.htm.

備註：有些國家屬於一個以上的集團。

均投票一致率最低（百分之十二點四），這個集團包括埃及、摩洛哥、沙烏地阿拉伯、突尼西亞等國。接下來的幾個集團的平均投票一致率較高。涵蓋從印度到印尼的五十三個國家的亞洲集團，與美國的投票一致率爲百分之二十六點六。歐洲國家與美國的投票一致率高出許多，東歐集團的二十三個國家與美國的投票一致率爲百分之六十點八，西歐與其他國家集團與美國的投票一致率爲百分之六十三點三。拉丁美洲與加勒比海國家集團的投票一致率也較低。這個集團的三十三個國家與美國的平均投票一致率爲百分之三十二點一。

另外一種分析投票結果的方法是按照政治團體分類。聯合國會員國分屬不同團體，例如伊斯蘭合作組織、東南亞國家協會、不結盟運動，以及北大西洋公約組織。國務院每年檢視這些集團在美國認爲重要的議題上的投票行爲。東南亞國協十個國家在二〇一二年與美國平均投票一致率爲百分之十五點三。至於不結盟運動的會員國，從小國巴貝多到石油富國沙烏地阿拉伯，再到印度次大陸，與美國的平均投票一致率稍微高一些，爲百分之二十二點三。北大西洋公約組織以及歐盟與美國的平均投票一致率則是這個數字的三倍。

與美國投票一致的國家數量，在小布希總統執政期間明顯下降，隨後又開始增加。聯合國大會會員國與美國的投票一致率，在二〇〇七年是百分之十八點三，二〇〇八年是百分之二十五點六，二〇〇九年是百分之三十九，二〇一〇年是百分之四十一點六，二〇一一年是百分之五十一點五，二〇一二年是百分之四十二點五。

歐洲國家絕大多數是富有的已開發國家，投票與美國一致的機率也較高，開發中國家可就不同了。換句話說，這種投票行爲的差異，似乎受到南北分歧的影響。聯合國內部人士傑夫瑞．羅倫帝認爲，還有另一個原因加深了南北分歧的影響。「開發中民主國家並不會因爲身爲民主國家，就唯華府馬首是瞻，也不會因爲身爲民主國家，就與華府看法一致。」他也說：「很多華府人士，包括很多自由派人士在內，大概會覺得很驚訝，也很難理解的是印度、南非與巴西，這些國家對於國際危機的看法，竟然與中國比較一致，與美國比較不同。他認爲原因在於與富有的強國相比，窮國『觀點不同』，所以主張也不同。他們主張窮國團結，能了解那些富國礙於經驗而無法明白的事情，也許還會懷疑富有強國的動機，畢竟這些窮國裡有不少國家曾經遭受富有強國的殖民統治，也依然記憶猶新。」

美國外交關係協會的史都華．派翠克，也提到這種觀點的差異。「只要新興國家跟美國站在同一陣線，美國就樂見新興國家在聯合國更爲活躍。」問題是新興國家往往跟美國唱反調。「問題在於這些國家當然有自己的想法，不見得與美國所見略同。所以可以要求這些國家爲全球秩序與國際利益承擔更多責任，但不能指望他們完全配合美國行事。」美國對此也感到挫折。「有一位美國官員曾說，美國發覺有些國家會『見人說人話，見鬼說鬼話』，在某些場合跟美國展開雙邊談判，一副很友好的樣子；到了聯合國大會卻又換了一副面孔，開始嘩衆取寵。這種現象要歸咎於未來有可能成爲世界強國的某些新興區域強國的矛盾心態，以及多重政治人格。」

無論我們如何解讀不一致的投票行爲，都會面臨一個問題：這些數字對美國的外交政策而言有什麼意義？如同國務院在年度報告所說，一個國家在聯合國的投票紀錄「代表這個國家與美國關係的一個層面」，但仍然至關重要，也「絕對與這個國家與美國的雙邊關係相關」。雙邊關係的一大重點，在於對外援助。有些專家認為，應該將一個國家在聯合國的投票行為，與其所收到的外援加以連結（美國國會並未要求）。

就算沒有正式關聯，國務院的報告還是有可能影響其他國家的投票行為。國務院會把報告的副本寄給聯合國會員國的外交部以及使館，算是一種善意的提醒，意思是：山姆大叔會盯著。

18

改革的呼聲

我回到華府，或是其他常駐代表回到他們國家的首都，都希望能對我們的納稅人說，聯合國已經進入新時代，各國政府也可以放心，因為他們投入的資源都能得到有效運用。

——美國駐聯合國大使薩曼莎・鮑爾

改革是一個擁有很多意義的字眼，尤其在聯合國。改革的呼聲意味著未來會更好，但某些人或某些團體也有可能失去特權及高位。愛德華・拉克說：「理論上，所有的會員國都想要改革。但在實務上，每個國家對於改革的想法非常不同。所以很難讓聯合國的會員國達成改革的共識。」他也說：「大國擔心會失去控制權，小國則是害怕，官僚體系的改革承諾再怎麼美好，都會被更大更有錢的勢力所主導的更爲廣泛的改革所取代。」難怪後來潘基文於二〇〇七年就任聯合國祕書長，提出改革構想，也同樣面臨來自各方的反對。

以效率之名

廣義來說，改革的呼聲分爲兩種；一種是以更爲貼近現代的方式，結合地位與權力；另一種則是改善系統的管理。我們在第六章探討的安理會改組，就是一種地位與權力的重新組合。至於改革的管理層面，政治與哲學的性質比較不明顯，是西方的分析師與政治人物最喜歡的話題。他們認爲聯合國系統的效能、效率與權責分配，還有很大的進步空間。最積極表態支持改革的一群人，通常來自捐獻最多的大國，這些大國也表示希望聯合國能更好。

明顯的選擇

前美國大使理查．霍布魯克說，聯合國「確實有其缺失，但也是一個不可或缺的機構。我們面對聯合國有兩種選擇，一種是破壞，弱化聯合國；另一種是讓聯合國匡正自身的缺失，成長茁壯。」他認為答案很明顯。「我們美國看見缺失就會想辦法匡正，對聯合國也應該如此。畢竟聯合國是一個頗具影響力的組織，幫助了美國，提升了美國的利益，也對整個世界有益，但現在卻是一團糟。」

安南於一九九七年就任聯合國祕書長，隨即展開他口中的「寧靜革命」，簡化聯合國的組織，不需增加成本就能提升效率與效能。寧靜革命的效果開始浮現，從一九九八年開始一連幾年，聯合國祕書處的預算不再緩慢上升，甚至還微幅減少。聯合國雖然宣稱目前的員工總人數（大約五萬兩千人）遠低於許多大型企業，但還是希望避免員工總人數成長太快。前美國駐聯合國大使南希・索德柏，認爲安南清除了不少冗員。「我覺得百分之九十的員工都很傑出，有一些對工作很有熱情的年輕人，還有一些在聯合國工作了一輩子，很喜歡聯合國的資深人員，另外還有少數幾個要在那裡待上一輩子的人。」

馬克・馬拉克布朗則是從另一個角度，批評聯合國的官僚制度，說聯合國瀰漫著「功勞與獎賞脫節」的問題。他說：「照理說認眞工作，表現良好的人就該升遷；不認眞工作就沒得升遷，這樣才合理。可是聯合國的某些單位卻不按照這種規矩。」他主張「用人唯才，讓聯合國再次成爲功績體制。」但他認爲要想做到這一點，聯合國不能再以政治正確作爲升遷的標準，升遷機會才不會總是落到某些地區的人員頭上。亞洲、非洲以及所謂的開發程度較低的區域，現在也有大批傑出、幹練又有熱誠的專業人員。他認爲聯合國應該多多晉用這些人員。他說，這些人絕對有資格進入聯合國工作，將來也會穩定升遷，不需要「那種用來提拔庸才的文化相對論」。

聯合國會員國當中的開發中國家常常發表類似的言論，埋怨聯合國有一項「傳統」，也就是祕書處某些最熱門的高級職位，通常是在地區之間輪替，而且往往落入美國或是其他較爲富有的國家手裡。前巴基斯坦駐聯合國大使，也曾擔任七十七國集團主席的阿克拉姆，更是針對這個現象猛烈批評。「那些大國，那些強國，在聯合國祕書處掌握大權，經營自己國家的利益，不讓祕書長裁減聯合國的幾個單位。」這些大國就算提議縮減預算，也是「以不影響自身的國家利益爲前提」。他說這是一種「雙重標準，祕書處就有這個毛病，也可以說在眾人眼中就是如此。我們身爲七十七國集團的監督單位，無法接受這種雙重標準。」

馬克．馬拉克布朗也強調，聯合國各單位之間應該要能順利合作。他「看得很清楚，聯合國的體制根本不希望各單位能順利合作。」他認爲在他擔任聯合國副祕書長期間，聯合國大會懷疑祕書長「把某些管理責任轉讓給一位來自西方國家的副手，也就是馬拉克布朗」，但「轉讓給副手的這種權力，在任何一家企業都不會是執行長的權力，而是營運長的權力。」他說，這種責任分工很合理，也有其必要，「除非你認爲祕書長就是什麼都要做，晚上要負責關燈，每個月要負責簽發薪水，大小事情都要包辦。」

修理補強

一九九四年，聯合國第一次以實際行動回應外界對於行政的批評，成立了內部監督事務廳，以提升聯合國官僚體系的效率與效能。美國政府也樂見內部監督事務廳的成立，稱其爲「聯合國大會多年來所實施的最重大的管理改革」。聯合國祕書處在二〇〇〇年十二月又多了一項改革利器，也就是獲得聯合國大會允許，展開「績效導向的預算規劃。」美國早就呼籲聯合國以績效爲基準規劃預算，不僅能合理分配資金，也能將開銷控制在合理範圍。這種規劃預算的方法是給每一個單位，或是每一項計畫制訂目標，也設立「績效指標」衡量目標達成的程度。

值得修理

「聯合國仍然是國際制度順利運作的關鍵，但也需要改革，需要各國大力支持，也需要時時重新提振自我。我很認同聯合國，但聯合國需要認真進行一些改革。」

——前美國駐聯合國大使歐布萊特

在很多旁觀者看來，安南的寧靜革命確實改善了聯合國。負責推動寧靜革命的是在聯合國管理副祕書長克里斯多福．柏南強烈要求之下，於二〇〇六年一月成立的資料蒐集工作小組。資料蒐集工作小組負責調查貪腐濫權行爲，也提供資料給檢方參考。柏南曾任職於美國國務院，二〇〇五年五月轉任聯合國管理副祕書長，後於二〇〇六年秋季離開聯合國。在短暫卻充實的任期當中，他催生了二〇〇七年正式成立的聯合國道德操守辦公室。他在聯合國制訂新政策，保護勇於檢舉不法的員工。他的功勞還包括在聯合國引進國際的公營部門會計標準，以及更新聯合國的資訊科技與通訊科技基礎設施。

喬治華盛頓大學的艾絲樂・比默認爲，聯合國某些地方的改革確實成功，聯合國開發計畫署就是一例（更爲透明）；但她也批評聯合國的資訊科技「落後得可悲」，整體的預算標準化也「只是差強人意」。備受敬重的美國聯邦審計署對於聯合國的改革工程往往也是褒貶不一，經常提及聯合國在某些方面的進步，例如專業倫理、監督、管理很有效率等等，但稱讚總會伴隨著警告，批評改革的步伐太緩慢。改革牛步的原因有很多，很多會員國興趣缺缺就是其中之一。美國聯邦審計署在二〇一一年發表報告，指出聯合國內部監管單位的效能有所提升，但也列舉幾個重大缺失，例如人員不足，審計能力不足等等，也呼籲聯合國積極處理。

尋求組織紀律

從馬拉克布朗以及其他聯合國內部人士的經驗，可以看出聯合國的人員必須在一個非常政治化的環境工作。安理會與聯合國大會訂定規矩，卻也可以不理規矩。這一點正是聯合國分析師薛帕・弗曼對聯合國的批評。他說，不同於美國政府，聯合國「缺乏有效的制衡機制」。例如聯合國往往把預算當成一種津貼，而不是花費的限制，因此預算很容易失控膨脹。

美國常駐聯合國代表薩曼莎・鮑爾，在二〇一三年十二月於聯合國大會負責編列兩年一度預算案的第五委員會發言，批評聯合國的預算分配太過專斷。「在潘基文祕書長的領導之下，」她說，「聯合國採取了重大措施，提升了績效，也更貼近世界的脈動。過去兩年來，聯合國祕書處始終沒有超出特別政治行動的預算，這種有別於以往的作法值得肯定，我國政府也很欣賞。」但她也批評二〇一四年至二〇一五年度的預算案，「對於未來改革的規劃根本不夠。」

鮑爾也翻出近年的歷史爲證。「我記得我們在兩年前通過了預算案，當時的默契，是如果某些開銷超出預期，就要刪減其他項目的開銷，把總預算維持在相同的金額。結果還是違背了當初的想法。」預算通過之後，「我們又通過了兩次預算追加，總共追加兩億美元，又因爲新業務的關係再次追加預算，例如葉門與薩赫爾的特別政治行動。」

2008年4月8日，聯合國大會展開管理改革議題的非正式討論，潘基文祕書長於現場發言。聯合國照片／保羅．菲爾奎拉斯攝

追加預算並非僅止於此，「現在這份報告要求在已經核准的預算之外，再追加一億六千萬美元。」她警告在場的聽衆，「這種要求在大多數的組織與企業都很罕見。」

鮑爾又說，問題在於「我們根本就是按照以前的經驗規劃預算，認爲聯合國預算是我們花掉的錢，而不是把預算當成一個信封，裡面擺著我們可以花的錢。」要解決問題，就必須了解開支是可以刪減的。「聯合國有一種不好的傾向，好像對開銷增加無能爲力，認爲開銷會增加，全都是因爲作業方法是白紙黑字清楚規定的，無法更改也不能違背。但其實每一次的開銷增加，以及每一個作業方法，都是選擇的結果。我們有選擇的權力，就有能力攜手合作改變現況。」她在談話結尾再次提醒委員會，聯合國預算最終審查的重點，在於較爲富有的國家是否願意負擔聯合國大部分的開銷。

很多美國國會議員想必會認同她的這番分析，也會支持她提出的改善建議，但聯合國能否眞正改革的關鍵，仍然在於組織文化。目前的組織文化依然是近似官僚，比較沒有企業氣息，所以沒有條件進行鮑爾鼓吹的那種冷靜的反省與自律。從柏南的經驗可以看出，聯合國有能力進行改革，但馬拉克布朗的經驗也告訴我們，改革是有限度的。馬拉克布朗也坦言，改革的進度「整體而言非常緩慢。」他說：「我始終覺得有問題的是，這個世界對聯合國的要求暴增，改革的步伐卻走得太緩慢，像一條低低矮矮，緩緩向上的趨勢線，然而全世界對聯合國的要求卻是直線上升。所以期待與績效之間的差異持續拉大。」

19

算帳結帳

我想要一台法拉利，卻又買不起，所以等到我結束這份工作，大概會買一台比較便宜的車。所以我們要跟聯合國祕書處以及其他的會員國一起努力，做我們應該做，負擔得起的事情。但是整個預算流程需要重新檢討，調整成更合理，最後交出一份詳細的預算，給會員國判斷。

——前美國駐聯合國大使薩梅・哈里札德

天底下沒有白吃的午餐，即使是聯合國也沒有。聯合國的財務部門每個月發出幾百萬美元的支票，支付員工薪水、電腦服務、電費、技術顧問費用、紐約市聯合國總部大樓的管理服務，以及許許多多其他的項目。再加上聯合國系統其他單位的開銷，包括各機構、委員會，以及維和費用，每年總金額達到幾十億美元之譜。錢從哪裡來？不是來自稅收，因爲聯合國並不是政府，不能徵收稅金。這些錢多半來自聯合國的會員國。

我們把聯合國想像成一棟住宅大樓，姑且稱之爲「全球大廈」好了，坐落在紐約市曼哈頓東區的精華地段，整座城市與東河的美景盡收眼底。大樓的住戶（也就是國家）定期開會，投票表決未來幾年的預算。預算是根據住戶固定繳納的會員費、自願捐款，以及偶爾會有的特別支出計算。每次討論的重點不外乎支出預算的規模，以及住戶要如何分攤支出。這些住戶的財力與想法差異很大，維護大樓安全、舒適與財務健全的決心也不盡相同。

任何一棟大樓只要住戶彼此熟識，討論預算難免就會依循幾十年來的慣例，偶爾意見不合也會針鋒相對。類似的場景在聯合國大會的第五委員會（行政及預算委員會）每三年上演一次，開會討論每個國家必須分攤的金額。這就是聯合國大會展示實力的時候，因爲每一個決定都會影響全球大廈的每一個部分，從祕書長位於三十八樓，高聳入雲的辦公室，一直到大樓工程師每日工作的不通風地下室。根據估計，聯合國祕書處、聯合國其他單位、維和行動，以及聯合國各機構、基金與計畫的年度營運預算，排除世界銀行與國際貨幣基金不算，總金額約爲三百億美元。

金錢萬能

「要想考驗美國有多麼支持聯合國，最好的辦法就是以金錢考驗。金錢是最大的考驗，就看我們是想整合資源，著手改革，壯大聯合國；還是想讓聯合國在漠視與折磨之中，漸漸衰頹。」

——前美國駐聯合國大使理查・霍布魯克

預算流程

聯合國的會員國必須繳交費用，才能享有聯合國的協助，這一點從未引發爭議。討論的重點始終是在每一個會員國應該負擔多少費用。金錢援助共有三種基本類型，第一種是聯合國總預算的強制分擔費用，總預算又稱「常規」或「行政」預算，是聯合國祕書處與相關單位的經費來源；另外還有維和行動預算的強制分攤費用，各會員國也要分攤某些聯合國機構與組織的經費，例如國際原子能總署以及世界衛生組織。第二種是自願捐獻給聯合國某些計畫，例如聯合國兒童基金會以及世界糧食計畫署。第三種是偶爾發生的特別支出，例如會員國就曾經支付二十幾億美元，整修聯合國位於紐約市的總部大樓。

媒體經常討論的是「常規預算」，也就是活動、人員及基本基礎設施的經費，並不包括維和經費。二〇一三年的預算是將近二十六億美元（常規預算爲兩年期，所以聯合國大會投票通過的兩年總預算其實是五十二億美元，二十六億美元只是一半而已）。至於一個國家應該分攤多少常規預算及維和預算的費用，大致是依據這個國家在全球經濟的比重計算。也就是說，富國分攤的費用比窮國多。人均所得較低的國家，以及外債較高的國家，都可以少分攤一些。美國是世上最大經濟體，規模又遠超過第二大經濟體，分攤的費用當然也是最多，大約占總預算的百分之二十二。極為貧窮的國家只是象徵性付一點點費用，最貧窮的國家每年至少支付兩萬五千美元給聯合國。

常規預算核定的流程非常複雜，所有相關人士都有權對於預算的收支發表意見。祕書長提出預算草案，交給聯合國行政及預算問題顧問委員會審查。委員會包括各國政府提名的十六位委員，通常會有一位是美國公民，由聯合國大會選出。計畫與協調委員會由聯合國大會選出的三十四位專家組成，審查預算案列出的計畫。行政及預算問題顧問委員會的委員提供的是個人意見，計畫與協調委員會的委員則是代表各自國家的觀點。修正過後的預算案再送交聯合國大會的第五委員會審核。第五委員會敲定預算案的最終版本，再投票表決。表決通過的預算案再交由聯合國大會，由全體會員國投票表決。一旦表決通過，預算案就正式成為接下來兩年的聯合國常規預算。每一個會員國都有機會提議修正預算案，但提議不見得會通過。

維和行動的預算是個別處理，而非與其他預算一併處理。維和預算的經費分攤總共分成十個等級。開發程度最低的國家分攤的維和預算，是其所分擔的常規預算的百分之十。安理會的五個常任理事國，則是額外支付百分之二十五左右；美國分攤的維和經費約占整體的百分之二十八。

聯合國各機構、委員會以及計畫都有各自的預算。主管擬定預算計畫，提交給祕書長，祕書長再彙整成聯合國總預算，交給聯合國大會的第五委員會。大多數的機構、委員會與計畫，除了會員國捐獻及其他種種資金來源之外，也會獨立募款。馬克・馬拉克布朗擔任聯合國開發計畫署署長期間，有人問起開發計畫署的預算，他這麼回答：「我說十二億美元，其他人說了兩個數字，一個是七億五千萬美元，是我們收到的核心捐款。我之所以說十二億，是把核心捐款跟那些爲了特別議題成立的特別信託基金，所收到的捐款統統算進去。有人說二十億，那是把所謂的共同融資算在內，也就是已開發國家給我們大筆捐助，希望我們幫忙花錢。我沒把這個算進去，因爲基於某些原因，這會誤導別人。所以我認爲是十二億，悲觀的人說七億五千萬，樂觀的人說二十億或二十一億。」這樣明白了嗎？

分攤日漸沉重的負擔

聯合國史上最震撼的財務事件，是二〇〇二年至二〇一一年預算迅速暴增。例如一九九四年的年度維和費用攀上三十五億美元的新高，因爲聯合國在前南斯拉夫展開大規模維和行動。年度維和費用在一九九七年降至十三億美元，又在二〇〇二年逼近三十億美元。隨後美國與其他安理會理事國，批准了更多維和行動，導致維和費用大幅飆升。二〇一二年至二〇一三年的預算稍稍超出七十億美元。

聯合國的常規預算同樣有所增加，從二〇〇〇年至二〇〇一年的二十五億美元，到二〇〇四年至二〇〇五年的三十六億美元，二〇〇六年至二〇〇七年的四十一億美元，以及二〇〇八年至二〇〇九年的五十二億美元。在二〇一〇年至二〇一一年躍上五十四億美元的高峰之後，在二〇一二年至二〇一三年微幅下滑至五十二億美元。常規預算多半是在小布希總統執政時期增加，很多人看在眼裡也頗爲擔憂。前美國大使約翰．波頓說：「聯合國二十年來節制開銷的努力灰飛煙滅。」

現今的經濟規模動輒以幾兆美元計，聯合國的預算數字雖然不斷攀升，相形之下也只是小菜一碟。聯合國曾經表示：「聯合國全球人權活動的預算，比蘇黎世歌劇院的預算還小。」這也許是實情，但並不是每個會員國都負擔得起蘇黎世歌劇院，所以常常會有財務負擔分配的爭議。

談到沉重的財務負擔，往往會聚焦在幾個最富有的會員國，包括美國與日本在內的十四個最富有的會員國，負擔了聯合國二〇一二年常規預算將近百分之八十，也就是二十四億美元當中的十九億美元。其餘一百七十九個會員國分攤大約百分之二十的預算。

美國與日本對聯合國預算貢獻最大，卻也分別要求聯合國降低他們分攤的金額。如同表9所示，美國與日本支付了聯合國二〇一一年常規預算的百分之三十六，也就是八億六千五百萬美元。在二〇一〇年的財政年度，美國向聯合國體系捐獻了大約七十六億九千一百萬美元，其中包括二十六億四千八百萬美元的維和費用。美國也大手筆捐助世界糧食計畫署（捐獻金額占預算的百分之三十六點三）以及聯合國難民署（百分之三十七），這還只是兩個例子而已。

美國藉由協商，屢次調降所需分攤的聯合國常規預算。例如聯合國在一九七四年同意將會員國分攤的比例上限，訂為預算的百分之二十五，就此降低了美國往後分攤的金額。二

表9 2012年聯合國常規預算前十四名捐獻國

會員國	捐獻金額（美元）
美國	$569,000,000
日本	$296,000,000
德國	$189,000,000
英國	$156,000,000
法國	$145,000,000
義大利	$118,000,000
加拿大	$76,000,000
中國	$75,000,000
西班牙	$75,000,000
墨西哥	$56,000,000
韓國	$53,000,000
澳洲	$46,000,000
荷蘭	$44,000,000
巴西	$38,000,000
總計	$1,936,000,000

資料來源：改寫自聯合國祕書處，《2012年會員國捐輸聯合國常規預算評估報告》（2011年12月27日）。

備註：總預算為US$2,412,000,000。

○○一年又調整了一次，聯合國大會將美國分攤常規預算的比例上限，改訂爲百分之二十二，分攤維和費用的比例上限，也從百分之三十一，調降至大約百分之二十八。由於美國國會立法通過，規定聯合國如果達成某些條件，例如調降分攤的比例，美國就會支付其所積欠的將近十億美元的分攤款，所以聯合國在美國政府的敦促之下，兩度調降美國分攤的比例。

日本政府運用另一種策略，想降低聯合國總預算的分攤比例。二○○六年，日本提議將安理會五個常任理事國的常規預算分攤比例下限，訂爲百分之三至百分之五，也就是說一個常任理事國每年至少必須負擔聯合國總預算的百分之三至百分之五。聯合國並未採納這項提議。日本提議的時候，中國只分攤總預算的百分之二，俄羅斯則是分攤百分之一，日本卻是分攤百分之十九，美國也分攤百分之二十二。日本認爲提高中國與俄羅斯的分攤比例，就可以降低包含日本在內的其他國家的分攤比例。

聯合國大會以及第五委員會向比較富有且分攤比例較高的國家讓步，從一九八八年開始以共識決通過預算。如此一來，較爲富有的國家在預算審議的過程也能發揮影響力。日本也透過協商，降低分攤總預算的比例，從二○○六年超過百分之十九，降至二○○七年的百分之十六左右，二○一○年又降至百分之十二左右。

七十七國集團，還有不結盟運動的會員國多半較爲貧窮，對聯合國的捐獻自然也較少，在聯合國大會卻擁有與捐獻金額不成比例的投票權，這種差異也在聯合國大會引發爭執。某些美國外交政策專家以及國會的評論者，不認同聯合國的預算流程，也認爲預算分攤制度不盡公平，於是呼籲美國政府停止資助某些需要改革，或是無法達到美國要求的聯合國機構。前美國駐聯合國大使約翰・波頓甚至主張採取更激烈的手段，他呼籲主要國家推動聯合國財務的基本改革。「我們眞正需要的不是一次微幅變動，而是聯合國收入來源的全面改革，朝向自動捐獻發展。這是讓大家（對聯合國改革）感興趣的唯一辦法。」他認爲美國必須帶頭，但也覺得包含日本在內的其他捐獻國也一定樂觀其成。「他們會跟在我們後面，」他說，「但眞正要推動還是要靠我們，聯合國任何事情都是這樣。」

預算拖欠

在理想的狀況，每個會員國都會認爲

2006年4月28日，第五委員會的委員在會議的休息時間，展開非正式協商。聯合國照片／馬克・賈騰攝

分攤的金額相當合理，也會馬上寄張支票向聯合國支付全額。但是現實情況就複雜多了，即使是常規預算這種固定又可預期的預算，還是會有會員國不準時繳款，不支付全額。會員國遲繳的原因很多，往往與經濟能力無關。有些會員國（例如美國）有自己的繳款時間表，要等到國會通過預算，才有錢支付。

《聯合國憲章》（第十九條）允許聯合國剝奪會員國在聯合國大會的投票權，作爲會員國遲繳費用滿兩年的懲罰。只是這種懲罰很少落實，通常是沒有其他選擇才會使出的最後一招。美國曾經爲了表達對聯合國的不滿，故意遲繳或是不付費用，也因此面臨被懲罰的危險。其實在所有會員國當中，就屬美國積欠的總預算與維和預算費用最多（美國也是聯合國的最大捐獻國）。二〇〇七年聯合國的常規預算與維和預算的欠款，美國就占了將近一半。在二〇一〇年之前，美國對聯合國的欠款總額約爲十二億美元，卻僅占所有會員國欠款的四分之一，因爲二〇〇八年的全球金融危機，造成異常大量的會員國遲繳款項。歐巴馬政府與美國國會合作，決定在二〇一〇年底支付逾期的欠款，也宣示未來每年都將「準時全額支付」。美國也確實遵守承諾，截至二〇一四年，在聯合國始終保持良好聲譽。

聯合國大會

《聯合國憲章》第四章第十九條

凡拖欠本組織財政款項之會員國，其拖欠數目如等於或超過前兩年所應繳納之數目時，即喪失其在大會投票權。大會如認拖欠原因，確由於該會員國無法控制之情形者，得准許該會員國投票。

對於預算分攤與拖欠的問題，有人建議幾種解決方案，包括課徵全球貨幣交易稅，甚至是國際航班稅，但目前都還是紙上談兵。紐約大學國際合作中心的薛帕・弗曼也提出建議。「我有一次開玩笑，」他說，「聯合國的經費分攤制度應該顛倒過來，那些一天到晚作亂，耗費聯合國更多資源的國家……應該負擔更多經費。」不過話又說回來，跟這些國家收錢真的就是「不可能的任務」。

20 參與聯合國難民署的前線工作——一位職員艱辛的第一份任務

我們所做的事情會影響人類，我知道我做的事情眞正能改善別人的生活，對我能看見、感覺到、遇見、碰觸以及交談的那些人有幫助，所以我晚上能安然入睡。這種直接的接觸，是聯合國難民署工作帶給我們的經驗，眞的很特別。

——前聯合國傳播與新聞事務副祕書長夏希・塔魯爾

要想了解聯合國，應該聽聽一位前職員分享他的工作經驗。早年的他是個滿懷理想的年輕行政人員，希望能多認識這個世界。他是夏希・塔魯爾，出生於倫敦，在印度與美國求學，一九七八年成為聯合國難民署的職員，協助安置難民。他在一九八一年至一九八四年駐守在新加坡，負責統籌各項方案，救助幾千名在一九七五年因爲西貢政府垮台，越南赤化而逃離家鄉的越南難民。一九八九年至一九九六年，他任職於聯合國祕書處的維和部門，擔任維和行動副祕書長的特別助理，後來又成爲安南祕書長的高級顧問，並於二○○二年接任傳播與新聞事務助理祕書長。他在二○○六年加入祕書長選舉，希望能接替安南成爲新任祕書長，後於二○○七年初離開聯合國。他在位於聯合國的辦公室接受訪問，憶起當年剛開始在聯合國難民署工作的那段艱辛歲月。

「能在聯合國難民署展開職業生涯是件好事，這裡吸引了很多有理想的人，尤其是在那個時候。我是因爲參與難民署的第一線工作，才相信這個世界不能沒有聯合國。我在越南海上難民危機最嚴重的時候來到新加

2006年11月29日，夏希・塔魯爾助理祕書長在探討資訊時代的聯合國論壇發表談話。聯合國照片／保羅・菲爾奎拉斯攝

坡，當時難民營裡住了四千名難民，睡在比這間辦公室大二十五倍、三十倍的地方。情況已經完全失控，難民搭上離開越南前往新加坡的船隻。新加坡政府對於難民湧入非常不滿，故意阻撓難民登陸，並對難民營完全置之不理。有其他國家接收越南難民，這些國家有自己的難民營，通常是交給軍隊管理。但是，新加坡卻把境內的難民營交給聯合國經營。」

「當時聯合國難民署認爲我們並不負責實務，所以難民營不應該由我們經營。那時我才二十幾歲，這對我來說是莫大的挑戰。我得靠自己憑空生出合作夥伴，於是我去拜訪教會跟教會團體，跟他們說：『把招牌借給我們，就說你們是我們的合作夥伴。我負責募款聘請員工，我們一起經營難民營。』我從城市找來志工，其中包括外交官夫人，請他們教導難民，幫忙經營難民營。我接受各界給難民的捐款，也在難民營建立一種民主制度，讓難民選出他們的領袖。」

「在外交層面，我要跟一個難纏的政府打交道，要運用我這個職位的力量，讓對方配合。教會團體可以幫助難民，志工可以幫助難民，但只有聯合國才能跟政府打交道。我對官員說：『你們有義務履行你們國家對聯合國的承諾。』他們沒有簽署聯合國公約，但身爲聯合國大會的一員，必須遵守聯合國大會的法令，也就是聯合國大會的決議案。我們要求他們善盡身爲政府與聯合國會員國的義務。」

「我們得訂出一套全新的程序，例如船隻抵達新加坡，（新加坡政府）要求載有難民的船隻必須保證難民能得到安置，後來才發現這種保證根本沒用，因爲有些船隻來自孟加拉與印度，還有一些船隻爲了規避法令與稅務，懸掛的是賴比瑞亞跟巴拿馬的國旗。賴比瑞亞政府開出的安置難民保證書，能有什麼用？」

「新加坡政府又改成要求安置難民的國家提出保證。我們只好發明一個辦法，調查船隻的所有權，請船隻的登記國出具保證書。每個禮拜也在我的辦公室，跟各國大使館的移民事務主管開會。我有沒有能力說服移民官員通融一下，會關係到孩子們是在法國、加拿大，還是在美國長大，一想到這個我就覺得責任重大。」

「到這裡來的難民一個月比一個月多。我在新加坡經手的難民，人數大約有一萬兩千到兩萬人左右。我舉一個例子，有一個家庭搭著一艘小船到新加坡，引擎還是從拖拉機拆下來的。這種馬達不適合用於船隻，所以當然也就拋錨了，一家人就在公海漂流。食物吃光了，水也沒了，只能靠雨水與希望撐下去。爸媽怎麼做呢？他們割開手指，給寶寶從傷口吸血，寶寶才能活下去。最後總算有一艘美國船隻把他們救起，當時他們已經虛弱到站不起來，還得讓人抬下船。我們馬上把他們送到醫院的加護病房，經過了三、四個月，我又見到這一家人，健健康康的，吃得飽，睡得好，穿得也好，準備到美國展開新生活。我覺得天底下沒有一份工作比得上這種感覺，一種純粹人性化的滿足。」

「波蘭在一九八一年十二月宣布戒嚴，你記不記得那個時候有團結運動（團結工聯）什麼的？一艘波蘭船隻在某個星期六停靠在新加坡，四、五個波蘭水手跳船，在電話簿查到聯合國的電話，到我的辦公室要申請庇護。問題是我沒有權力給予庇護，我只好把聯合國難民署的國際保護主管吵醒，問他：『我該怎麼做？』他說：『照著公約走，先面談，你考慮看看該不該給他們難民資格。如果該給，那他們就是難民了。』」

「真的是很戲劇性。我跟他們面談，覺得他們說話還挺可信的。他們自稱是團結工聯的支持者，怕回去波蘭會被關起來，所以才跳船。我說：『我給你們難民身分。』我也等於告訴新加坡政府：『你們一定要讓他們留下。』新加坡政府氣壞了，但我還是聯絡了幾個使館，問他們：『能不能收留這些人？』我們後來想出了解決的辦法。新加坡政府的報復手段，是禁止所有波蘭水手上岸度假。新加坡官員一直說：『你在這裡應該是照顧越南人而已。』我說：『不對，我是代表聯合國難民署，越南人剛好是我承辦的範圍，但無論是誰到了這裡，依據聯合國難民署的法令，我都有責任予以協助。』」

「這是第一起事件，過了兩個月以後，新加坡人與美國人一個接一個發瘋似地打電話給我。有一個波蘭水手跳船，游泳到停靠在港口的一艘美國驅逐艦。新加坡海警與移民警察要求美國交人，因爲這個人是非法停留。美國艦長說這個人是逃離共產統治，所以拒絕交人。兩個國家互相對峙，誰都不希望這件事情鬧上新聞，但新加坡人不肯讓美國驅逐艦載著那位波蘭水手離開。波蘭水手也不能回到他原本的船隻。後來，美國人允許新加坡人將那位水手帶下船，但條件是必須帶來見我。他到了使館的美國領事辦公室，領事認定他具有難民身分，接下來就由我們接手，把他安置在新加坡的一家小旅館（說眞的，價錢對聯合國來說還眞不便宜）。」

「我開始對美國人施壓。我說：『我們幫你們解決問題，所以你們應該把他帶走安置。』拖了幾個月，美國才答應收留他。之後來了一位很熱心的新領事，說他會處理。」

「這位波蘭水手後來從聖地牙哥寄給我一張很漂亮的明信片，上面寫道：『夏希先生，我永遠不會忘記你。』這是我職業生涯很珍貴的紀念品！」

「我在新加坡工作的這段時間眞的很特別，最重要的是，我從此相信這個世界不能沒有聯合國。我任職於聯合國期間所做的事情，多半只有聯合國才能做到。聯合國跟各國政府交涉具有太多優勢。有好多例子都可以證明，聯合國對各國政府的影響力，足以扭轉許多身陷危難的人的命運。」

附錄一　一日外交官：模擬聯合國

所謂模擬聯合國會議，就是由學生扮演聯合國的各國代表，以及聯合國各委員會、安理會，以及聯合國大會的成員。爲了扮演某個會員國的代表，學生必須參與討論，撰寫立場聲明書，參加決議案的協商，做外交官做的種種工作，還要遵守聯合國的外交禮儀。很多組織在美國各地的各種場地，舉辦模擬聯合國會議，包括高中與大學校園，甚至是紐約市的聯合國總部大樓。模擬聯合國會議是一種國際活動，每年在五十幾個國家登場。主辦單位包括大大小小的地方或是國家機關，有時還會提供手冊及實用的工具給參加的學生。

最詳盡的模擬聯合國網站是「最佳代表」網站（Best Delegate，bestdelegate.com），內含美國及其他國家目前及最近舉行的模擬聯合國會議的資料庫，附有日期、地點及聯絡資訊。多次主辦模擬聯合國會議的美國聯合國協會（www.una-usa.org）也提供詳細資訊。還有一個實用的網站是全國模擬聯合國會議（www.nmun.org），這個組織也經常在美國及其他國家，舉辦模擬聯合國會議，隸屬於全國大學會議協會。

準備階段

模擬聯合國會議是一個團體活動，一個學校可以派出一隊學生參加。團隊完成登記之後，主辦單位會指定學生所代表的國家，也許是一個國家，或者是幾個國家。團隊通常必須組成代表團，每一個代表團代表一個國家。主辦單位也會將代表團成員分派到聯合國各機構，例如聯合國大會或聯合國經濟及社會委員會，以及這些機構的委員會。

參與模擬會議的代表團通常需要繳交一份立場聲明書，闡述他們對於委員會這次要討論的主題的看法。撰寫立場聲明書，除了要了解所代表的國家，也要研究即將討論的議題。代表團的成員也要取得共識，再把立場以書面文字表達清楚。

模擬聯合國會議通常就是一連串的正式與非正式模擬會議。正式會議的目的是敲定議程順序，再逐項討論，委員會才能撰寫決議案，最後則是委員會的委員投票表決決議案。委員會成員也可以召開非正式的小組會議，代表團之間可以透過協商取得共識。委員會會議與小組會議非常著重口才，無論是事前準備講稿的談話，還是協商談判的你來我往。委員會成員的報告與討論，必須遵守既定的程序與規範，以維持討論的秩序。

累積實務經驗

參加模擬聯合國會議能累積什麼樣的經驗？下面這段談話摘錄自全國模擬聯合國會議製作

的影片。節目主持人是瓦薩大學以及公爵夫人社區大學的理查·雷塔諾，是主辦模擬聯合國會議的全國大學會議協會的前任會長。影片中的他與兩位曾經參與模擬聯合國會議的人士談話，一位是烏爾辛納斯大學的約瑟夫·梅爾羅斯，在聯合國擔任外交官已有幾十年的資歷。在模擬聯合國會議扮演過美國駐獅子山共和國大使，以及掌管管理與改革事務的代理美國駐聯合國代表，同時他也是全國大學會議協會的前任會長。另外一位是卡洛琳·史密斯，在影片拍攝之時是紐約大學的研究生，也是美國駐聯合國代表團的實習生，她參加過七次模擬聯合國會議。以下的談話紀錄由全國模擬聯合國會議提供，經過編輯之後刊登如下：

雷塔諾：一個能幹的外交人員應該具備什麼樣的特質？

史密斯：我第一個想到的是謹慎，這眞的很重要。要傾聽別人的意見，不要急著發表你的意見，硬要別人接受。身為外交人員態度要和善。有些國家是很敵對的，但我在聯合國看見這些國家的外交人員見面會握手，會問候彼此的兒女。外交人員一定要有風度，要謹慎，要樂意傾聽，也要很有耐心，不可以趕鴨子上架。

梅爾羅斯：眞正幹練的職業外交官，往往會把政策議題與交際分開。就算我不認同你的立場，我也不會對你無禮。我們講求互相尊重友好，畢竟聯合國追求的是共識。

雷塔諾：歷史上有幾個不好的例子，例如蘇聯總理赫魯雪夫曾經在一九六〇年，在聯合國大會的大會堂拿他的鞋子敲打桌子。也有人提到伊朗總統在二〇一二年於聯合國大會的會議中所說的話。你們覺得常駐聯合國代表的行為也是如此嗎？

史密斯：當然不是，那些話是在總辯論的時候說的。總辯論是各國元首以及政府首長到聯合國發表談話的場合。那些話往往只是作秀而已，是國家元首表面上說給聯合國聽，但其實是說給自己的人民聽。常駐代表還有那些替他們處理各種議題的人員當然不一樣，舉動不可能這麼誇張。喬說的有道理，這裡的規矩是自己不能發明政策。你是你們國家政府的公職人員，是代表你們政府的政策，跟你自己無關。即使是當時的蘇聯外交人員，甚至是伊朗的外交人員，不會像他們的國家元首在總辯論這種如此公開，如此萬衆矚目的場合，表現得如此難纏。

梅爾羅斯：有些人的發言很明顯比較強勢，是說給聯合國聽，也是說給自己國家的人民聽。不過在委員會會議就不一樣了，從第一委員會、第二委員會，一直到第六委員會，我只記得一次類似的事件，是一位代表拿著標語牌敲桌子抗議，標語牌被敲破，碎片在空中飛舞。

雷塔諾：你們覺得稱職的外交官應該有怎樣的表現？能不能在這方面給學生，還有參加模擬聯合國會議的代表一點建議？

史密斯：我想說的第一件事情，是身爲外交官，不要仿效某些元首在總辯論發言的表現。我知道扮演伊朗，或者是北韓之類的國家代表總是很精彩，因爲這些國家的立場很明確，本身也很有意思，很特別。但這些國家的元首在總辯論的表現，絕對跟他們的外交人員平常的表現不一樣，尤其是外交人員在各委員會的表現。我的第一個建議是絕對不要偏激，不要拿鞋子敲桌子。當然有某些語言是他們比較常用的，我覺得一定要查看他們在各委員會的發言，這些都有書面紀錄。注意他們用的是哪些語言，跟著用就好。但也要記住，就算跟某個國家關係不好，見了該國的代表也還是可以打聲招呼，自我介紹，問問對方的意見，因爲這才是聯合國大會的眞實情況。

雷塔諾：參加模擬聯合國會議，能不能幫助你了解全球議題？對你選擇職業又有什麼影響？

史密斯：我參加這個會議，徹底了解聯合國體系，覺得複雜程度遠超出我想像。我唸高中的時候，對聯合國所知不多。大多數人想到聯合國，大概只會想到聯合國大會還有安理會。但聯合國處理的議題五花八門，不是只有「你們能不能派維和部隊過來這裡？」的問題而已。我是參加了模擬聯合國會議，才明白原來聯合國每天都在處理這些議題，從發展、人權到性別議題都有。我從來不知道像聯合國這樣的平台，竟然能處理這麼多議題。我參加模擬聯合國會議，也爲實習生涯做了很好的準備。我了解委員會的運作方式，以及每個委員會負責的議題，職權的範圍以及局限。學生也可以徹底了解，我們的國家如何與其他國家互動，不只是在聯合國，也包括在雙邊關係的層次，把聯合國當成一個雙邊關係的論壇使用。

雷塔諾：我有一些學生說，參加模擬聯合國會議改變了他們的一生。你們認不認同這話？

史密斯：完全認同。我第一次參加模擬聯合國會議的時候，還是大學一年級新生。我們在華府舉行模擬聯合國會議，我扮演我們國家在安理會的代表。之所以說改變了我的一生，是因為有一個念頭，是在那次的模擬聯合國會議冒出來，就是我發覺這裡的每一個人都朝著共同的目標努力。你拿到一個題目，要負責提出所有國家都能接受的解決方案。這與誰輸誰贏無關，也不是個人要在委員會掙面子，而是能不能提出大家都能接受的方案，難就難在這裡。

梅爾羅斯：我唸大學的時候，希望將來能當外交人員。幾十年前我以學生的身分參加模擬聯合國會議，當時也有很多規模比較小，人數比較少的模擬聯合國會議。現在我在大學教書，我覺得重點在於，這個活動把教科書上的內容實地演練一番。坐下來看教科書，也可以知道聯合國在做什麼，但是實際扮演這個角色，可以體驗這個角色的某些想法與經驗。我們美國人對聯合國的了解其實是非常粗淺，不太了解聯合國的複雜程度，也不太認識除了聯合國大會與安理會之外的諸多活動。參加模擬會議也可以提升某些技巧，例如演說、研究的技巧。還有最重要的是從別人的角度思考，這個人的人生經驗、壽命長短跟你都不一樣，稱職的外交官還必須了解派駐國的環境，了解當地的人民，還有人民對政策的影響。

雷塔諾：我們的全國模擬聯合國會議運氣很好，例如這個春天就有五千一百位代表，應該是來自四十四個國家。你們除了要跟扮演甲國、乙國的代表與美國同胞互動，也要跟來自外國的代表互動，感覺怎麼樣？是不是很珍貴的經驗？

史密斯：絕對是。能在這種場合認識外國朋友，眞的很有意思。尤其現在是臉書時代，很容易就能跟四年前在模擬聯合國認識的人保持聯絡，是建立交情的好管道。參加模擬聯合國會議，也可以在委員會稍微展現一下跟其他代表的交情。走進那扇門，其實你還是原來的你，不會變成截然不同的另一個人。參與這個活動也能得到跨文化溝通的機會，不只是因爲你們代表兩個國家，也是因爲你們來自兩個國家，在委員會或是其他活動的空檔出去吃晚餐，可以了解同年齡的學生生活，他們也可以更了解你。

雷塔諾：再談談「從別人的角度思考」的問題。能不能說說你們的經驗，要怎麼從別人的立場思考，進而了解其他國家？

梅爾羅斯：在這個領域要能有所進步，就要了解對手的想法，了解對方的背景，發展的過程，還有對方國家的歷史。先了解談判對手的來歷，談判成功的機會比較大。要跟來自其他國家，來自其他會員國的學校參加者聊聊，這很重要。這也許是參加這個會議最大的收穫，可以互相了解，建立友誼。

雷塔諾：能不能給想參加模擬聯合國會議，要開始了解另一個國家的外交政策的學生一點建議？該怎麼準備？

史密斯：要準備的話絕對要及早開始，因爲需要了解的太多了，光看另一個國家提供的基本聲明是絕對不夠的。一定要了解那個國家目前國內的狀況，而不是只研究外交政策。因爲要參加這個會議，不是只把立場聲明書寫好，照本宣科就行，還要隨機應變，要能立刻判斷你的國家能不能接受。要了解對方掌握的資源，過去做了哪些事，在另一個情況會怎麼做。要找資料寫立場聲明書，可以參考那個國家的代表團網站，政府的網站。如果還想要更多背景資料，就看看他們國家的國內新聞論壇。只要能了解對方國內的局勢，能儘早準備的資料都好。至於要怎麼準備模擬會議，尤其是從來沒參加過的話，最難的是要熟練現場的規則。我們每次都會在課堂上舉行一個小型的模擬會議，可以練習如何要求發言，也了解發言的名單，發言的內容，發言以及針對議事程序提問之間的差別。所以一定要研究委員會的議事規則。我覺得在委員會，最難的是拿捏分寸，要知道什麼可以做，什麼不能做。盡量從中找到一點樂趣，不必爲了把決議案弄成你想要的樣子，就辛辛苦苦一路忙到半夜四點。委員會有一種專業的氣氛，要照著規範走，要合乎禮儀，即使在非正式會議也是一樣，因爲眞正的聯合國就是如此。

梅爾羅斯：聯合國很多外交工作是在聯合國之外進行的，在宴會、晚宴、午餐甚至喝咖啡的時候登場，可以是一對一，也可以是小團體交流。至於準備工作，我覺得大家都應該讀一讀各國元首或是其他人在總辯論的發言，可以看出這些國家的國內大事，還有他們最重視的事情。這些幾乎每次都能在總辯論看到。我們在閉幕典禮上說，這不是一場零和競賽，而是學習合作，互相了解。想要改變這個世界，就要把大家團結起來，一步一步完成，不是什麼事情都交給一個國家去做。

附錄二 《世界人權宣言》

前言

茲鑑於人類一家，對於人人固有尊嚴及其平等不移權利之承認，確係世界自由、正義與和平之基礎；

復鑑於人權之忽視及侮蔑恆釀成野蠻暴行，致使人心共憤，而自由言論、自由信仰、得免憂懼、得免貧困之世界，業經宣示為一般人民之最高企望，

復鑑於為使人類不致迫不得已鋌而走險以抗專橫與壓迫，人權須受法律規定之保障；

復鑑於國際友好關係之促進，實屬切要；

復鑑於聯合國人民已在憲章中重申對於基本人權、人格尊嚴與價值，以及男女平等權利之信念，並決心促成大自由中之社會進步及較善之民生；

復鑑於各會員國業經誓願與聯合國同心協力，促進人權及基本自由之普遍尊重與遵行；

復鑑於此種權利自由之公共認識，對於是項誓願之澈底實現至關重大；

大會爰於此

頒布世界人權宣言，作爲所有人民、所有國家共同努力之目標，務望個人及社會團體永以本宣言銘諸座右，力求藉訓導與教育激勵人權與自由之尊重，並藉國家與國際之漸進措施，獲得其普遍有效之承認與遵行；會員國本身之人民及所轄領土人民均各永享咸遵。

第一條

人皆生而自由，在尊嚴及權利上均各平等。人各賦有理性良知，誠應和睦相處，情同手足。

第二條

人人皆得享受本宣言所載之一切權利與自由，不分種族、膚色、性別、語言、宗教、政見或他種主張、國籍，或門第、財產、出生或他種身分。

且不得因一人所隸國家或地區之政治、行政或國際地位之不同，而有所區別，無論該地區係獨立、託管、非自治或受其他主權上之限制。

第三條

人人有權享有生命、自由與人身安全。

第四條

任何人不容使為奴役；奴隸制度及奴隸販賣，不論出於何種方式，悉應予以禁止。

第五條

任何人不能加以酷刑，或施以殘忍不人道，或侮慢之待遇或處罰。

第六條

人人於任何所在，有被承認為法律上主體之權利。

第七條

人人在法律上悉屬平等，且應一體享受法律之平等保護。人人有權享受平等保護，以防止違反本宣言之任何歧視，及煽動此種歧視之任何行為。

第八條

人人於其憲法或法律所賦予之基本權利被侵害時，有權享受國家管轄法庭之有效救濟。

第九條

任何人不容加以無理逮捕、拘禁或放逐。

第十條

人人於其權利與義務受判定時及被刑事控告時，有權享受獨立無私法庭之絕對平等不偏且公開之聽審。

第十一條

一、凡受刑事控告者，在未經依法公開審判證實有罪前，應視爲無罪；審判時並須予以答辯上所需之一切保障。

二、任何人在刑事上之行爲或不行爲，於其發生時，依國家或國際法律均不構成罪行者，應不爲罪。刑罰不得重於犯罪時法律之規定。

第十二條

任何個人之私生活、家庭、住所或通訊，不容無理侵犯，其榮譽及信用亦不容侵害。人人爲防止此種侵犯或侵害，有權受法律保護。

第十三條

一、人人在一國境內，有自由遷徙及擇居之權。

二、人人有權利去任何國家，連其本國在內，並有權歸返其本國。

第十四條

一、人人為避迫害，有權在他國尋求並享受庇身之所。

二、控訴之確源於非政治性之犯罪，或源於違反聯合國宗旨與原則之行為者，不得享受此種權利。

第十五條

一、人人有權享有國籍。

二、任何人之國籍不容無理褫奪，其更改國籍之權利不容否認。

第十六條

一、成年男女，不受種族、國籍或宗教之任何限制，有權婚嫁及成立家庭。男女在婚姻方面，在結合期間及在解除婚約時，具有平等權利。

二、婚約之締訂，僅能以男女雙方之自由完全承諾為之。

三、家庭為社會之當然基本團體單位，並應受社會及國家之保護。

第十七條

一、人人有權單獨占有，或與他人合有財產。

二、任何人之財產不容無理剝奪。

第十八條

人人有思想、良心與宗教自由之權；此項權利包括其改變宗教或信仰之自由，及其單獨或集體、公開或私自以教義、躬行、禮拜及戒律，表示其宗教或信仰之自由。

第十九條

人人有主張及發表自由之權；此項權利包括保持主張而不受干涉之自由，及經由任何方法不分國界，以尋求、接收並傳播消息意見之自由。

第二十條

一、人人有平和集會結社自由之權。

二、任何人不容強使隸屬於某一團體。

第二十一條

一、人人有權直接或以自由選舉之代表參加其本國政府。

二、人人有以平等機會參加其本國公務之權。

三、人民意志應爲政府權力之基礎；人民意志應以定期且眞實之選舉表現之，其選舉權必須普及而平等，並當以不記名投票或相等之自由投票程序爲之。

第二十二條

人既爲社會之一員，自有權享受社會保障，並有權享受個人尊嚴及人格自由發展，所必需之經濟、社會及文化各種權利之實現；此種實現之促成，端賴國家措施與國際合作，並當依各國之機構與資源量力爲之。

第二十三條

一、人人有權工作、自由選擇職業、享受公平優裕之工作條件及失業之保障。

二、人人不容任何區別，有同工同酬之權利。

三、人人工作時，有權享受公平優裕之報酬，務使其本人及其家屬之生活足以維持人類尊嚴，必要時且應有他種社會保護辦法，以資補益。

四、人人爲維護其權益，有組織及參加工會之權。

第二十四條

人人有休息及閒暇之權，包括工作時間受合理限制，及定期有給休假之權。

第二十五條

一、人人有權享受其本人及其家屬，康樂所需之生活程度，舉凡衣、食、住、醫藥及必要之社會服務均包括在內；且於失業、患病、殘廢、寡居、衰老，或因不可抗力之事故，致有他種喪失生活能力之情形時，有權享受保障。

二、母親及兒童應受特別照顧及協助。所有兒童，無論婚生與非婚生，均應享受同等社會保護。

第二十六條

一、人人皆有受教育之權。教育應屬免費，至少初級及基本教育應然。初級教育應屬強迫性質，技術與職業教育應廣為設立，高等教育應予人人平等機會，以成績為準。

二、教育之目標在於充分發展人格，加強對人權及基本自由之尊重。教育應謀促進各國、各種族或宗教團體間之諒解、容恕及友好關係，並應促進聯合國維繫和平之各種工作。

三、父母對其子女所應受之教育，有優先抉擇之權。

第二十七條

一、人人有權自由參加社會之文化生活，欣賞藝術，並共同享科學進步及其利益。

二、人人對其本人之任何科學、文學或美術作品，所獲得之精神與物質利益，有享受保護之權。

第二十八條

人人有權享受本宣言所載權利與自由可得全部實現之社會及國際秩序。

第二十九條

一、人人對於社會負有義務；個人人格之自由充分發展，厥爲社會是賴。

二、人人於行使其權利及自由時，僅應受法律所定之限制，且此種限制之唯一目的，應在確認及尊重他人之權利與自由，並謀符合民主社會中道德、公共秩序及一般福利所需之公允條件。

三、此等權利與自由之行使，無論在任何情形下，均不得違反聯合國之宗旨及原則。

第三十條

本宣言所載，不得解釋爲任何國家、團體或個人，有權以任何活動或任何行爲，破壞本宣言內之任何權利與自由。

附錄三　聯合國會員國

以下為聯合國一百九十三個會員國，以及加入聯合國的時間。有些國家是先加入聯合國教科文組織或是其他聯合國機關，才成為擁有聯合國大會表決權的聯合國正式會員國。

阿富汗，一九四六年十一月十九日
阿爾巴尼亞，一九五五年十二月十四日
阿爾及利亞，一九六二年十月八日
安道爾，一九九三年七月二十八日
安哥拉，一九七六年十二月一日
安地卡及巴布達，一九八一年十一月十一日
阿根廷，一九四五年十月二十四日
亞美尼亞，一九九二年三月二日
澳洲，一九四五年十一月一日
奧地利，一九五五年十二月十四日

亞塞拜然，一九九二年三月二日
巴哈馬，一九七三年九月十八日
巴林，一九七一年九月二十一日
孟加拉，一九七四年九月十七日
巴貝多，一九六六年十二月九日
白俄羅斯，一九四五年十月二十四日
比利時，一九四五年十二月二十七日
貝里斯，一九八一年九月二十五日
貝南，一九六〇年九月二十日
不丹，一九七一年九月二十一日
玻利維亞，一九四五年十一月十四日
波士尼亞與赫塞哥維納，一九九二年五月二十二日
波札那，一九六六年十月十七日
巴西，一九四五年十月二十四日
汶萊，一九八四年九月二十一日
保加利亞，一九五五年十二月十四日
布吉納法索，一九六〇年九月二十日

蒲隆地，一九六二年九月十八日
柬埔寨，一九五五年十二月十四日
喀麥隆，一九六〇年九月二十日
加拿大，一九四五年十一月九日
維德角，一九七五年九月十六日
中非共和國，一九六〇年九月二十日
查德，一九六〇年九月二十日
智利，一九四五年十月二十四日
中國，一九四五年十月二十四日
哥倫比亞，一九四五年十一月五日
葛摩聯盟，一九七五年十一月十二日
剛果民主共和國，一九六〇年九月二十日
剛果共和國，一九六〇年九月二十日
哥斯大黎加，一九四五年十一月二日
象牙海岸，一九六〇年九月二十日
克羅埃西亞，一九九二年五月二十二日
古巴，一九四五年十月二十四日

塞浦路斯，一九六〇年九月二十日
捷克共和國，一九九三年一月十九日
丹麥，一九四五年十月二十四日
吉布地，一九七七年九月二十日
多米尼克，一九七八年十二月十八日
多明尼加共和國，一九四五年十月二十四日
厄瓜多，一九四五年十二月二十一日
埃及，一九四五年十月二十四日
薩爾瓦多，一九四五年十月二十四日
赤道幾內亞，一九六八年十一月十二日
厄利垂亞，一九九三年五月二十八日
愛沙尼亞，一九九一年九月十七日
衣索比亞，一九四五年十一月十三日
斐濟，一九七〇年十月十三日
芬蘭，一九五五年十二月十四日
法國，一九四五年十月二十四日
加彭，一九六〇年九月二十日

甘比亞，一九六五年九月二十一日
喬治亞，一九九二年七月三十一日
德國，一九七三年九月十八日
迦納，一九五七年三月八日
希臘，一九四五年十月二十五日
格瑞那達，一九七四年九月十七日
瓜地馬拉，一九四五年十一月二十一日
幾內亞，一九五八年十二月十二日
幾內亞比索，一九七四年九月十七日
蓋亞那，一九六六年九月二十日
海地，一九四五年十月二十四日
宏都拉斯，一九四五年十二月十七日
匈牙利，一九五五年十二月十四日
冰島，一九四六年十一月十九日
印度，一九四五年十月三十日
印尼，一九五〇年九月二十八日
伊朗，一九四五年十月二十四日

伊拉克，一九四五年十二月二十一日
愛爾蘭，一九五五年十二月十四日
以色列，一九四九年五月十一日
義大利，一九五五年十二月十四日
牙買加，一九六二年九月十八日
日本，一九五六年十二月十八日
約旦，一九五五年十二月十四日
哈薩克，一九九二年三月二日
肯亞，一九六三年十二月十六日
吉里巴斯，一九九九年九月十四日
北韓，一九九一年九月十七日
韓國，一九九一年九月十七日
科威特，一九六三年五月十四日
吉爾吉斯，一九九二年三月二日
寮國，一九五五年十二月十四日
拉脫維亞，一九九一年九月十七日
黎巴嫩，一九四五年十月二十四日

賴索托，一九六六年十月十七日
賴比瑞亞，一九四五年十一月二日
利比亞，一九五五年十二月十四日
列支敦斯登，一九九〇年九月十八日
立陶宛，一九九一年九月十七日
盧森堡，一九四五年十月二十四日
馬其頓，一九九三年四月八日
馬達加斯加，一九六〇年九月二十日
馬拉威，一九六四年十二月一日
馬來西亞，一九五七年九月十七日
馬爾地夫，一九六五年九月二十一日
馬利，一九六〇年九月二十八日
馬爾他，一九六四年十二月一日
馬紹爾群島，一九九一年九月十七日
茅利塔尼亞，一九六一年十月二十七日
模里西斯，一九六八年四月二十四日
墨西哥，一九四五年十一月七日

密克羅尼西亞聯邦，一九九一年九月十七日
摩爾多瓦，一九九二年三月二日
摩納哥，一九九三年五月二十八日
蒙古，一九六一年十月二十七日
蒙特內哥羅，二〇〇六年六月二十八日
摩洛哥，一九五六年十一月十二日
莫三比克，一九七五年九月十六日
緬甸，一九四八年四月十九日
納米比亞，一九九〇年四月二十三日
諾魯，一九九九年九月十四日
尼泊爾，一九五五年十二月十四日
荷蘭，一九四五年十二月十日
紐西蘭，一九四五年十月二十四日
尼加拉瓜，一九四五年十月二十四日
尼日，一九六〇年九月二十日
奈及利亞，一九六〇年十月七日
挪威，一九四五年十一月二十七日

阿曼，一九七一年十月七日
巴基斯坦，一九四七年九月三十日
帛琉，一九九四年十二月十五日
巴拿馬，一九四五年十一月十三日
巴布亞紐幾內亞，一九七五年十月十日
巴拉圭，一九四五年十月二十四日
祕魯，一九四五年十月三十一日
菲律賓，一九四五年十月二十四日
波蘭，一九四五年十月二十四日
葡萄牙，一九五五年十二月十四日
卡達，一九七一年九月二十一日
羅馬尼亞，一九五五年十二月十四日
俄羅斯，一九四五年十月二十四日
盧安達，一九六二年九月十八日
聖克里斯多福與尼維斯，一九八三年九月二十三日
聖露西亞，一九七九年九月十八日
聖文森及格瑞那丁，一九八〇年九月十六日

薩摩亞，一九七六年十二月十五日
聖馬利諾，一九九二年三月二日
聖多美普林西比，一九七五年九月十六日
沙烏地阿拉伯，一九四五年十月二十四日
塞內加爾，一九六〇年九月二十八日
塞爾維亞，二〇〇〇年十一月一日
塞席爾，一九七六年九月二十一日
獅子山，一九六一年九月二十七日
新加坡，一九六五年九月二十一日
斯洛伐克，一九九三年一月十九日
斯洛維尼亞，一九九二年五月二十二日
索羅門群島，一九七八年九月十九日
索馬利亞，一九六〇年九月二十日
南非，一九四五年十一月七日
南蘇丹，二〇一一年七月十四日
西班牙，一九五五年十二月十四日
斯里蘭卡，一九五五年十二月十四日

蘇丹，一九五六年十一月十二日
蘇利南，一九七五年十二月四日
史瓦濟蘭，一九六八年九月二十四日
瑞典，一九四六年十一月十九日
瑞士，二〇〇二年九月十日
敘利亞，一九四五年十月二十四日
塔吉克，一九九二年三月二日
坦尚尼亞，一九六一年十二月十四日
泰國，一九四六年十二月十六日
東帝汶，二〇〇二年九月二十七日
多哥，一九六〇年九月二十日
東加，一九九九年九月十四日
千里達及托巴哥，一九六二年九月十八日
突尼西亞，一九五六年十一月十二日
土耳其，一九四五年十月二十四日
土庫曼，一九九二年三月二日
吐瓦魯，二〇〇〇年九月五日

烏干達，一九六二年十月二十四日
烏克蘭，一九四五年十月二十四日
阿拉伯聯合大公國，一九七一年十二月九日
英國，一九四五年十月二十四日
美國，一九四五年十月二十四日
烏拉圭，一九四五年十二月十八日
烏茲別克，一九九二年三月二日
萬那杜，一九八一年九月十五日
委內瑞拉，一九四五年十一月十五日
越南，一九七七年九月二十日
葉門，一九四七年九月三十日
尚比亞，一九六四年十二月一日
辛巴威，一九八〇年八月二十五日

簡寫解釋

ACABQ——聯合國行政及預算問題顧問委員會
CND——麻醉藥品委員會
CONGO——聯合國內具諮詢地位之非政府組織會議
CTBTO——全面禁止核試驗條約組織籌備委員會
DPA——聯合國政治事務處
DPKO——聯合國維持和平行動部
E10——安理會十個非常任理事國
ECOSOC——聯合國經濟及社會理事會
FAO——聯合國糧食及農業組織
G—77——七十七國集團，由一群開發中國家組成
GA——聯合國大會
GAO——美國聯邦審計署

HCHR──聯合國人權事務高級專員
HRC──聯合國人權理事會
IAEA──國際原子能總署
ICAO──國際民用航空組織
IMO──國際海事組織
IPCC──聯合國政府間氣候變化專門委員會
ITU──國際電信聯盟
MINUSTAH──聯合國海地穩定特派團
NAM──不結盟運動
NATO──北大西洋公約組織
NGO──非政府組織
OIOS──內部監督事務廳
OPCW──禁止化學武器組織
P5──安理會五個常任理事國
UNAIDS──聯合國愛滋病聯合規劃署
UNAMID──非洲聯盟暨聯合國達佛聯合行動
UNDP──聯合國開發計畫署

UNEP——聯合國環境署

UNESCO——聯合國教育、科學及文化組織

UNFICYP——聯合國駐塞浦路斯維和部隊

UNHCR——聯合國難民事務高級專員辦事處

UNICEF——聯合國兒童基金會

UNIDO——聯合國工業發展組織

UNMEE——聯合國衣索比亞及厄利垂亞特派團

UNMIT——聯合國東帝汶聯合行動

UNODC——聯合國毒品和犯罪問題辦公室

UNPOL——聯合國警察

UNTSO——聯合國停戰監督組織

UPU——萬國郵政聯盟

WEOG——西歐與其他區域集團

WFP——世界糧食計畫署

WHO——世界衛生組織

WIPO——世界智慧財產權組織

資料來源

爲了撰寫這本書，我參考了不少資料，訪談了幾位「聯合國內部人士」，包括前任與現任的外交官、聯合國官員、專家與分析師。我參加聯合國的簡報、記者會、研討會與論壇，也參考聯合國人員、會員國代表，以及美國政府官員的演說與公開聲明，另外還有聯合國、各國政府、非政府組織，以及學術機構發表的研究報告。

本書引用的資料多半來自訪談內容與公開聲明。以下是各章節引用書籍、文章與報告的出處。

第二章：有關艾琳諾．羅斯福在《世界人權宣言》起草過程所扮演的角色，見約瑟夫．拉許（Joseph Lash）著，《艾琳諾：單飛歲月》（*Eleanor: The Years Alone*）（New York: Konecky and Konecky，一九七二年）。布萊恩．厄夸特對於《世界人權宣言》的重要性的談話，則是摘自他在加州柏克萊大學的訪談紀錄。

第三章：祕書長對於達佛之行的感言，詳見潘基文著，「我在達佛的見聞」（What I Saw in

Darfur），《華盛頓郵報》，二〇〇七年九月十四日。

第四章：約瑟夫．奈伊的談話摘自他的著作《權力的未來》（*The Future of Power*）（New York: BBS Publications，二〇一一年），第一一六、二一六頁。

第六章：有關沙烏地阿拉伯不願加入安理會的討論，詳見理查．戈溫的分析，摘自「外交餘波：沙烏地阿拉伯的安理會招數不只是噱頭」（Diplomatic Fallout: Saudi Arabia's Security Council Move More than Just a Stunt），《世界政治評論》（*World Politics Review*）（二〇一三年十月二十一日）。美國政府贊成制裁的言論，來自美國國務院的《美國參與聯合國報告》（*US Participation in the UN*））（二〇〇六年），第五十四頁。有關聯合國大會各派系，支持不同的安理會重整計畫的調查結果，見聯合國改革教育中心（Center for UN Reform Education）著，「安理會改革流程的新低點」（A New Low Point in the Security Council Reform Process）（二〇一三年），http://www.centerforunreform.org/node/23。

第八章：有關安南在紐約市的社交生活的資料，見費德瑞克．艾卡德著，《安南：發言人的回憶錄》（*Kofi Annan: A Spokesperson's Memoir*）（[New York:] Ruder Finn Press，二〇一二年），第六十一頁。

第九章：有關剛果民主共和國的干預部隊的討論，見詹米．哈根（Jamie Hagen），「剛果干預部隊將看見聯合國軍隊主動進攻」（Congo Intervention Brigade Will See UN

Forces Go on the Offense），*PolicyMic*，二〇一三年三月三十一日。提供維和部隊性侵案件數據的非政府組織是「被圍攻女性計畫」（Women Under Siege Project）」。哈里札德反對以維和行動取代解決方案的言論，見梅爾・凱勒哈爾斯（Merle D. Kellerhals）著，「聯合國致力提升非洲維和行動」（UN Looking for Ways to Enhance African Peacekeeping），《和平與安全》（*Peace and Security*），二〇〇八年四月二十二日。美國政府發布的兩份維和行動報告，見www.gao.gov/new.items/d06331.pdf及www.betterworldcampaign.org。

第十章：關於反恐委員會報告的隱私政策的批評，見人權之聲（Human Rights Voices）「聯合國第一課：聯合國對抗恐怖主義毫無作爲」（UN 101: UN Non- Action to Combat Terrorism），（二〇一三年），http://www.humanrightsvoices.org/EYEontheUN/un_101/facts/?p=63。有關伊朗的核計畫，詳見海耶斯・布朗（Hayes Brown），「聯合國新報告：伊朗核計畫擴張速度減緩」（New U.N. Report Finds Growth of Iran's Nuclear Program Is Slowing），ThinkProgress，二〇一三年八月二十八日。關於聯合國成爲恐怖份子攻擊目標的討論，見柯倫・林區（Colum Lynch），「聯合國標誌成爲基地組織全球攻擊目標」（UN Insignia Emerges as a Global Target for Al-Qaeda Attacks），《華盛頓郵報》，二〇〇七年十二月二十五日。亦見路透報導，「聯合國『已成敵人』」，News24 Archives，二〇〇八年二月二十九日，http://www.

news24.com/Africa/News/UN-has-become-an-enemy-20080228。

第十一章：有關保護責任的討論，詳見聯合國資料以及保護責任國際聯盟（International Coalition for the Responsibility to Protect）資料。

第十八章：有關資料蒐集工作小組，以及克里斯多福．柏南的討論，詳見羅伯特．許（Robert W. Hsu）著，「美國駐聯合國官員下台，後期分配將影響聯合國改革」（American UN Official Steps Down; Post Allocation May Threaten UN Reform），以及莉迪亞．史華特（Lydia Swart）著，「聯合國將於二〇〇八年持續對抗貪腐」（UN Will Continue to Fight Corruption in 2008），*UNA-USA Publications*，二〇〇七年十二月五日，以及二〇〇八年一月八日。美國政府的評估報告，見美國聯邦審計署，《聯合國：管理改革進度不一》（*United Nations: Progress on Management Reform Efforts Has Varied*），GAO-08-84，二〇〇七年十一月十四日。亦見美國聯邦審計署，《聯合國內部監督：獨立性與人員配備有所進步，但仍須後續行動》（*UN Internal Oversight: Progress Made on Independence and Staffing Issues, but Further Actions Are Needed*），GAO 11-871，二〇一一年九月二十日。

第十九章：有關歐巴馬政府積極支付欠款一事，詳見路易斯．卡本內（Louis Charbonneau），「美國清償大半聯合國欠款，目前尚欠七億三千六百萬美元」（U.S. Pays Off Much of U.N. Arrears, Now Owes $736 Million），路透，二〇一一年一月二十五日。

譯名對照

一五四〇委員會（1540 Committee）
『七十七國集團』（Group of 77, G-77）
七大工業國組織（G7）
《二十一世紀議程》（Agenda 21）
二十國集團（G20, Group of Twenty Finance Ministers and Central Bank Governors）
「人皆生而平等」（All men are created equal）
人類發展指數（Human Development Index）
《人類發展報告》（*Human Development Report*）
八大工業國組織（G8）
十個非常任理事國（E10）
「十國委員會」（C10, Committee of Ten）
上海合作組織（Shanghai Cooperation Organization）
千禧年高峰會（Millennium Summit）
千禧年發展目標（Millennium Development Goals）
千禧年發展計畫（Millennium Development Campaign）
千禧年發展計畫性別圖表（Millennium Development Goals Gender Chart）

大衛・馬龍（David Malone）
《大憲章》（Magna Carta）
小亨利・羅區（Henry Cabot Lodge Jr.）
小愛德華・斯特蒂紐斯（Edward R. Stettinius Jr.）
小鷹鎮（Kitty Hawk）
『不同速度的整合』（variable geometry）
不結盟運動（Nonaligned Movement, NAM）
不當行爲追蹤系統（Misconduct Tracking System）
《不擴散核武器條約》（Nuclear Non-Proliferation Treaty）
中非共和國（Central African Republic）
中部非洲國家經濟共同體（Economic Community of Central African States）
丹尼爾・莫尼漢（Daniel P. Moynihan）
五個常任理事國（P5）
內部監督事務廳（Office of Internal Oversight Services）
《公民權利和政治權利國際公約》（International Covenant on Civil and Political Rights）
《公法》（Public Law）
公爵夫人社區大學（Duchess Community College）
厄利垂亞（Eritrea）
反恐怖主義委員會（Counter-Terrorism Committee）
反恐怖主義執行理事會（Counter Terrorism Executive Directorate）
天野之彌（Yukiya Amano）
巴沙・賈法里（Bashar Ja'afari）
巴貝多（Barbados）
《巴黎公約》（Paris Convention）
比爾・理查森（Bill Richardson）

水下文化遺產（Underwater Cultural Heritage）

《水俁公約》（Minamata Convention on Mercury）

《世界人權宣言》（Universal Declaration of Human Rights）

《世界兒童現況報告》（*State of the World's Children*）

世界法庭（The World Court）

世界氣象組織（The World Meteorological Organization, WMO）

世界海事大學（World Maritime University）

世界智慧財產組織學院（WIPO Academy）

世界智慧財產權組織（The World Intellectual Property Organization, WIPO）

世界智慧財產權組織（World Intellectual Property Organization）

世界貿易中心（World Trade Center）

世界銀行（The World Bank）

世界銀行（World Bank）

世界衛生大會（World Health Assembly）

世界衛生組織（World Health Organization, WHO）

《世界衛生組織菸草控制框架公約》（WHO Framework Convention on Tobacco Control）

「世界遺產」（World Heritage Site）

世界糧食計畫署（World Food Program）

世紀基金會（Century Foundation）

加丹加省（Katanga）

包特羅斯・包特羅斯-蓋里（Boutros Boutros-Ghali）

北大西洋公約組織（North Atlantic Treaty Organization, NATO）

卡爾迪（Sebastiano Cardi）

卡洛琳・史密斯（Carolyn Smith）
「另類發展計畫」（Alternative Development Program）
史都華・派翠克（Stewart Patrick）
史提夫・汪達（Stevie Wonder）
史蒂芬・斐勒（Stefan Feller）
四國集團（G4, Group of Four）
外勤支援部（Department of Field Support）
布列敦森林會議（Bretton Woods Conference）
布林迪西（Brindisi）
布萊恩・厄夸特（Brian Urquhart）
布魯克・艾斯特（Brooke Astor）
「永續發展目標」（Sustainable Development Goals）
「玉米帶」（Corn Belt）
瓦加杜古（Ouagadougou）
瓦萊莉・阿莫斯（Valerie Amos）
瓦薩大學（Vassar College）
甘迺迪政府學院（Kennedy School of Government）
甘迺迪總統（President John F. Kennedy）
「以油換糧計畫」（Oil-for-Food Program）
「立即見效計畫」（quick impact projects）
仲裁調解中心（Arbitration and Mediation Center）
伊波拉病毒感染（Ebola Virus Disease）
伊斯蘭合作組織（Organisation of Islamic Cooperation）
伊琳娜・博科娃（Irina Bokova）
伊盧利薩特冰峽灣（Ilulissat Icefjord）
《全面禁止核試驗條約》（Preparatory Commission for the Comprehensive Nuclear-Test-Ban Treaty Organization）

全國民主聯盟（National League for Democracy）
全球反恐論壇（Global Terrorism Forum）
「全球評估計畫」（Global Assessment Program）
《全球經濟展望》（*World Economic Outlook*）
《全球衛生普及率研究》（*Research for Universal Health Coverage*）
全權證書委員會（Credentials Committee）
柯洛瑪（Ernest Bai Koroma）
吉爾吉斯（Kyrgyzstan）
《在發生嚴重旱災及（或）沙漠化之國家特別是非洲防治沙漠化之國際公約》（Convention to Combat Desertification in Those Countries Experiencing Serious Drought and/or Desertification, Particularly in Africa）
地球高峰會（Earth Summit）
地球高峰會五年後特別會議（Earth Summit+5）
多邊投資擔保機構（Multilateral Investment Guarantee Agency）
安東尼・雷克（Anthony Lake）
安南（Kofi Annan）
安理會議廳（Security Council Chamber）
安琪拉・肯恩（Angela Kane）
安瑞亞・布利基（Andrea Brizzi）
安德魯・楊（Andrew Young）
年度部長審議（Annual Ministerial Review）
托博法蘭登（Jens Anders Toyberg-Frandzen）
朱巴（Juba）
米爾頓・格蘭（Milton Grant）
艾文・史奈德（Evan Schneider）

艾利・魏瑟爾（Elie Wiesel）
艾略特國際事務學院（Elliott School of International Affairs）
艾斯肯德・德比比（EskinderDebebe）
艾琳諾・羅斯福（Eleaner Rosevelt）
艾絲樂・比默（Esther Brimmer）
艾爾・高爾（Al Gore Jr.）
艾默瑞・瓊斯・派瑞（Emry Jones Parry）
行政及預算問題顧問委員會（Advisory Committee on Administrative and Budgetary Questions）
西非國家經濟共同體（Economic Council of West African States）
西帝汶（West Timor）
伯特・柯恩德斯（Bert Koenders）
伯恩條約（Bern Treaty）
克里米亞地區（Crimea）
克里斯多福・柏南（Christopher Burnham）
冷戰（Cold War）
利納斯・安塔納斯・林克維丘斯（Linas Antanas Linkevičius）
宇譚（U Thant）
吳紅波（Wu Hongbo）
希拉蕊・柯林頓（Hillary Rodham Clinton）
希勒爾・紐爾（Hillel Neuer）
改革管理政策指導委員會（Steering Committee on Reform and Management Policy）
李保東（Li Baodong）
杜魯門總統（President Harry Truman）
汞排放研究計畫（Mercury Emissions Study）
沃達豐基金會（Vodafone Foundation）
《身心障礙者權利公約》（Convention on

the Rights of Persons with Disabilities）

《防止及懲治種族滅絕罪公約》（Convention on the Prevention and Punishment of the Crime of Genocide）

《防止和懲處侵犯受國際保護人員公約》（Convention on the Prevention and Punishment of Crimes against Internationally Protected Persons）

《防止船舶污染國際公約》（International Convention for the Prevention of Pollution from Ships）

事件與非法交易資料庫（Incident and Trafficking Database）

事件與緊急事故處理中心（Incident and Emergency Centre）

亞瑟・古柏（Arthur J. Goldberg）

亞歷山大・史密夫斯基（Alexander Zmeevsky）

《京都議定書》（Kyoto Protocol）

佩雷斯・德奎利亞爾（Javier Pérez de Cuéllar）

《兒童權利公約》（Convention on the Rights of the Child）

兒童權利委員會（Committee on the Rights of the Child）

《制止危及大陸架固定平台安全非法行爲協定》（Protocol for the Suppression of Unlawful Acts against the Safety of Fixed Platforms Located on the Continental Shelf）

《制止危及海上航行安全非法行爲公約》（Convention for the Suppression of Unlawful Acts against the Safety of Maritime Navigation）

《制止危害民用航空安全的非法行爲公約》（Convention for the Suppression of

Unlawful Acts against the Safety of Civil Aviation）
《制止在國際民用航空機場的非法暴力行爲協定》（Protocol for the Suppression of Unlawful Acts of Violence at Airports Serving International Civil Aviation）
《制止金援恐怖主義國際公約》（International Convention for the Suppression of the Financing of Terrorism）
《制止非法劫持航空器公約》（Convention for the Suppression of the Unlawful Seizure of Aircraft）
《制止恐怖主義爆炸事件國際公約》（International Convention for the Suppression of Terrorist Bombings）
《制止挾持人質國際公約》（International Convention against the Taking of Hostages）
《制止核恐怖主義行爲國際公約》（International Convention for the Suppression of Acts of Nuclear Terrorism）
《制止與國際民用航空有關的非法行爲的公約》（Convention on the Suppression of Unlawful Acts Relating to International Civil Aviation）
和平使者（Messengers of Peace）
妮基・海利（Nikki Haley）
《岱頓協定》（Dayton Accords）
帛琉群島（Palau）
彼得・博利（Peter Burleigh）
「努斯拉陣線」（Al-Nusra Front）
性別議題暨提升女性地位特別顧問辦公室（Office of the Special Adviser on Gender Issues and Advancement of Women）
拉爾夫・本奇（Ralph Bunche）
拉赫達爾・卜拉希米（Lakhdar Brahimi）

東河（East River）
東南亞國家協會（Association of Southeast Asian Nations）
東帝汶過渡政府（East Timor Transitional Administration）
《武器貿易條約》（Arms Trade Treaty）
法律暨安全機構辦公室（Office of Rule of Law and Security Institutions, OROCSI）
「法律顧問計畫」（legal Advisory Program）
法蘭（Albert González Farran）
邱吉爾（Winston Churchill）
金夏沙（Kinshasa）
金墉（Jim Yong Kim）
金磚國家（BRICS）
阿卜杜勒・卡迪爾・汗（A. Q. Khan）
阿布加（Abuja）
阿迪斯・阿貝巴（Addis Ababa）
阿曼達・維伊沙（Amanda Voisard）
阿莎—羅絲・米吉洛（Asha-Rose Migiro）
阿爾及爾（Algiers）
阿德萊・史蒂文森（Adlai E. Stevenson）
阿薩德（Assad）
「非法作物監測計畫」（Illicit Crop Monitoring Program）
「非洲統一組織」（Organization of African Unity）
「非洲聯盟暨聯合國達佛聯合行動」（African Union–United Nations Hybrid Operation in Darfur, UNA-MID）
《非洲聯盟憲章》（Charter of the African Union）
保羅・菲爾奎拉斯（Paulo Filgueiras）
《保護水下文化遺產公約》（Convention on the Protection of the Underwater Cultural Heritage）

南希・索德柏（Nancy Soderberg）
南非發展集團（South African Development Group）
哈瑪德・圖埃（Hamadoun Touré）
威廉・呂爾斯（William Luers）
威廉・斯克蘭頓（William W. Scranton）
建設和平（peacebuilding）
「建設和平委員會」（Peacebuilding Commission）
建設和平優先計畫（Peacebuilding Priority Plan）
政府間氣候變遷小組（Intergovernmental Panel on Climate Change）
政治特派團（political missions）
柏威夏寺（Temple of Preah Vihear）
查爾斯・約斯特（Charles W. Yost）
查爾斯・泰勒（Charles Taylor）
柯林・濟亭（Colin Keating）
柳淳澤（Yoo Soon-teak）
氟氯碳化物（chlorofluorocarbons）
洛克比（Lockerbee）
《看我的胸針：聽外交官的珠寶盒說故事》（*Read My Pins: Stories from a Diplomat's Jewel Box*）
科亞克卡查爾村（Kyauk Ka Char）
科威特（Kuwait）
約瑟夫・奈伊（Joseph S. Nye Jr.）
約瑟夫・梅爾羅斯（Joseph Melrose）
約翰・丹佛斯（John C. Danforth）
約翰・史卡利（John P. Scali）
約翰・尼格羅龐提（John D. Negroponte）
約翰・波頓（John R. Bolton）
約翰・阿什（John Ashe）
約翰馬克・費雷（Jean-Marc Ferré）
約翰・凱瑞（John Kerry）
約翰霍普金斯大學（Johns Hopkins Univer-

sity）
美中氣候變遷工作小組（U.S.-China Climate Change Working Group）
美國大學會議協會（National Collegiate Conferens Association）
美國外交關係協會（US Council on Foreign Relations）
美國聯邦審計署（Government Accountability Office）
美國國家環境保護局（US Environmental Protection Agency）
美國郵政署（US Postal Service）
美國管理及預算局（White House Office of Management and Budget）
《美國獨立宣言》（Declaration of Independence）
美國聯合國協會（United Nations Association of the USA, www.una-usa.org）
胡笙親王（Prince Zeid Ra'ad Zeid al-Hussein）
計畫與協調委員會（Committee for Program and Coordination）
迪米崔・帝托夫（Dmitry Titov）
唐諾・麥克亨利（Donald McHenry）
夏希・塔魯爾（Shashi Tharoor）
《核材料實物保護公約》（Convention on the Physical Protection of Nuclear Material）
格達費（Muammar Gaddafi）
泰格奈沃・蓋圖（TegegneworkGettu）
泰國青年反貪腐機構（Thai Youth Anti-Corruption Network）
海地（Haiti）
海珊（Saddam Hussein）
《消除一切形式種族歧視國際公約》（International Convention on the Elimination

of All Forms of Racial Discrimination）
《消除對婦女一切形式歧視公約》（Convention on the Elimination of All Forms of Discrimination against Women）
烏爾辛納斯大學（Ursinus College）
特呂格韋・賴伊（Trygve Lie）
班加西（Benghazi）
祕書長特別代表與聯合國利比亞支援行動部長（Special Representative of the Secretary-General and Head of UNSMIL (UN Support Mission in Libya)）
祕書長特別顧問與赤道幾內亞與加彭邊界糾紛協調專員（Special Adviser to the Secretary-General and Mediator in the Border Dispute between Equatorial Guinea and Gabon）
祕書長駐非洲聯盟特別代表（Special Representative of the Secretary-General to the African Union）
祕書長駐象牙海岸特別代表與聯合國駐象牙海岸維和行動部長（Special Representative of the Secretary-General for Côte d'Ivoire and Head of UNOCI）
祕書長駐薩赫爾特使（Special Envoy of the Secretary-General for the Sahel）
神學士（Taliban）
納維・皮萊（Navenethem (Navi) Pillay）
紐約大學國際合作中心（Center on International Cooperation）
翁山蘇姬（Aung San Suu Kyi）
「迷你多邊」（minilateral）
馬可・卡斯卓（Marco Castro）
馬可・多敏諾（Marco Dormino）
馬克・馬拉克布朗（Mark Malloch-Brown）
馬克・賈騰（Mark Garten）

馬里亞納群島（Mariana Islands）

高級管理小組（Senior Management Group）

國家主權國際委員會（International Commission on State Sovereignty）

國家安全會議（National Security Council）

保護責任（R2P）

《國際人權法典》（International Bill of Human Rights）

《國際民用航空公約》（Convention on International Civil Aviation）

國際民用航空組織（The International Civil Aviation Organization, ICAO）

盧安達國際戰犯法庭（International Criminal Tribunal for Rwanda）

國際刑事法院（The International Criminal Court）

《國際刑事法院《羅馬規約》締約國大會（I.C.C. Assembly of States Parties）

國際投資爭端解決中心（International Centre for Settlement of Investment Disputes）

國際法委員會（International Law Commission）

國際法院（The International Court of Justice, ICJ）

國際金融公司（International Finance Corporation）

國際毒品防治計畫（International Drug Control Program）

國際原子能總署（International Atomic Energy Agency）

國際原子能總署安全保護計畫（IAEA Safeguards Program）

《國際海上人命安全公約》（International Convention for the Safety of Life at Sea）

國際海事組織（The International Maritime Organization, IMO）

國際海事組織國際海事法學院（IMO International Maritime Law Institute）

國際商標系統（International Trademark System）

國際貨幣基金（International Monetary Fund, IMF）

國際痲醉藥物管制局（International Narcotics Control Board）

國際勞工組織（The International Labour Organization, ILO）

國際復興開發銀行（International Bank for Reconstruction and Development）

國際開發協會（International Development Association）

《國際資本市場》（*International Capital Markets*）

國際農業發展基金（The International Fund for Agricultural Development, IFAD）

國際電信聯盟（International Telecommunication Union, ITU）

國際電報聯盟（International Telegraph Union）

國際預防犯罪中心（Centre for International Crime Prevention）

標準與建議措施（standards and recommended practices, SARPs）

國際聯盟（League of Nations）

基地組織（al-Qaeda）

寇特・華德翰（Kurt Waldheim）

康朵麗莎・萊斯（Condoleezza Rice）

強制和平（peace enforcement）

敘利亞的伊斯蘭國（Islamic State in Syria, ISIS）

曼谷藝術文化中心（Bangkok Art and Culture Center）

理查・戈溫（Richard Gowan）

理查・霍布魯克（Richard C. Holbrooke）

畢沙・胡笙（Bishar A. Hussein）

第三委員會（Committee III）

荷西・阿亞拉・拉索（José Ayala-Lasso）

麥克伊韋恩（JC McIlwaine）

麥克・希漢（Michael Sheehan）

麥克・彭博（Michael Bloomberg）

《麻醉品單一公約》（Single Convention on Narcotic Drugs）

麻醉藥品委員會（The Commission on Narcotic Drugs, CND）

傑夫瑞・羅倫帝（Jeffrey Laurenti）

傑弗瑞・費爾曼（Jeffrey Feltman）

喬治・布希（George H. W. Bush）

喬治・克隆尼（George Clooney）

喬治・博爾（George W. Ball）

喬治華盛頓大學（George Washington University）

喬薩亞・沃雷恩蓋・姆拜尼馬拉馬（Josaia V. Bainimarama）

幾內亞（Guinea）

提升女性地位國際研訓中心（International Research and Training Institute for the Advancement of Women）

提升女性地位部門（Division for the Advancement of Women）

斯雷布雷尼察（Srebenica）

普里（Hardeep Singh Puri）

「普遍定期審查」（Universal Periodic Review）

「最佳代表」網站（Best Delegate, bestdelegate.com）

朝聖山（Mont Pèlerin）

湯瑪斯・皮克林（Thomas R. Pickering）

發展合作論壇（Development Cooperation Forum）
華倫・奧斯丁（Warren R. Austin）
華爾道夫阿斯托里亞酒店（Waldorf Astoria）
菲莉絲・蓋爾（Felice Gaer）
萊拉・澤羅吉（Leila Zerrougui）
萊特兄弟（Wright brothers）
費德瑞克・艾卡德（Frederic (Fred) Eckhard）
賀卻爾・強森（Herschel V. Johnson）
雅各伯勞斯坦人權促進協會（Jacob Blaustein Institute for the Advancement of Human Rights）
馮・愛錫德（Sebastian von Einsiedel）
塔雷克・密屈（Tarek Mitri）
塞浦路斯（Cyprus）
塞爾吉奧・維埃拉・德梅洛（Sérgio Vieira de Mello）
奧馬爾・巴席爾（Hassan al-Bashir）
敖德薩（Odessa）
愛德華・帕金斯（Edward J. Perkins）
愛德華・拉克（Edward Luck）
《新的全球合作：以永續發展消滅貧窮，改善經濟體》（*A New Global Partnership: Eradicate Poverty and Transform Economies through Sustainable Development*）
楊・艾里亞森（Jan Eliasson）
楊・庫比什（Ján Kubis）
獅子山共和國（Sirea Leone）
瑞克・巴喬納斯（Rick Bajornas）
《禁止化學武器公約》（Chemical Weapons Convention）
禁止化學武器組織（Organization for the Prohibition of Chemical Weapons）

《禁止核試爆條約》（Nuclear Test Ban Treaty）
《禁止發展、生產、儲存和使用化學武器及銷毀此種武器的公約》（Convention on the Prohibition of the Development, Stockpiling, and Use of Chemical Weapons and on Their Destruction）
《禁止酷刑和其他殘忍、不人道或有辱人格的待遇或處罰公約》（Convention against Torture and Other Cruel, Inhuman or Degrading Treatment or Punishment）
經濟社會文化權利國際公約（International Covenant on Economic, Social, and Cultural Rights）
聖嬰現象（El Niño）
萬國郵政會議（Universal Postal Congress）
萬國郵政聯盟（The Universal Postal Union, UPU）
葛漢諾（Jean-Marie Guéhenno）
詹姆斯・瓦茲渥斯（James J. Wadsworth）
詹姆斯・維金斯（James Russell Wiggins）
資料蒐集工作小組（Procurement Task Force）
路易斯・莫雷諾奧坎波（Luis Moreno-Ocampo）
路易絲・弗雷歇特（Louise Fréchette）
道格・哈馬紹（Dag Hammarskjöld）
達尼洛・圖克（Danilo Türk）
達佛（Darfur）
達佛斯（Davos）
預防外交（preventive diplomacy）
「團結制止暴力侵害女性計畫」（UNITE）
「團結謀共識」（Uniting for Consensus）
漢莎・梅塔（Hansa Mehta）
爾莎琳・卡森（Ertharin Cousin）

瑪莉・羅賓森（Mary Robinson）
瑪格麗特・貝克特（Margaret Beckett）
《精神藥物公約》（Convention on Psychotropic Substances）
維吉妮雅・吉爾德史利夫（Virginia Gildersleeve）
維拉・薇契—斐柏嘉（Vaira Vike-Freiberga）
維塔利・丘爾金（Vitaly I. Churkin）
維儂・華特茲（Vernon A. Walters）
蒙特婁破壞臭氧層物質管制議定書（Montreal Protocol on Substances that Deplete the Ozone Layer）
蒙羅維亞（Monrovia）
賓拉登（Osama bin Laden）
赫魯雪夫（Nikita Khrushchev）
德夫拉・柏可維茲（Devra Berkowitz）
德弗札克（Antonín Leopold Dvořák）
摩加迪休（Mogadishu）
《標示塑膠炸藥以便識別協議》（Convention on the Marking of Plastic Explosives for the Purpose of Detection）
歐布萊特（Madeleine Albright）
歐索里奧（Néstor Osorio）
潔恩・科克派翠克（Jeane J. Kirkpatrick）
潘基文（Ban Ki-moon）
調停（peacemaking）
《賦予殖民地國家與民族獨立地位宣言》（Declaration on the Granting of Independence to Colonial Countries and Peoples）
穆尼爾・阿克拉姆（MunirAkram）
穆罕默德・巴拉迪（Mohamed ElBaradei）
親善大使（Goodwill Ambassadors）
錫瓦綠洲（Siwa Oasis）
環境與發展會議（Conference on Environment and Development）

聯合國一號飯店（ONE UN hotel）
聯合國人居署（The UN Center for Human Settlements (Habitat)）
聯合國人道事務副祕書長（UN under secretary-general for humanitarian affairs）
聯合國人權事務委員會（UN Human Rights Commission）
聯合國人權理事會（Human Rights Council）
聯合國大會（The General Assembly）
聯合國大學政策研究中心（UN University's Centre for Policy Research）
聯合國女性發展基金會（United Nations Development Fund for Women）
聯合國工業發展組織（The UN Industrial Development Organization, UNIDO）
聯合國支援非洲聯盟駐索馬利亞特派團辦公室（UN Support Office for the African Union Mission in Somalia, UNSOA）
聯合國永續發展大會（Rio+20）
聯合國永續發展目標開放工作小組（Open Working Group on Sustainable Development Goals）
聯合國永續發展委員會（Commission on Sustainable Development）
聯合國印度與巴基斯坦軍事觀察團（UNMOGIP）
聯合國安全理事會（The Security Council）
聯合國行政首長協調理事會（UN System Chief Executives Board）
聯合國衣索比亞及厄利垂亞特派團（UN Mission in Ethiopia and Eritrea）
聯合國西撒哈拉公民投票特派團（MINURSO）
聯合國兒童基金會（UN Children's Fund, UNICEF）

聯合國東帝汶過渡政府（UN Transitional Administration in East Timor）

聯合國近東地區巴勒斯坦難民救濟與工程處（United Nations Relief and Works Agency for Palestine Refugees in the Near East, UNRWA）

聯合國建設和平基金（UN Peacebuilding Fund）

聯合國政府間氣候變化專門委員會（UN Intergovernmental Panel on Climate Change）

聯合國政治事務處（Department of Political Affairs）

聯合國毒品和犯罪問題辦公室（The UN Office on Drugs and Crime, UNODC）

聯合國科索沃臨時行政當局特派團（UN-MIK）

「聯合國剛果民主共和國組織穩定特派團」（United Nations Organization Stabilization Mission in the Democratic Republic of the Congo, MONUSCO）

《聯合國氣候變遷框架公約》（UN Framework Convention on Climate Change）

聯合國海地穩定特派團（UN Stabilization Mission in Haiti, MINUSTAH）

聯合國利比亞支助特派團（UN Support Mission in Libya）

聯合國祕書處（The Secretariat）

聯合國託管理事會（TheTrusteeshipCouncil，已停止運作）

聯合國停戰監督組織（United Nations Truce Supervision Organization, UNTSO）

聯合國婦女地位委員會（Commission on the Status of Women）

聯合國婦女署（UN Women, the United Nation Entity for Gender Equality and The

Empowerment of Women, UN Women）
聯合國教科文組織（The United Nations Educational, Scientific, and Cultural Organization, UNESCO）
聯合國脫離接觸觀察員部隊（UNDOF）
聯合國發起東帝汶聯合行動（Integrated Mission in Timor-Leste）
聯合國裁軍事務廳（UN Office for Disarmament Affairs）
聯合國象牙海岸特派團（UNOCI）
聯合國開發計畫署（The UN Development Program, UNDP）
聯合國愛滋病聯合規劃署（Joint United Nations Program on HIV/AIDS）
聯合國新聞部（UN Department of Public Information）
《聯合國禁止非法販運麻醉藥品和精神藥物公約》（UN Convention against Illicit Traffic in Narcotic Drugs and Psychotropic Substances）
聯合國經濟及社會理事會（The Economic and Social Council, ECOSOC）
聯合國道德操守辦公室（UN Ethics Office）
聯合國維持和平行動部（UN Department of Peacekeeping Operations）
聯合國維持和平部隊（United Nations Peacekeeping Forces）
聯合國緊急救助協調專員（UN Emergency Relief Coordinator）
聯合國駐塞浦路斯維和部隊（UNFICYP）
聯合國駐黎巴嫩臨時部隊（UNIFIL）
聯合國賴比瑞亞特派團（UNMIL）
聯合國環境署（The United Environment Program, UNEP）
禁止化學武器組織與聯合國聯合行動

（OPCW–UN Joint Mission）
聯合國糧食及農業組織（Food and Agriculture Organization, TAO）
聯合國藥物管制規劃署（United Nations Drug Control Program）
聯合國難民事務高級專員辦事處（簡稱聯合國難民署，the Office of the United Nations High Commissioner for Refugees, UNHCR）
聯合國警察（United Nations Police）
聯合國觀察組織（UN Watch）
薛帕・弗曼（Shepard Forman）
謝爾蓋・維克托羅維奇・拉夫羅夫（Sergey V. Lavrov）
薩曼莎・鮑爾（Samantha Power）
薩梅・哈里札德（Zalmay M. Khalilzad）
薩頓區（Sutton Place）
《羅馬條約》（Rome Treaty）
羅斯福（Franklin D. Roosevelt）
《關於在航空器內的犯罪和其他某些行爲的公約》（Convention on Offense and Certain Other Acts Committed on Board Aircraft）
《難民地位公約》（Convention Relating to the Status of Refugees）
拉蘇（Hervé Ladsous）
蘇珊・萊斯（susan E. Rice）
蘇黎世歌劇院（Zürich Opera House）
警察部隊（Formed Police Units）
鐵達尼號（Titanic）
露絲・韋伍德（Ruth Wedgwood）
露薏絲・阿爾布爾（Louise Arbour）
「聯合國內具諮詢地位之非政府組織會議」（Conference on Non-Governmental Organizations in Consultative Status）

博雅文庫 201

認識聯合國

An Insider's Guide to the UN

作　　者　琳達・法蘇羅（Linda Fasulo）
譯　　者　龐元媛
審　　訂　顏永銘
發 行 人　楊榮川
總 經 理　楊士清
副總編輯　劉靜芬
責任編輯　高丞嫻、呂伊眞
封面設計　姚孝慈
出 版 者　五南圖書出版股份有限公司
地　　址　106台北市大安區和平東路二段339號4樓
電　　話　(02)2705-5066
傳　　眞　(02)2706-6100
劃撥帳號　01068953
戶　　名　五南圖書出版股份有限公司
網　　址　http://www.wunan.com.tw
電子郵件　wunan@wunan.com.tw
法律顧問　林勝安律師事務所 林勝安律師
出版日期　2018年 7 月初版一刷
定　　價　新臺幣450元

國家圖書館出版品預行編目資料

認識聯合國／琳達・法蘇羅(Linda Fasulo)著；龐元媛譯.
-- 初版. -- 臺北市 : 五南, 2018.07
面 ; 　公分. -- (博雅文庫 ; 201)

譯自 : An insider's guide to the UN

ISBN 978-957-11-9762-3(平裝)

1.聯合國

578.14　　107008529